W0065969

AGNES FAZEKAS

INSEL OHNE WASSER, VOGEL OHNE FLÜGEL

IM ZICKZACK DURCH DAS WESTJORDANLAND

DUMONT

1. Auflage 2015

© *2015 DuMont Reiseverlag, Ostfildern*

Alle Rechte vorbehalten

Gestaltung: Herburg Weiland, München

Titelfoto: Agnes Fazekas

Umschlagkarte: Gerald Konopik, DuMont Reisekartografie

Karten im Leseteil: Agnes Fazekas

Printed in Spain

ISBN 978-3-7701-8275-6

www.dumontreise.de

Für Eitan

»Die Straße führt mich, wie ein Pferd einen Reiter. Ein Reisender
wie ich kann nicht zurückblicken. (...) Die Straße und ich
werden dort drüben schlafen, neben der Höhle, hinter dem Hügel,
im Morgengrauen aufstehen und uns fragen: Was kommt als
Nächstes? Wohin führst du mich? Ich sehe den Nebel, aber weder
sehe ich die Straße, noch sieht sie mich. Bin ich schon da? Oder
vom Weg abgekommen? Ich fragte mich selbst und antwortete:
Jetzt, mit Abstand, kann ein Reisender wie ich zurückblicken!«

MAHMOUD DARWISH

INHALT

EN

UD

Totes Meer

flachste
Seilbahn
Welt

Rosa
Stute

Jericho

größter
Checkpoint

Qalandiya

Marathon

Couch

Nokdim

zwei
Welten

Ramallah

JERUSALEM

Bethlehem

Cremisan

Schmetterlinge sammeln

Höhlenhirten

viel
Tränengas

Gush-
Etzion-
Block

Anti-terror-
training

Beit
Ummar

Couch

Hebron
H2

H1

Susya

Bil'in

Saumzone

Schlimmster
Nachbar der Welt

Bo's
Club

Sperrwall
— 759 km —
(teils noch in Bau)

Archipel der Autonomie
(40% der West Bank)

✗ ✗ Israelische Siedlungen
✗

Gaza

Kapitel

1

Inseln ohne Wasser

*»Ich lernte alle Worte, nahm sie auseinander, um daraus
ein einziges Wort zu bilden: Heimat.«*

MAHMOUD DARWISH

TEL AVIV, LUFTLINIE VON JERUSALEM: 53,95 KILOMETER

Das ist eine Reisegeschichte und es ist keine Reisegeschichte. Denn ich bewege mich zwar zwischen zwei Kulturen, doch eigentlich sind es drei, zwei sind mir fremd, aber in einer
davon fühle ich mich auch schon ein bisschen zu Hause. Und eigentlich bewege ich mich nicht aus dem Land heraus – oder doch?
Das ist alles sehr kompliziert, und im Mittelpunkt dieses Durch-
einanders steht ein Wort, mit dem ich lange nicht viel anfangen
konnte und das in Reisegeschichten eigentlich nichts zu suchen
hat: Heimat. Eine, die endlich gefunden wurde, und eine, die verloren scheint. Über Heimat kann man nicht sprechen, ohne über
sich selbst zu sprechen. Heimat ist ein Gefühl.

Heute ist der 16. April 2015, Jom HaShoah, der Holocaust-Gedenktag. Die Sirene weckt mich. Tel Aviv, seit einem Jahr lebe ich hier. Auf der Straße stehen jetzt alle still, auch die Autos halten an.

Mein Freund drückt sich das Kissen auf die Ohren. Kleopatra wirft sich mit ihrer weiß wogenden Masse zu uns ins Bett. Da liegen wir: die Deutsche, der Israeli und der Riesenhund, den ich gern als Palästinenserin vorstelle, denn sie stammt aus den Straßen von Nablus. Auch wenn sie einen ägyptischen Namen hat und aussieht wie ein Polarbär.

Der Hund jault mit der Sirene mit. Mein Freund schläft weiter, und mir fällt auf, dass ich sie jetzt das dritte Mal in meinem Leben höre. Und dass sie irgendwie anders klingt.

Heute vor zwei Jahren kam ich gerade aus einer Bäckerei. Ich hatte die Nacht bei meinem Freund verbracht, der damals noch eine Urlaubsaffäre war, übernächtigt und ausgehungert wollte ich mir Frühstück holen. Ich hatte mir das Gesicht nicht gewaschen und fühlte mich vor diesem frischen, charmanten alten Herrn, dem Bäcker, schmutzig.

Er schien meine Gedanken zu lesen. »Geh, wasch dich erst mal!« Ich drehte mich schon um, da lachte er und rief: »Komm zurück! Als ich ein Lehrling war, hat mein Meister das immer gesagt, wenn ich nach einer langen Nacht in die Backstube gestolpert kam. Setz dich, ich mach dir einen Kaffee.« Das war der Moment, als ich mich in Tel Aviv verliebte.

Dann heulte die Sirene. Schrille zwei Minuten, die allen Schmerz der Welt in sich vereinten. Und ich fühlte mich persönlich von ihr angesprochen, hatte das Gefühl, die Leute auf der Straße starrten mich an. Und fragte mich, was ich hier zu suchen hätte.

Die meiste Zeit meines Lebens habe ich es vermieden, mich deutsch zu fühlen, war froh über meinen ungarischen Nachnamen und verwies auf die polnischen Wurzeln meiner Großmutter. Hier ging das nicht mehr. Hier war ich die Deutsche. Ich stamme aus einer Generation, in der sich viele weigern, den Holocaust weiter als Päckchen mit sich herumzutragen. Ich gehöre nicht dazu. Ich finde es gut, dass sich die Schuld ins kollektive Gedächtnis eingebrannt hat. Und wir, wenn wir an der Narbe rühren, wenigstens noch einen Phantomschmerz fühlen. Aber wahrscheinlich fällt es mir nur leicht, das zu verfechten, weil ich weiß, wo meine Großeltern damals waren.

Trotzdem, in Israel hatte ich das erste Mal im Ausland das Gefühl, ein Eindringling zu sein, in diesem Land, in dem der Begriff Heimat über allem steht. Ich begann darüber nachzudenken, was Heimat für mich bedeutet.

Ich bin ein bisschen älter als die Native Digitals, die ›Eingeborenen‹ der unendlichen Weiten des Internets, aber ich glaube, es hat schon früher angefangen, dass wir das Gefühl hatten, wir könnten überall zu Hause sein – wo es uns gefällt.

Vor zwei Jahren, als ich am Münchner Flughafen in eine Maschine der israelischen Linie El Al stieg, hatte ich keineswegs die Absicht, meine Heimat nach Israel zu verlegen. Im Handgepäck hatte ich einen Notizblock mit überstürzt gesammelten Themenideen und die Adresse einer Freundin, die damals für ein halbes Jahr in Tel Aviv lebte. Im Kopf trug ich dagegen nicht viel mit mir.

Meine Vorstellung von Israel und Palästina war ein schwammiges Konglomerat aus Nachrichtenbrocken, Bröseln von Filmszenen und Füllsand aus Klischees. Ein Journalistenfreund hatte gesagt:»Lass dich nicht zu tief hineinziehen da drüben, du wirst wahnsinnig darüber.« Ich machte mir keine Sorgen. Ich wollte nicht über Politik schreiben. Ich war ja nur zwei Wochen da. Da wusste ich noch nicht, dass man die Politik nicht aus dem Leben der Menschen ausklammern kann. Und zwar auf beiden Seiten dieser ominösen Grünen Linie. (Die man nicht sieht. Man sieht nur die Mauer.)

Dass jede Reportage eine Stellungnahme zum Nahostkonflikt ist, sobald das Wort Israel oder Westjordanland darin auftaucht.

Auch wenn es um Zoos, Schwimmbäder oder Motorradsammler geht. Und dass es immer zwei Wahrheiten gibt.

Orte werden mit den Menschen interessant, mit denen man sie verknüpft.

Als ich das erste Mal die Sirene hörte, war ich gerade ein paar Tage im Land. Mein einziger Anknüpfungspunkt an Israel lag weit vor der Staatsgründung. Die Menschen in all den Romanen, die ich über den Holocaust gelesen hatte. Keine bewusste Entscheidung: Meine Mutter hatte meiner älteren Schwester in den Siebzigerjahren eine kleine Bibliothek an pädagogisch wertvoller Jugendliteratur zusammengekauft. Es ging um Drogen, Scheidungskinder und Essstörungen. Aber die meisten Bücher beschäftigten sich mit dem Zweiten Weltkrieg, mit der Judenverfolgung. »Als Hitler das rosa Kaninchen stahl«. »Stern ohne Himmel«. »Damals war es Friedrich«. Es waren mehrere Dutzend solcher Titel, die ich in Kürze verschlang. Es hätten auch andere Themen sein können, ich las damals alles, was man mir vorsetzte. Juden im Lager, im Versteck, auf der Flucht. Ich identifizierte mich mit ihnen wie mit der Roten Zora, Robin Hood und Huckleberry Finn.

Dass meine Geschwister und ich im Vergleich zu unseren Freunden derart mit dem Thema vollgestopft wurden, hatte einen Grund: Mein deutscher Großvater war in seinen frühen Zwanzigern einer der ersten politischen Häftlinge im Konzentrationslager Dachau gewesen. Ich erinnere mich an ihn nur noch im Rollstuhl, ich weiß nicht, ob wir je miteinander gesprochen haben. Er alterte vor seiner Zeit.

Meine Mutter erzählte uns, dass er schon keine eigenen Zähne mehr hatte, als er nach dem Krieg meine Großmutter kennenlernte. Die Nazis hatten sie ihm herausgeschlagen. Und wie sie als kleines Mädchen an seiner Hand zu den Gedenkveranstaltungen in Dachau ging. Dort sah sie die Männer, die manchmal in seine Spenglerwerkstatt kamen, um mit ihm Schach zu spielen und sich auf Esperanto zu unterhalten.

Mein Großvater reihte sich für mich direkt ein in die Helden in meinem Bücherregal. Ich stellte ihn mir als tapferen Widerstandskämpfer vor. Dabei weiß ich nur, dass er sich als junger Bursche den Kommunisten angeschlossen hatte. Er wurde entlassen, als Hitler die politischen Häftlinge aus den Lagern an die Front holte. Aber er hatte sich geweigert, eine Waffe in die Hand zu nehmen, und kam als Sanitäter durch den Krieg. »Man konnte sich also weigern«, sagt meine Mutter.

Als ich das zweite Mal die Sirene hörte, saß ich auf dem Balkon der kleinen Wohnung in Tel Aviv, in die ich gerade mit meinem Freund gezogen war.

Seine Familie hatte mich warm aufgenommen und ich hatte mich daran gewöhnt, dass die Herkunft immer Thema war. Meine und die der anderen. Und je öfter ich nach ihr gefragt wurde, desto mehr musste ich mir eingestehen, dass ich sehr wohl einen Heimatbegriff verinnerlicht hatte. Während ich vorgab, mit dem Wort ›Tümelei‹ nichts anfangen zu können, hatte ich mir meine eigene Herkunft zusammengestrickt: als einen Mischmasch, auf den ich stolz war, in dem es keine dunklen Seiten gab. (»Vielleicht solltest du dazusagen, dass dein Großvater Gefangener war«, sagte mein Freund. »Mein Opa war im KZ«, ich dachte, es sei klar, dass ich das nicht sagen würde, wäre er ein Nazischerge gewesen.)

Dabei habe ich nie zu spüren bekommen, dass ich unerwünscht wäre. Die jungen Israelis sind alle in Berlin vernarrt und nur enttäuscht, wenn ich eingestehe, aus dem langweiligen München zu kommen. Auch an die Witze hab ich mich gewöhnt. Israelis mögen Hitlerwitze. Es ist angenehm, dass ich dann sagen kann, dass die Familie meines Vaters erst 1956 aus Ungarn nach Deutschland geflohen ist. Aber irgendwann hörte ich damit auf. (Davon abgesehen ist die ungarische Politik derzeit nicht gerade ein Bonuspunkt, was Antisemitismus angeht.)

Im Sommer tönte aus den Lautsprechern eine andere Sirene. Raketenalarm. Vorausgegangen war die Entführung der drei jungen Siedler und Jeschiwa-Studenten im Gush-Etzion-Block hinter der Grünen Linie. Israel bombardierte den Gazastreifen.

Plötzlich platzte der Nahost-Konflikt in mein Leben. Die Blase um Tel Aviv bekam Dellen. Wir hatten uns zur Untermiete in ein winziges Appartement auf einem Flachdach eingemietet. Fünf Stockwerke über der Straße. Wenn der Raketenalarm losheulte, drückte ich mir morgens ein Kissen ins Gesicht, nachmittags erstarrte ich auf der Couch unseres Freiluftwohnzimmers und folgte den weißen Rauchschweifen über mir, bis es endlich knallte. Zweimal. Der Iron Dome schien zu funktionieren. Beruhigend, denn das freistehende Treppenhaus an der Fassade wackelte schon ohne Erschütterungen unter unseren Füßen, war also auch keine Ausweichoption. Wir glaubten auch nicht daran, dass es die Hamas-Raketen bis nach Tel Aviv schaffen würden. Es war surreal, aber ignorieren ging nicht mehr. In Gaza, nur siebzig Kilometer den Strand hinunter, starben Menschen.

Ich quälte mich wochenlang mit Stammtischparolen und dumpfen Kommentaren unter Facebook-Posts und Online-Artikeln. Es war wie eine Sucht, ich konnte nicht aufhören zu lesen. Ich versuchte zu verstehen, wieso der ewige Konflikt in dieser winzigen Region in der westlichen Wahrnehmung alle anderen Kriege auf der Welt überlagerte. Während in Syrien und der Ukraine Millionen starben und auf der Flucht waren, bekamen Israel und Gaza jeden Tag den Aufmacher. Und wieso jeder eine Meinung dazu zu haben schien. Und wieso ich es nicht schaffte, mir eine Meinung zu bilden.

Ich verstand nicht, wieso plötzlich in Deutschland Neonazis mit Linken zusammen gegen Israel marschierten und wieso man vor der Synagoge gegen Politiker demonstrierte und nicht vor der israelischen Botschaft und wieso rechte Israelis die Friedensdemos in Tel Aviv mit Neonazi-Insignien sprengten.

Mit welch komplexen Emotionen der Konflikt aufgeladen ist, konnte ich nicht nur an mir selbst, sondern vor allem an meinem

Freund beobachten. Mit einer deutschen Journalistin an seiner Seite war er plötzlich gezwungen, die Schublade aufzumachen, in die er die Lebenssituation der Palästinenser gleich neben die Fernsehbilder aus seiner Kindheit gepackt hatte: Blutlachen, in denen Leichenteile schwimmen. Die Zeit der Selbstmordattentate in Tel Aviv und Jerusalem.

Ich beobachtete, wie wir beide uns verhielten, wenn wir mit seiner Familie über Politik diskutierten. Da war er der Linke und ich zurückhaltend. Und wie er manchmal Sachen sagte, wenn wir alleine waren, die mich verstörten, weil sie mir vorkamen wie Relikte aus seiner Armeezeit. Weil es eben keine Relikte waren. Er hatte während seiner Militärzeit – in Israel besteht Wehrpflicht, drei Jahre für die Männer, zwei für die Frauen – im Libanonkrieg und bei der Entsiedlung Gazas in der Presse-Einheit gedient. Ich war froh, dass er nur mit der Kamera geschossen hatte. Aber mir wurde klar, das Gefühl von Heimat, das er mitbekommen hatte, ist ein fragiles. Eines, das es zu verteidigen gilt, weil es angegriffen wird, seit es existiert. Er war geschockt über die unbarmherzige Aggressivität der Gaza-Operation, schien das Gleiche darüber zu denken wie ich, aber gleichzeitig hatte er Angst vor den Leuten hinter den Mauern.

Zur selben Zeit stand Ahed auf einem Hausdach in Jerusalem und jubelte, wenn er die israelischen Abwehrraketen hörte, weil es bedeutete, dass da Hamas-Raketen waren, die auf Jerusalem zielten, auf seine Stadt. Die vielleicht nie ankommen, aber immerhin Angst verbreiten. Ahed ist Palästinenser und wohnt in Ost-Jerusalem. Er erzählte mir: »Ich bin selbst erschrocken von mir, ich klinge wie ein Terrorist. Dieses Gefühl ist neu für mich, ich weiß nicht mehr, wo ich stehe.« Nachdem ein Sechzehnjähriger aus seiner Nachbarschaft grausam ermordet worden war, lag seine Wohnung im Zentrum der Unruhen zwischen arabischen Israelis und der Polizei. Der Mord war ein Racheakt für den Mord an den israelischen Siedlern.

Die Glasglocke über meinem Tel Aviv bekam Sprünge.

Ein paar Monate lang hatte ich keine Lust mehr auf Geschichten aus Israel. Ich hörte auch auf Hebräisch zu lernen, stattdessen fuhr ich immer wieder mit dem Bus ins Westjordanland. Ad Daffatu Al Gharbiyya, HaGada HaMa'arawit, Cisjordanien, West Bank, Palästina, Judäa und Samarien, in die Gebiete hinter der Grünen Linie – es gibt so viele Namen für diesen Streifen Land, wie sich Befindlichkeiten damit verknüpfen.

Lächerliche Entfernungen, künstlich in die Länge gezerrt durch ein Konstrukt, das die Israelis Schutzwall nennen. Das die Palästinenser Apartheidmauer nennen oder ein Werkzeug zum Land Grabbing. Ein Konstrukt, das auf jeden Fall sehr gut als Sichtblende funktioniert.

Erst mit dem Egged-Bus nach Jerusalem, dort mit der Straßenbahn zum arabischen Busbahnhof am Damaskustor. Dann weiter nach Bethlehem oder Ramallah und von dort mit den kleinen *servees,* den Sammeltaxis, durchs Land. Während der subventionierte Siedlerbus von Jerusalem nach Hebron nur eine Stunde braucht und neun Schekel kostet (außerdem gibt es Panzerglas und WLAN), dauert es mit dem arabischen Verkehrssystem wegen separierter Straßen und der Checkpoints dreimal so lange und kostet doppelt so viel. Oft saß ich für einen Dreitagestrip acht Stunden im Bus und legte vielleicht einhundertfünfzig Kilometer zurück. Es störte mich nicht, in den *servees* lernt man Leute kennen, und außerdem brauchte ich die Zeit, um mich auf der Hinfahrt auf dem Weg von einer Welt in die andere zu fühlen – auf dem Rückweg, um das Erlebte zu verdauen.

Ich besorgte mir in Bethlehem eine Karte vom Westjordanland und hängte sie an die Wand unserer Wohnung. Die fünftausendneunhundert Quadratkilometer hinter der Grünen Linie sehen darauf aus wie ein pazifischer Archipel. Nur dass das viele Weiß drumherum kein Wasser ist, sondern Gebiet unter israelischer Kontrolle. Etwa sechzig Prozent des Westjordanlands sind nach dieser Karte ein zusammenhängendes Meer, in dem etwa einhundertachtzig palästinensische Dörfer schwimmen und einhundertfünfundzwanzig israelische Siedlungen bestens an die Infrastruktur Israels angebunden sind: Area C. Das sandfarbene Gebiet ist fragmentiert in einhundertfünfundsechzig Inseln. Achtzehn Prozent Area A unter Selbstverwaltung, zweiundzwanzig Prozent Area B, eine Zone, in der die Palästinensische Autonomiebehörde jede Entscheidung mit Israel abstimmen muss.

Bei einer Recherche über Dinosaurier bin ich einmal auf das Phänomen der Inselverzwergung gestoßen. Es beschreibt die Evolution der Körpergröße von Tierarten, die auf einer Insel leben. Sie nimmt über Generationen hinweg deutlich ab. Mit der Heimatverbundenheit scheint es sich andersrum zu verhalten.

Heimat sei ein deutscher Begriff, heißt es. Es gebe kaum eine Entsprechung in anderen Sprachen. Kurt Tucholsky schrieb: »Der Staat schere sich fort, wenn wir unsere *Heimat* lieben.« Im Hebräischen sagt man bescheiden *bait (beit)*, Haus. Im Arabischen *watan*, ein Begriff, der sich auf die ganze arabische Welt bezieht und viel zu weit gefasst scheint, denn die Palästinenser wollen nicht nach Jordanien, Ägypten und Syrien, und dort werden sie auch nicht gewollt. Wenn Palästinenser von Heimat sprechen, sprechen sie von Erde, von Olivenbäumen, die tief darin verankert sind, und von Häusern, von denen sie nur noch die Schlüssel haben.

Während ich versuchte, eine Aufenthaltsgenehmigung für das Land auf der einen Seite der Grünen Linie zu bekommen, zog es mich immer wieder auf die andere. Plötzlich hatte ich Freunde und Bekannte auf beiden Seiten. Auf Facebook stellten die einen Musikvideos ein, die anderen Fotos von Soldaten, Gefangenen, Toten. Sogar die lustigen Posts bezogen sich auf die Besatzung. Eine Studentin aus Nablus, die ich beim Klettern kennengelernt hatte, postete kürzlich das Foto einer Schaufensterpuppe ohne Arme und mit einer Gasmaske irgendwo in einer Boutique in der West Bank. »Dürfen wir das der Besatzung anlasten?«

Ich fand heraus, dass ich einen doppelten Vorteil hatte: Mit meinem deutschen Pass konnte ich sowohl israelische Siedler besuchen als auch palästinensische Widerstandskämpfer. Unter Palästinensern ist meine Nationalität ein Sesam-öffne-dich. Ich hoffe, es liegt nicht an Hitler, sondern, wie ich oft höre, tatsächlich an der jüngeren Geschichte: »Ihr hattet auch eine Mauer, und jetzt ist sie weg.« Und natürlich auch daran, dass Deutschland Millionen an Hilfsgeldern ins Westjordanland pumpt. Die bedingungslose palästinensische Gastfreundschaft kam mir manchmal vor wie eine nationale PR-Kampagne.

Die Sirene ist längst verklungen, ich ziehe mich an, um mit Kleo Gassi zu gehen. Kein Spaziergang vergeht ohne Smalltalk, denn sie sieht sehr beeindruckend aus. Erst geht es um ihre Herkunft; dann, wenn ich in holprigem Hebräisch antworte, um meine. Bei Hunden ist es leicht, über Identität zu reden, ich sage dann immer, vermutlich irgendwas zwischen Pyrenäenhund und Golden Retriever. Und manchmal sage ich, sie sei Palästinenserin. Nur um das Wort zu benutzen.

Die Frau mit dem Dackel ist ganz verliebt in Kleopatra. »Woher hast du sie denn?« »Aus Shechem«, sage ich auf Hebräisch. Unter Nablus kennen die meisten Israelis die zweitgrößte Stadt im nördlichen Zentrum der West Bank nicht. »Ach«, sagt die Frau. »Ich habe gehört, in Ramallah schießen sie auf Hunde.«

Man kann den Konflikt aus dem Alltag nicht ausklammern. Und den Alltag, den wollte ich suchen, diesmal da drüben, auf der anderen Seite.

Kapitel

2

Zwei Sofas, zwei Welten

*»Jeder Geist baut sich selbst ein Haus und jenseits dieses Hauses
eine Welt und jenseits dieser Welt einen Himmel.«*

RALPH WALDO EMERSON

BEIT UMMAR, LUFTLINIE VON JERUSALEM: 19,34 KILOMETER

NOKDIM, LUFTLINIE VON JERUSALEM: 13,99 KILOMETER

Selbst im Schlaf werden die beiden nicht müde,
sich des anderen zu versichern: Auf ihre sorgenvollen Schnaufer
folgt sein Rasseln. Dann ist sie still, wie um zu lauschen. Ihr
Schnauben ereifert sich wieder – bis er endlich mit einem Brum-
men reagiert. Als wolle er sagen: *khalas!* Schluss jetzt mit dem Jam-
mern. Wenn beide wach sind, wechselt ihr Gespräch im gleichen
Rhythmus. Nur dass zum Schluss ein kleiner Witz folgt, den nur
sie versteht und der ihr Gewimmer in ein Kichern verwandelt.

Die quadratische Stube ist Schlafzimmer und im Winter zugleich der einzige Wohnraum von Younes' Eltern. Im Zentrum
bullert der rußende Ofen, ein knisterndes Blechrohr leitet den

Rauch aus dem einstöckigen Bau. Das Bett von Younes' kranker Mutter steht im rechten Winkel zu meinem. Ich bin aufgewacht, weil sich ihre kalten Finger um meine Füße klammern. An meinem Kopfende liegt sein Vater. Younes' Eltern sind beide knapp über siebzig – im Schlaf sehen ihre Gesichter aus wie Wachsmasken, als hätte man sie bereits zur letzten Ruhe aufgebahrt.

An der Wand gegenüber jagen Männer mit roter Kefije auf Araberhengsten durch eine Wüstenlandschaft. Selbst jetzt, weit nach Mitternacht. Wenn ich versuche, den Ton leiser zu drehen, macht die Mutter im Schlaf ein unwirsch klingendes Geräusch. Unter der Neonröhre, die den Raum Tag und Nacht in krankes Licht taucht, hängt eine mächtige Uhr. Ihr Ziffernblatt malt einen dramatischen Schatten an die Wand. Die Zeiger scheinen sich kaum zu bewegen, nur das metallische Klacken verkündet, dass tatsächlich Zeit verrinnt.

Die Holzscheite im Ofen und die würzigen Selbstgedrehten von Younes' Vater – den Tabak baut er selber an – haben die Wände gebeizt, der Geruch hat sich in den Wolldecken festgebissen, von denen jeweils drei über Vater und Mutter liegen. Eine habe ich um mich geschlungen.

Es wird bitterkalt in Beit Ummar in diesen Januartagen. Die kleine Stadt liegt auf tausend Meter Höhe, zehn Kilometer nördlich von Hebron. Vor dem Schlafengehen hat Younes' Mutter nach *tahlj* verlangt.

Ich dachte, es handelte sich um eine dieser schocksüßen Zuckereien. Aber Younes ging in den Hof, kratzte eine Handvoll sauberer Kristalle vom letzten weißen Fleck und servierte sie seiner Mutter in einer Dessertschale. Sie lutschte den Schnee verzückt von einem Löffel.

Eigentlich schiebt Younes heute Dienst, muss über seine kranke Mutter wachen. Die Geschwister haben die Nächte untereinander aufgeteilt. Aber ein fieser Schnupfen quält ihn. Also hat er seine Nichte im Elternhaus einquartiert – und mich, die Couchsurferin, die bis vor ein paar Stunden noch eine Fremde war.

»Meine Mutter schläft nie«, hatte er mich gewarnt. Doch die Einzige im Raum, die im Neonlicht nicht schlafen kann, bin ich. Nicht e Jihe schlummert, den Laptop umklammert. Ich fühle mich umarmt von dieser Intimität, die im Raum glüht und der nicht mal das kalte Licht etwas anhaben kann.

Von Beit Ummar hatte ich bis vor einigen Stunden noch nie gehört, eigentlich wollte ich nach Hebron, mir von Younes diese seltsame Stadt zeigen lassen, die ihre Bewohner in ein Raster zwingt, in ein Koordinatensystem aus Mauern, Grenzen, Netzen. Unten, oben. H1, H2. Araber, Juden.

Aber als dieser mich an der Straße einsammelte, gab es keine Widerrede. »In Hebron herrscht tiefster Winter«, sagte der Vierzigjährige, während er sich die Sonnenbrille auf die Glatze schob. Und dass er gerade von einer Demo komme. Er schob mich zu seinen Aktivistenfreunden in ein Auto, das man in München als Proletenschleuder bezeichnen würde.

Dem Fahrer fehlte ein Bein. »Er hat es an ein Dumdum-Geschoss verloren«, sagte Younes, bevor es mir überhaupt aufgefallen war. Es hinderte ihn nicht daran, mit durchgedrücktem Gaspedal durch die Dörfer zu rasen. Aus den Boxen brüllte mitreißender arabischer Kampfgesang. Die wichtigsten Worte verstand ich: Freiheit und Palästina.

Als wir auf die Route 60 abbogen, griffen alle so selbstverständlich zu den Sitzgurten, wie die Männer sie vorher ignoriert hatten. Die Straße ist israelisches Hoheitsgebiet und keiner im Auto wollte der israelischen Polizei ein Bußgeld zahlen. Die Hauptverkehrsader führt von Nord nach Süd in einer fast geraden Linie durch die West Bank, um die israelischen Siedlungen zu verbinden. Wegen der Checkpoints und der Abschnitte, die nur Siedlern erlaubt sind, nennt Younes sie Kolonialherrenstraße.

Am Ortseingang zu Beit Ummar trutzt ein Wachturm. Darin Scharfschützen, die man niemals sieht, deren Anwesenheit man aber immer fühlt. Nicht weit von Beit Ummar waren im Sommer die Leichen der entführten israelischen Teenager gefunden worden. Es war der erste Akt des Gaza-Krieges.

Beit Ummar bedeutet Haus des Prinzen. Vielleicht heißt der Ort so, weil zur Zeit der Kalifen diese die hoch gelegene Stadt als Sommerfrische nutzten. Vielleicht, weil Omar der Gerechte hier einmal abgestiegen sein soll, auf seinem Weg nach Jerusalem. Dort ermöglichte er der Legende nach, den jüdischen Bewohnern ihre Religion auszuüben. Gegen den Willen der Christen.

Heute ist Beit Ummar eine Stadt von offiziell dreizehntausendfünfhundert Einwohnern, Younes sagt, es seien siebzehntausend. Fest steht, die meisten sind ohne Arbeit. Bauern, ohne Zugang zu ihren Feldern, von denen einst Weintrauben, Kirschen, Äpfel, Pflaumen und Oliven auf die Märkte von Nablus, Bethlehem und Ramallah gekarrt wurden.

Ein Teil der Stadt liegt in der Area B. Das bedeutet palästensisches Zivilrecht, israelische Militärkontrolle, der andere Teil in der Area C steht voll unter Kontrolle der Israelis. Wegen ihrer Lage an der Zufahrt zu Hebron treffen die Auswirkungen der Besatzung die Stadt hart. Al Khalil, wie die Araber Hebron nennen, ist der Brennpunkt des Konflikts. Über die Jahre hat sich Beit Ummar zu einem Zentrum des bürgerlichen Widerstands entwickelt.

Younes ist einer der Köpfe, er organisiert Woche für Woche in den umliegenden Orten Proteste. Heute Morgen hatten die Aktivisten ein Tor in der Sperranlage zwischen zwei palästinensischen Dörfern demontiert. »Es wird schon wieder repariert sein, aber es waren viele Kameras dabei«, sagte Younes zufrieden, als wir am frühen Abend auf meinem Bett saßen.

Barfuß, mit gekreuzten Beinen kauerte der Vater auf dem Boden, ganz nah am Ofen, drehte eine Zigarette nach der anderen, ließ die Augen nicht von den Nachrichten im TV, amüsierte sich leise glucksend über die Verrücktheit dieser Welt. Als ob er selbst in einem verschlafenen Bergdorf wohnte und die einzige Unwägbarkeit, die er je erfahren hätte, die Willkür des Wettergotts wäre. Seine Äcker brachten der Familie vor den Intifadas vierzigtausend Dollar im Jahr ein, heute sind es noch viertausend.

Woher ich käme, wollte er plötzlich wissen. »Germany.« Der Vater verstand nicht, vielleicht liegt es an meinem Englisch. »N'Djamena«, murmelte er, »Tschad?« Er solle nicht albern sein, sagte Younes. »Sie ist blond.« »Welcome«, sagte der Vater und reichte mir eine Selbstgedrehte.

Die Mutter saß mit hängenden Schultern auf ihrer Matratze, begann plötzlich zu weinen. Sie hadert mit ihrer Seele, die sie fast dazu gebracht hätte, vor zwanzig Jahren den siebten Sohn, Younes' kleinen Bruder, abzutreiben. Der doch jetzt die größte Hilfe sei – arbeitslos und abhängig vom Dach des Elternhauses.

Ich solle mich nicht täuschen, sagte Younes. »Wir haben große Häuser hier, aber oft fehlt den Familien das Geld fürs Essen. Ich habe mein Gehalt der letzten zwei Monate auch noch nicht gesehen.« Dabei hat er einen guten Job bei der Palästinensischen Autonomiebehörde, vermittelt Rechtshilfe für die Bauern, wenn wieder ein Dunam Land an die Siedler geht. (Ein Dunam/*dunum* entspricht tausend Quadratmetern.)

Younes war wie seine Brüder Dutzende Male im Gefängnis. Als Jugendlicher schmiss er, wie alle in Beit Ummar, Steine. Heute sieht er sich als friedlichen Widerstandskämpfer. Seine Frau und die vier Kinder wissen trotzdem nie, ob er in der Nacht nicht abgeholt wird, um ein paar Stunden oder ein paar Monate in Arrest zu verbringen.

Er erzählte mir, dass er acht Jahre in Dubai gelebt, dort eine Hotelkette gemanagt habe. Viel Geld verdient und es sich nachts in Klubs aus den Taschen gehauen. Aber er konnte nicht vergessen, was er zurückgelassen hatte. Keinen anerkannten Staat zwar, aber vielleicht etwas viel Bindenderes: einen State of Mind.

März 1988, Erste Intifada, Ausgangssperre über Beit Ummar, alle jungen Männer standen unter Arrest, ausgerechnet in der

Highschool, in der sie eigentlich die Schulbank drücken sollten. Dann kam der Land Day, der Tag, an dem Palästina jedes Jahr an die israelische Landnahme von 1976 erinnert. Younes erzählte, wie sich die Jungen in sechs Gruppen aufteilten, die es nach und nach schafften, die Reihen der Soldaten zu durchbrechen, um ihren Trauerzug durchzuführen. Die jungen Männer von Beit Ummar versteckten sich danach auf den Feldern. »Wir wussten, sie würden in der Nacht die Häuser durchkämmen und alle verhaften.«

Die Legende von Beit Ummar besagt, dass die Soldaten niemanden finden konnten und so sauer wurden, dass sie am nächsten Tag zwei schwere Bulldozer in die Stadt schickten. »Sie haben die Hauptstraße auf beiden Seiten weggerissen, drei Kilometer: Häuser, Autos, einfach alles.« Damals war Radio Libanon der Nachrichtenkanal der Palästinenser. »Als die Leute hörten, was bei uns passiert ist, kamen die Handwerker aus Hebron, Ramallah und Bethlehem und bauten in einem Tag alles wieder auf. Schöner als zuvor.« Diese Geschichte ist es, die Younes an seine Heimat bindet.

Ich fragte ihn, wie er sich den Frieden vorstelle. »Ich wache auf, und die Israelis sind verschwunden.« Und in der Realität? »Wir haben einen Staat und alle die gleichen Rechte. Einen säkularen Staat.« Er versuche, nicht zu hassen. »Aber Frieden«, sagte Younes, »Frieden schließt man mit Feinden, nicht mit Freunden.«

All das geht mir jetzt durch den Kopf. Ich lege mir meinen Schal über das Gesicht, um das Licht und das Wiehern der Hengste zu dämpfen. Er riecht nach Schießpulver und Lavendel: den Essenzen des Vortags.

Auch die letzte Nacht hatte ich bei einer Familie verbracht. Auf einer Shiatsu-Matratze in einer Art Trailerpark. Zwischen selbst gemalten Ölbildern, einem bunten Tiffany-Lampenschirm, den die achtundzwanzigjährige Gilat selbst gebastelt hat. Und einem Tischbrunnen, dessen Plätschern mit dem Pfeifen des Kühl-

schranks einen aussichtslosen Kampf führt. Ein Riesentrumm,
viel zu groß für das winzige Wohnzimmer im Container.

Eine Investition in die Zukunft einer kleinen Familie. Genug
Platz nicht nur für Töpfe mit klarer Brühe, sondern auch für ein
Experiment, das mir Gilats Mann Yosef, ebenfalls achtundzwan-
zig, mit diesem Gesichtsausdruck vorführte, der ständig zwischen
der sorglosen Begeisterung eines kleinen Jungen und der Weltmü-
digkeit eines Greisen wechselt: ein Schälchen mit zusammenge-
schnurrtem Gemüse. Eine Gurke, die aussah wie ein Wurm. »Acht
Jahre alt«, kommentierte Yosef. Seine Zunge stieß beim Sprechen
an, was ihn noch kindlicher wirken ließ. Zwei krumpelige Stäb-
chen, Karotten: »Sieben Jahre.« Etwas Olivenförmiges, das einmal
ein Pfirsich war. »Und das«, Yosef schnupperte an etwas Kirsch-
großem, »muss eine Tomate sein.« Das Pärchen ist seit zehn Jahren
verheiratet. Wenn man Yosef glaubt, konnte Gilat anfangs weder
kochen noch die Wäsche erledigen. Vermutlich stammt das Ge-
müseexperiment aus dieser Zeit.

Auch in dieser Nacht hatte ich nicht viel geschlafen. Weil ich
so aufgewühlt war von den Gesprächen mit Yosef. Weil mir der
Magen knurrte, denn nach achtzehn Uhr isst Yosef nicht mehr.
Das sei gegen die natürliche Verdauung.

Die beiden leben in Nokdim, einer Siedlung hinter der Grünen
Linie, im Gush-Etzion-Block, auf den sich gut ein Zehntel der
knapp fünfhunderttausend Siedler im Westjordanland verteilen.
Auf Land, das unter anderem einmal den Bauern von Beit Ummar
gehörte. Die Siedler von Nokdim gelten als radikale Fundamenta-
listen – nicht nur nach außen hin. Vor fünf Jahren weigerte sich die
Siedlung, einige russischstämmige Familien aufzunehmen, da sie
jeweils ein nichtjüdisches Mitglied hatten. Die israelische Zeitung
Haaretz zitierte damals einen Siedler: »Wir müssen uns von Nichtjuden abgrenzen. Es könnte zu Assimilation führen, und es öffnet
die Tür zu allen möglichen Problemen. Sie könnten uns Dingen
aussetzen, die Juden nicht machen: Götzenanbetung, Inzest und

andere Perversionen. Deswegen haben wir für sie keinen Platz bei uns.« Yosef ist hier geboren, als Sohn russischer Einwanderer. Da war das Land von Nokdim gerade einmal sechs Jahre in Siedlerhand.

Statt einer Kippa trägt er eine Schiebermütze. Er sieht sich als Freigeist, wenigstens innerhalb dieses Mikrokosmos aus Häusern mit roten Dächern, gepflegten Gärten und der Ansammlung von Wohncontainern, die den besser situierten Familien den Anblick des Stacheldrahtzauns erspart. Dieser umgibt die Siedlung wie einen Hochsicherheitstrakt und bricht nur von außen die amerikanisch anmutende Kleinstadtidylle.

Von der Straße aus ist es leicht, palästinensische und israelische Häuser zu unterscheiden: Auf Ersteren pfropfen schwarze Wasserspeicher wie Insekteneier. Es soll Dörfer geben, die nur einmal die Woche, einmal im Monat Wasser aus dem Hahn tropfen sehen. Die Siedler müssen sich keine Sorgen machen, hier füllt es Swimmingpools, nährt Zierpflanzen. Nur fünfzehn Prozent des Wassers im Westjordanland ist unter palästinensischer Kontrolle.

Nokdim ist wie die anderen Siedlungen von Gush Etzion illegal, zumindest nach internationalem Recht, aber die Bewohner haben mit Sitzfleisch und sturen Köpfen durchgesetzt, dass sie von der Regierung nicht nur geduldet, sondern großzügig unterstützt werden. Sie zahlen weniger Steuern als auf israelischem Staatsgebiet. Wohnungen und Dienstleistungen sind bezuschusst.

Yosef studiert neuerdings in Tel Aviv, allerdings hasst er die Stadt, er hasst alle Städte. »Ich brauche die Natur, ich will meine Nachbarn kennen.« Der Blick von Nokdim auf die Hügel sei berauschend, sagte er. Und schaute dabei gen Maschendraht. Ich frage mich, ob das Hirn den Zaun ausblendet, wenn man nur lange genug darauf starrt. So wie man unvollständige Worte beim Lesen automatisch mit Buchstaben auffüllt.

Es ist schwer vorstellbar für mich, was einen wie Yosef hier hält. Das Paar liebt die Dolce Vita Italiens. Yosef rezitierte die

Grüne Lini

Anti-
terror
training

Gush-Etzion-
Block

Hebron
↙

B.

Jerusalem

Siedlerbus

arabischer Bus

Bethlehem

Free Palestine!

Tremp

Tekoa

Nokdim
(Nacht 1)

15 km
2 Welten

Preise von Parmesan und Wein auf den Märkten von Venetien wie einen Thora-Vers. Er möchte die Welt kennenlernen, nach Taiwan, um traditionelle chinesische Medizin zu studieren, die dort viel authentischer sei als in China – was wenige wüssten.

Er lebt in direkter Nachbarschaft zu fünf palästinensischen Dörfern. Hinter dem Stacheldraht neben seinem Trailer liegen ihre Felder. Yosef hat in seinem Leben nur einmal ein Gespräch mit einem Palästinenser geführt. Das war in Assisi, beim Couchsurfen.

»Wie soll man auch in Kontakt kommen«, sagte er, »so aus dem Blauen heraus?« Und ließ mich an seinen Ölessenzen schnuppern. Lavendel beruhigt. »Und worüber soll man mit diesen Leuten reden?« Er gab mir den Thymian – der befreit die Atemwege. »Wenn du damit aufwächst, dass dir jeder sagt, dein Nachbar will dich töten, bekommst du eben diesen Blick.« Er tropfte mir Lavendel auf meinen Schal.

Als wir später zusammen zum kleinen Postamt spazierten, um die Online-Bestellungen abzuholen: warme bunte Socken für Gilat, eine digitale Löffelwaage und vier Paar Kopfhörer für Yosef, alles spottbillig aus China, erzählte er mir von seinem Freund Mohammed. Kein Palästinenser, wie Yosef betonte. Beduine! Und das ist in seinen Augen ein Riesenunterschied. Mohammed lebt mit seinem Klan in einem Nachbardorf. Wir könnten sie besuchen, sagte Yosef, aber nicht jetzt. Die Mutter sei gestorben, Hunderte von Freunden seien zum Trauern zusammengekommen, und nicht alle wollen einen Siedler dabeihaben. »Vielleicht bringt mich jemand um«, sagte Yosef.

Die Geschichte, die er mir erzählte, scheint eine Art Gleichnis für ihn zu sein. Yosef ist religiös, er hatte jahrelang acht Stunden täglich in einer Jeschiwa den Talmud und all die anderen heiligen Schriften studiert. Das war vor seiner Zeit als Koch in einem italienischen Restaurant und lange bevor er die Medizin für sich entdeckte.

»Die Familie hatte das Pech, von zwanzig verschiedenen Krankheiten geschlagen zu sein«, sagte er. »Aber sie haben nur einen Schwindel-Doktor dort, der Schwindel-Arznei verschreibt.« Also habe Yosef einen richtigen Arzt bestellt. »Alle zweihundert Verwandten kamen zusammen, um zu sehen, was der Doktor macht.« Danach hatten Yosef und ein Freund die Krankheiten auf ihre Versicherungskarten verteilt, um der Familie Medikamente zukommen zu lassen.

Es war völlig still, tatsächlich leuchteten uns die Sterne den Weg. Wir kamen an einem Haus mit stachelbewehrter Gartenmauer vorbei. »Da wohnt Liebermann. Schade, dass du nicht länger bleibst, wir könnten seine Frau besuchen, unsere Familien sind befreundet«, sagte Yosef. Einem Kaffee mit Avigdor Liebermann fühle ich mich nicht gewachsen. Der derzeitige Außenminister Israels ist einer der größten rechten Hetzer.

Dann durchriss ein lautes Knattern die Beschaulichkeit. Ich wollte mich schon in die Zierhecke werfen, als ich ein Juchzen hörte, den Schemen eines kleinen Jungen erkannte. Er schob sein Plastikdreirad wieder das steile Sträßchen hinauf. Yosef grinste. »Siehst du, so sicher fühlen wir uns hier.«

Aber zurück zu den Beduinen.

»Jetzt studiert Mohammed an einer Schwindel-Universität. Mathematik. Ich war erst beeindruckt«, sagte er. »Aber weißt du, was er dort lernt? Das kleine Einmaleins.« Es dauerte etwas, bis ich begriff, dass Yosef von der Katholischen Universität in Bethlehem sprach.

Für die Nacht schob Gilat mir einen Heizstrahler ins Zimmer. Im letzten Winter war der Strom ausgerechnet am Sabbat ausgefallen. Nach der Thora sollen gläubige Juden am siebten Tag nicht nur ruhen, sie dürfen auch keine Kerzen anzünden. So hatte sich der Container in ein dunkles Eisfach verwandelt.

Aber nun haben sie den kleinen Yael. Als der Schnee in der letzten Woche wieder über den Hügeln von Gush Etzion stürmte, suchte das Paar bei Gilats Eltern Unterschlupf.

»Verrückte Religiöse«, nennt Yosef ihren Vater und ihre Brüder. »Haben immer eine Pistole im Hosenbund.« Gilat ist froh,
dass sie jetzt in Nokdim wohnt. »Waffen sind so langweilig«, sagt
sie. »Hier ist das Leben ganz anders.« In der Siedlung, in der sie
aufgewachsen ist, seien sie Außenseiter. »Dort denken alle das
Gleiche, tragen die gleiche Kleidung, machen die gleichen Jobs –
hier fühle ich mich freier.« Statt der strengen Haube der Siedlerin-
nen trägt sie wie Yosef eine wild gemusterte Schiebermütze über
den roten Locken.

    Zum Frühstück machte Yosef Pasta. Gilat räkelte sich derweil
in Yoga-Positionen auf meiner Matratze, den kleinen Yael hatte
sie schon frühmorgens zur Tagesmutter gebracht. Ein bisschen
Zeit hatte sie noch, bis sie nach Jerusalem musste. Dort arbeitet
sie in einem Laden für Judaika, in dem gläubige Israelis ihre *mesu-
sas* kaufen, diese kleinen Röhrchen mit Segensspruch, die an jedem Türrahmen angebracht sind, die *chanukkia,* den achtarmigen
Leuchter, dessen Kerzen zu Chanukka, dem Lichterfest, angezün-
det werden, Gebetsschals oder das zeremonielle Widderhorn, mit
dem die Festtage angekündigt werden.

    Mit der Ernsthaftigkeit eines Chemikers ließ Yosef einen
Tropfen Oreganoöl in die Soße fallen. Mit dem gleichen konzentrierten Gesichtsausdruck erklärte er mir den Unterschied zwischen den Pinguin-Juden und ihm.

    Die Orthodoxen in Jerusalem trügen ihre schwarz-weiße Kluft,
weil man sie einst in Osteuropa stigmatisieren wollte. Solche Vorschriften seien dann im Nachhinein religiös institutionalisiert worden. Yosef deutete auf das Zizit, den Fransenschal, der unter seiner Jacke hervorblitzte. Die weißen Kordeln waren an den Spitzen
blau eingefärbt. »Lange haben wir sie nur in Weiß getragen, weil die
Römer den Juden beim Einzug nach Jerusalem verboten, die Farbe
der Elite am Leib zu haben.« Erst vor ein paar Jahren konnten Wissenschaftler den richtigen Farbton rekonstruieren, das Violettblau
der Purpurschnecken. Seitdem trägt Yosef Blau. Er geht auch nicht

in die Synagoge, sondern betet daheim. »Der Gottesdienst war ursprünglich Meditation und kein Show-off.«

Zwischen Nokdim und Beit Ummar liegen etwa fünfzehn Kilometer. Aber um von einer Welt in die andere zu wechseln, muss ich per Anhalter zum Siedlerbus nach Jerusalem zurück, dort mit der Tram zum arabischen Busbahnhof, um dann über einen Checkpoint nach Bethlehem zu fahren, wo die Minibusse Richtung Hebron starten. Ein Bogen von dreißig Kilometern, der mich gut zwei Stunden kostet.

Ich fühle mich wie ein Käfer, der in ein verschachteltes Gebäude flattert, wo er neugierig umhersummt, und dem man eine Weile zusieht, bevor ihm behutsam hinaus ans Licht geholfen wird. Damit er sich den Kopf nicht wund stößt. Ich bin narrenfrei und geschlechtslos wie ein Kind. Meine politische Haltung wird im schlimmsten Fall als Naivität ausgelegt, dabei habe ich einen unglaublichen Wissensvorsprung meinen Gastgebern gegenüber: Ich kann sehen, wie es auf der anderen Seite aussieht.

Ich hatte Younes erzählt, dass ich am Vortag bei Siedlern geschlafen habe. Er musste hörbar schlucken. »Und was denken die so übers Leben?«, hatte er mich gefragt. »Sie mögen die Natur.« Er sah mich an, als wäre ich seine kleine Nichte Dalla mit dem rosa Funkeldiadem im Haar. Die sehr überzeugend antwortet: »Ich«, wenn er sie neckend fragt: »Wer ist die Prinzessin von Beit Ummar?«

An diesem Abend wurde in Gush Etzion ein Palästinenser von Sicherheitskräften getötet. Wie immer gibt es zwei Versionen der Geschichte. Er habe ein Auto geklaut, sagen israelische Zeitungen, und wurde unglücklicherweise auf der Flucht erschossen. Es sei sein eigenes Auto gewesen, sagt Younes. Die Frage bleibt: Wieso muss man auf einen Autodieb schießen?

Ich verkniff mir, ihm zu erzählen, dass ich bereits mit den Sicherheitsleuten von Gush Etzion Bekanntschaft gemacht hatte. Dass ich am Vortag nicht nur Couchsurfen war auf Siedlergebiet ...

Kapitel

3

Von Terroristen und Touristen

*»In der Geschichte der israelischen Armee gab es keine Schlacht,
die großartiger, tragischer und heroischer war, als der Kampf um
Gush Etzion (...) Wenn ein jüdisches Jerusalem existiert, dann
gilt unser Dank dafür den Verteidigern von Gush Etzion.«*

BEN GURION, 1948

GUSH ETZION, LUFTLINIE VON JERUSALEM: 14,13 KILOMETER

Miki ist mein Schutzschild, er schiebt mich hinter sich. Tack, tack, tack. Die Hülsen springen in meine Kapuze. Das Böse ist irgendwo da vor dem Erdwall mit den Zierbäumchen drauf. Miki ist meine Antiterroreinheit. Der Himmel ist blau. Das verbrannte Pulver kriecht schwefelig in die Nase. Zwischen unseren Füßen klingeln Hunderte von Patronenhülsen.

»Was ist die Funktion einer Waffe?«, fragt Eitan in die Runde. Er steckt in einem voluminösen Kampfanzug, Plastikkappen ummanteln seine Knie, er hat eine Pistole an den mächtigen Oberschenkel geschnallt, unter seiner Achsel baumelt ein beeindruckendes Schießgerät. Eine Tavor aus israelischer Herstellung, wie ich später erfahre. Ersatz für die lange verwendete amerikanische M16. Eine Waffe, die aussieht wie aus einem Star-Wars-Film.

Wie eine fleischgewordene Action-Plastikfigur kam er heute Mittag mit seiner Geländemaschine aus dem Libanon angeritten, um einer Jeschiwa-Klasse siebzehnjähriger Bürschchen aus Los Angeles samt Rabbi eine Lektion in Antiterrortraining zu geben. Denn er spricht nicht nur Koreanisch, Arabisch, Türkisch und Hebräisch, sondern auch ein sehr amerikanisch gefärbtes Englisch.

»Schutz?«, sagt einer der Jungs verschüchtert.

»Bullshit. Waffen sind zum Töten gemacht.« Eitan deutet auf seinen muskulösen Oberkörper: »Für den Schutz bin ich zuständig.«

Auf seiner Brust prangt eine Tätowierung, die ihn selbst als Muay-Thai-Kämpfer zeigt. Das weiß ich, weil er für jeden, der es sehen will, das steife Graugrün herunterzerrt. Über seinen sonnengegerbten Hals kringeln sich koreanische Zeichen, die so was wie Krieger bedeuten. Der Name Eitan meint auf Hebräisch: stark, beständig. Die Operation in Gaza im Sommer hieß Zuk Eitan. Die deutschen Journalisten übersetzten das poetisch: Fels in der Brandung.

So wie ihn die blassen Jungs mit ihren Kippot auf dem Hinterkopf anblinzeln, ist klar, wieso die private Militärakademie Caliber 3 Eitan als Vorzeigesoldaten abstellt.

Der Rabbi trägt eine feine schwarze Anzughose, Hemd und Pullunder und grinst wie ein Junggeselle auf Herrenausflug. Die Jungs sind prächtig gelaunt und finden es cool, dass ich Journalistin bin, ihr Land entdecken will, das sie selbst gerade erst kennenlernen. Einige haben Verwandtschaft in den umliegenden Siedlungen. Alle wollen ihren Militärdienst in Israel leisten.

»Wie sieht ein Terrorist aus?«, brüllt Eitan. Er muss brüllen, um das Geknatter aus den anderen Schießständen zu übertönen. »Dunkel«, raten die Jungs. »Haarig«, vermutet einer. »Hässlich«, ein anderer. Fast bin ich Eitan dankbar, als er sagt, ein Terrorist könne

auch blond und glatzköpfig sein und trage nicht zwingend ein Palästinensertuch. Wie der deutsche Neonazi, der vor ein paar Wochen von der Hamas angeheuert worden sein soll, um eine Bombe
in Jerusalem abzulegen. Natürlich sei das nicht an die Presse gegangen, sagt Eitan. Sie hätten das vorher geklärt. Er zwinkert.

»Nu, hattest du schon mal so ein Ding in der Hand?« Ich mur-
mele etwas Unbestimmtes, weil ich mich nicht gern an die letzte
Situation erinnere, in der ich freiwillig in der Gegend herumgeballert
habe – um mir einen Einblick in ein Leben zu erschleichen,
das mir nicht fremder sein könnte. Damals hatte ich in Südafrika
eine Geschichte über militante Buren recherchiert, die sich nicht
von der Apartheid lösen wollen. Es fällt mir schwer, keine Parallelen
zu ziehen. Eitan muss mir zeigen, wie ich die Halbautomatik
halten soll. Scheinbar habe ich es gut verdrängt.

Also: Beine breit, in die Knie gehen, die Finger um das kalte
Metall legen, durch die Kimme gucken, auf meine Zielscheibe, die
Elf. Ich bin erleichtert, kein Menschen-Dummy. Doch die Auf-
steller mit Männern in Kefije, wahlweise mit Mistforke, Kalaschnikow oder Telefon in der Hand, sind von hier gut sichtbar im Par-
cours zwischen Pappkameraden in israelischer Militäruniform
verteilt. Um die Sicherheitsleute in der West Bank eine schnelle
Entscheidung zu lehren: gut oder böse.

Um zehntausend Touristen jährlich davon zu überzeugen, wie
defensiv und überlegt die israelischen Soldaten ihren Job machen.
Um Siedlern zu zeigen, wie man eine Waffe benutzt. Nach dem
Training dürfen sie eine Pistole im Hosenbund tragen. Ihren palästinensischen Nachbarn ist es nicht mal erlaubt, Dünger einzuführen, weil sie daraus was Explosives basteln könnten.

Als ich wissen will, wieso die Militärakademie ausgerechnet im
Industriegebiet des Gush-Etzion-Blocks sitze und nicht auf israelischem Staatsgebiet, geht Eitan sofort in Verteidigungsstellung:
»Gush Etzion gehört zu Israel. Sogar Ben Gurion – und der war
links – hat gesagt, Gush Etzion geben wir nicht mehr her.«

Wenn Eitan »Elf« brüllt, soll ich aus meiner Reihe stürmen, mir Schutzbrille und Waffe schnappen. Ich entschließe mich für einen zügigen Schlenderschritt. Gerade ist ein russisches TV-Team hinzugekommen und hat meine Hoffnung zerstört, diesen Ausflug in den Kriegstourismus klammheimlich zu halten. Ich hoffe, ich wirke nicht zu begeistert, wenn Eitan mir auf die Schulter klopft.

Die Kugeln sind scharf. Bumm, bumm, bumm, bumm, tönt es dumpf durch die Silikonstöpsel in mein Hirn. Die könnte ich mir jetzt eigentlich auch sparen, seit einer halben Stunde klirrt mein Kopf. Eitan hat die Sicherheitsanweisungen mit einer Salve aus dem Riesending vor seiner Brust bekräftigt – bevor wir die Stöpsel bekamen.

Seitdem verspüre ich auch dieses Zittern im Bauch, das mich an den heißfeuchten Sommer erinnert. Als die Blase Tel Aviv ein paar Dellen bekam. Ich mir in der Frühe das Kissen an die Ohren presste, wenn der Raketenalarm losheulte und nachmittags im Planschbecken auf der Dachterrasse mit den Augen den weißen Rauchschlieren am Himmel folgte, der Flugbahn der Abwehrraketen. Dann dauerte es diesen wehen Moment lang, ein Wundpochen irgendwo zwischen Magen und Herzen, bis man endlich die Explosion hörte. Wir hatten nur eine über vier Stockwerke führende, wacklige Außentreppe und keinen Bunker in der Nähe. Außerdem glaubte niemand daran, dass die selbst gebastelten Geschosse aus Gaza es tatsächlich bis nach Tel Aviv schaffen könnten.

Ich bin keine Kriegsreporterin. Mir ist bereits das Sylvesterfeuerwerk in München zu viel – ich habe Angst bei Gewitter. Und jetzt versenke ich die fünfte Kugel in den Innereien von Terrorist Nummer elf.

Erstaunlich, wie schnell die Präsenz von Waffen normal wird, das Gewummer aus den anderen Schießständen zum Backgroundsound. Als wir von der zierlichen Baretta zur M16 wechseln und schließlich zu einem lautlosen Gewehr mit Zielfernrohr, finden meine Hände die Position schon wie von selbst. Bei einer Reaktionsübung mit Holzgewehren gewinne ich gegen meinen Feind, einen achtzehnjährigen Schlaks, der sich nun den ganzen Nachmittag die Sprüche seiner Mitschüler anhören muss.

Zum Abschluss blasen wir bunte Luftballons auf, die an den Zielscheiben befestigt werden. Ich bekomme natürlich einen rosafarbenen. Ein Jungrabbi will unbedingt »Araber« auf seinen Ballon schreiben. Erneut bin ich erleichtert, dass Eitan nur ein politisch korrektes »Terrorist« erlaubt.

Während wir die Hülsen vom Boden klauben – der Rabbi drückt sich elegant und bewundert stattdessen seine durchlöcherte Zielscheibe –, nimmt mich Eitan in die Zange: »Ich hasse das Bild, das die westlichen Medien von den blutrünstigen Israelis zeichnen. Ich will Leute wie dich und diese Jungs beschützen. Israel ist für alle da. Ihr seid meine Familie.«

Er ist nun in Fahrt. Bevor wir unsere Zertifikate und die Zielscheiben überreicht bekommen, hält er eine flammende Rede. Jeschiwa-Jungs und Rabbis sitzen staubig, mit roten Backen und verrutschten Kippot auf einer Holzbank und blicken demütig zu Boden. Im Wesentlichen geht es um die Shoah und einen Freund von Eitan, der vor einigen Jahren in Gaza gefallen ist. Seine Schwester hat ein Gedicht geschrieben, das die Opfer von Auschwitz und den Heldentod ihres Bruders verknüpft. Es ist in Englisch auf unseren Zeugnissen abgedruckt.

Nun blicke ich ebenfalls zu Boden – ahnend, was mir droht. Das russische Kamerateam kommt plötzlich wieder um die Ecke, als ob auch sie witterten, dass sich hier gleich eine lohnende Schlussszene in den Kasten spielen lasse. Die Hand von Eitan ruht auf meiner Schulter, als er den Juden aus Los Angeles mit dem Pathos eines Hollywood-Priesters verkündet: »Agnes aus Deutschland wird uns nun diese Zeilen vortragen. Sie sollen uns daran erinnern, dass wir Juden nie mehr schwach sein wollen.«

Er verabschiedet mich mit Küsschen auf die Wange und einem »Lehitraot, chamuda!«, Auf Wiedersehen, Süße.

Es dämmerte bereits, als ich durch das hohe Metalltor auf die Straße trat. Einer der Soldaten wurde von seiner Frau abgeholt und nahm mich zur nächsten *trempiada* mit, einem Sammelpunkt für Hitchhiker.

Ich solle auf den Akzent des Fahrers achten, auf seine Gesichtszüge, die Farbe des Nummernschilds – und aus irgendeinem Grund nicht hinten einsteigen. Das waren die Tipps, die mir die beiden mitgaben. Das Nummernschild könne in die Irre führen: Normalerweise seien Siedler mit gelben Schildern unterwegs, Palästinenser mit weißen. Aber ganz verlässlich sei das nicht! Ich fühlte mich wieder an Südafrika erinnert.

Das hebräische Wort *tremp* für Autostopp tauchte erstmals 1954 in hebräischen Wörterbüchern auf. Es gehört zur Kulturgeschichte Israels wie die Kibuzzim und der Militärdienst für Frauen. Laut Gad Yair, einem Soziologen an der Hebrew University, habe sich der *tremp* allerdings in den letzten Jahren zu einem Alleinstellungsmerkmal von Ultraorthodoxen und radikalen Zionisten entwickelt. Erstere trampten, weil es nichts koste, Letztere mit einer Art Guerilla-Attitüde: »Es ist unser Land, und niemand wird uns aufhalten oder einschüchtern.«

An ebendieser *trempiada* stiegen im Sommer drei israelische Teenager in ein Auto. Sie wurden entführt und umgebracht. Ihr Tod rechtfertigte die Bomben auf Gaza.

Ich wusste nicht, wovor ich mehr Angst hatte: von einem Palästinenser für eine Siedlerin gehalten zu werden oder bei einem radikalen Siedler einzusteigen. Ich hatte das erste Mal auf meinen Reisen im Westjordanland ein ungutes Gefühl.

Die Autos, die ich im Sonnenuntergang über die sanft gerundeten Hügel brausen sah, kamen mir vor wie kleine Festungen, hermetisch abgeriegelte Kapseln, die sich durch finsteres Mittelalter bewegen, bis sie von einem schweren Metalltor geschluckt werden. Erst dahinter fällt die Spannung ab, kann man wieder heile Welt spielen.

Ich stand völlig alleine da und fühlte mich schutzlos und verletzlich. Zögerlich streckte ich meinen Arm von mir. Der *tremp*-Knigge verlangt keinen Daumen wie bei uns, sondern eine flache Hand, die dezent in die gewünschte Richtung zeigt und lässig auf- und abfächelt, falls es sich um eine Kurzstrecke handelt.

Bereits das dritte Gefährt, ein Land Rover, rollte an den Straßenrand. Ich erkannte durch eine verschmierte Windschutzscheibe Rauschebart und weiße Locken. Yoshua kommt ursprünglich aus Südafrika, er wohnt in Tekoa – und dorthin wollte er jetzt. Es sei nicht weit von dort nach Nokdim, wo Yosef und Gilat auf mich warteten, meine Couchsurfing-Gastgeber.

Wir fuhren durch ein palästinensisches Dorf, ein paar Kinder saßen im Zwielicht vor ihren Häusern und starrten mich an. Auf jeden Fall kam es mir so vor. »Wir bauen auf, die machen kaputt.« Yoshua schüttelte den Kopf. Als ob es sich um eine Art Umweltproblem handeln würde, das man eben in den Griff bekommen müsste. Yoshua hatte sein Stück Siedlerland im Internet gekauft. Ohne zuvor ein einziges Mal in Israel gewesen zu sein. Seitdem er das erste Mal ins weite Tal geblickt hatte, denkt er: »Was für ein wundervolles Land, hier will ich sterben!«

Er setzte mich an der *trempiada* von Tekoa ab und sagte: »Wenn du in einer halben Stunde noch hier wartest, sammle ich dich wieder auf.«

Diesmal standen mit mir noch ein paar junge Mädchen in Kopftüchern und langen Röcken herum. Jedes für sich. Niemand redete. Zwei Autos parkten mit laufendem Motor. Die Fahrer spielten mit ihren Telefonen. Schließlich sprach mich einer an: »Du musst schon fragen. Sonst kommst du hier nicht weiter.«

Aber keiner wollte nach Nokdim.

Schließlich war ich alleine. Hoffte auf Yoshua. Wollte kein Abenteuer mehr. Es war dunkel, es war still. Die Kälte kroch mir in die Knochen.

Endlich, ein spiegelnder Sportwagen. Der Fahrer trug eine goldene Uhr und sah aus wie ein Araber. Ich schämte mich für den Gedanken. Ein Nachmittag Anti-Terror-Training schien schon auszureichen, um mich zu einem Menschen zu machen, der in Gesichtszügen nach Gut und Böse sucht. Er machte die hintere Tür auf. Da war doch was.

Egal. Wer wusste, ob heute Abend noch ein Auto vorbeikäme. Nichts erschien mir gerade unheimlicher, als durch diese dunklen Siedlungen zu wandern.

Auf *tremp* spricht man nur, wenn der Fahrer beginnt. Das kommt mir seltsam unhöflich war. Aber das Hitchhiken hat hier eben wirklich nur den Zweck als Sinn. Das erste Wort fiel kurz vor Nokdim. »Seit zwanzig Jahren war ich hier nicht mehr.« Der Mann sprach nur Hebräisch. Ich sagte, dass ich die Misrachi-Synagoge suchen würde, die Caravans dort. Der Fahrer wusste nicht, was ich meinte. Aber aussteigen lassen wollte er mich nicht. Er möchte helfen, begriff ich erleichtert.

Doch die Straßen waren tot. Als endlich ein Auto auf der Gegenspur zu sehen war, hupte mein Fahrer und ließ sich den Weg durchs Fenster erklären. Schließlich stand ich vor einer Synagoge, aber es war die falsche. Hunde schlugen an.

Ins nächste Auto stieg ich, ohne dem Fahrer auch nur in die Augen zu gucken.

Kapitel

4

Eine Nacht zu Bethlehem

»Für ausländische Kreaturen wie uns, auf unserem Weg zu einem Herzen, einem Hirn und Mut, ist Bethlehem nicht das Ende der Reise, sondern nur der Anfang – kein Heim, aber ein Ort, durch den wir müssen, wenn wir jemals nach Hause kommen wollen.«

FREDERICK BUECHNER

BEIT JALA, LUFTLINIE VON JERUSALEM: 6,34 KILOMETER

Buslinie 18, Dialog in der Sitzreihe vor mir. »Mir ist schwindlig. Ich hab Angst, dass ich eine Apotheke brauche. Meint ihr, da gibt's eine?« »Weiß nicht, Bethlehem ist ja im Westjordanland.« Der Bus parkt noch an der arabischen Busstation vor dem Damaskustor in Jerusalem.

Der Fahrer wartet, bis die Letzten eingestiegen sind, und wechselt den Radiosender von arabischem Pop zu arabischem Jingle Bells. Es ist Heiligabend, fünfzehn Uhr. Deutsche Familien, amerikanische Jungpilger. Koreanische Christinnen. Glühende Gesichter. Ob aus spirituellen Gründen oder weil man sich auf die andere Seite wagt.

Die Sonne knallt durchs Fenster und ich rufe Ilias (Name geändert) an. Anders als Maria und Josef hatte ich keine Schwierigkeiten, eine Herberge in Bethlehem zu finden. Er hat mir für die Heilige Nacht sein Sofa angeboten. Ich bin aufgeregt. Ilias hat kein Profilbild von sich hochgeladen, dafür eine lange Liste guter Bewertungen vorzuweisen – bis auf eine, die mir derart seltsam erschien, dass ich sie nicht ernst nahm.

Er sagte, ich solle in Beit Jala am Fußballplatz aussteigen.

Beit Jala ist eine Winzstadt, deren Straßen fließend in die von Bethlehem übergehen. Der Fußballplatz ist ein aufgerissener Acker ohne Tore. Und der stattliche Mann mit dem grau melierten Bart, der mit einer gewaltigen Pranke aus einem klapprigen Opel winkt, muss Ilias sein.

Keine Spur von Pilgerströmen, die Straßen sind leer und geschleckt sauber, dafür stapeln sich auf der Böschung ausgeschlachtete Autowracks. »Alle geklaut«, sagt Ilias. Die Hülle eines VW-Käfer ist weit oben auf einen Baum gespießt, als wäre sie vor langer Zeit vom Himmel gefallen. Oder von einer gewaltigen Detonation in die Krone katapultiert worden. »Wir lieben deutsche Autos«, lautet seine lapidare Antwort auf meinen fragenden Blick.

Er ist Christ, aber Heiligabend in der Altstadt von Bethlehem hat für ihn die gleiche Anziehungskraft wie für mich das Oktoberfest. »Laut, stressig, immer das Gleiche.«

So unpassend ist der Vergleich mit einem megalomanischen Volksfest gar nicht mal. In Bethlehem wird gleich dreimal Weihnachten gefeiert. Die griechisch-orthodoxen Christen orientieren sich nicht am gregorianischen Kalender, sondern an dem älteren julianischen, nach dem die Geburt Jesu auf den 6. Januar fällt. Die armenisch-orthodoxe Kirche wiederum begeht das Fest erst am 18. Januar. Das heißt, drei Wochen lang dudeln aus den Souvenirshops Weihnachtslieder, glitzern Flittersterne und Glitterkugeln in der Sonne über den Straßen, wird Bethlehem zum Disneyland der Pilger.

Im Mittelpunkt all dessen steht natürlich die Geburtskirche, in deren Unterbau ein Stern die Stelle markiert, wo das Jesuskind die Welt erblickt haben soll. Ehrlich gesagt, habe ich den Stern noch nicht selbst gesehen, denn er liegt in einer Art Ofenloch, in das man auf Knien rutschen muss. Jedes Mal, wenn ich in die Krypta hinuntergestiegen war, war das Loch mit Hintern verstopft. Meist gehörten dazu die Badelatschen polnischer Pilger.

Als ob in Palästina nicht schon genug gestritten würde, liegen die Würdenträger der drei christlichen Bekenntnisse im ständigen Clinch um die Kirche. Die Streitpunkte scheinen mir von kurioser Nichtigkeit: Zum Beispiel geht es darum, wer wann wie viele Kerzen anzünden darf.

Ihren Höhepunkt erreichen die Zwistigkeiten aber beim jährlichen Reinemachen Ende Dezember. Dann flattern nicht nur die Kutten im Putzeifer, sondern es fliegen auch Beleidigungen und sogar Fäuste im Kirchenschiff: In den Achtzigerjahren sollen Mönche mit Besenstielen aufeinander losgegangen sein. 2006 landeten mehrere Geistliche im Krankenhaus, weil die Griechisch-Orthodoxen beim Abstauben der Kronleuchter ihre Leiter auf dem Territorium der Armenier aufgestellt hatten. Und auch in den vergangenen Jahren artete der christliche Großputz immer wieder in unheilige Boxorgien aus.

Es ist gewissermaßen ein Stellungskampf mit dem Feudel. Über die Jahrhunderte hat sich etabliert, dass die Bekenntnisgruppe, die Pflege und Reparatur einer bestimmten Sektion der Basilika für sich gewinnt, einen symbolischen Besitzanspruch vermelden kann.

Dabei gäbe es inzwischen eigentlich allen Grund, sich um ein geschlossenes Auftreten zu bemühen. Waren um 1947 noch fünfundachtzig Prozent der Einwohner Bethlehems Christen, sind es heute nur noch zwanzig Prozent der Fünfundzwanzigtausend-Seelen-Stadt. Als Minderheit stehen sie zwischen den Stühlen, haben das Gefühl, die Israelis versuchten, sie gegen die muslimischen Landsleute auszuspielen.

»Zu Weihnachten bekommen die Christen aus Gaza eine Reisegenehmigung, aber zu Ramadan gibt es keine Sondererlaubnis
für Muslime«, sagt Ilias. »Hier kommt eben alles zusammen, Religion und der ganze Bullshit! Wenn ich mit dir über die Straße laufe, fragt mich die palästinensische Polizei mit Sicherheit nach
meiner Lizenz als Touristenführer.«

Er wohnt mit seinen Brüdern in drei Häusern mit gemeinsa-
mem Innenhof. Seines ist vollgestopft mit Heiligenbildchen, ge-
schnitzten Kamelen und den Fotos seiner Kinder. Aber die Räu-
me wirken trotzdem seltsam unbewohnt.

Während wir uns bei Tee und Dattelplätzchen beschnuppern,
erzählt er mir ohne Umschweife, wieso: Er lässt sich gerade von
seiner amerikanischen Frau scheiden, die nun mit den Kindern in
den USA lebe. »Arabisches Sprichwort«, sagt er: »Hast du eine
Wunde am Daumen, schneide ihn lieber ab.«

Immerhin sei er kein Muslim, feixt er. »Muslimische Hochzeiten sind teuer. Der Mann zahlt eine Kaution an die Schwiegerfa-
milie. Ein halbes Kilo Gold oder mehr, je nach dem Ansehen der
Familie seiner Zukünftigen.« Bei einer Scheidung verliere er die
Einlage. »Deswegen lassen sich die meisten hier nicht scheiden,
sondern nehmen stattdessen lieber eine weitere Frau dazu.«

»Inschallah, findet Tantchen eine neue für mich!« Tantchen –
stellt sich bald heraus – liest aus der Hand, ist Familienoberhaupt
und Heiratsvermittlerin. Um all diese Ämter professionell ausüben
zu können, verlangt sie ein stündliches telefonisches Update über
Nahrungsaufnahme, Befinden und Klatsch von jedem ihrer Neffen.
»Die Kekse sind auch von ihr«, sagt Ilias und rollt mit den Augen.
»Aus der teuersten Bäckerei Bethlehems. Sie trägt ihre Geldscheine
zwischen den Brüsten. Sie ist reich. Aber ein bisschen meschugge.«

Diesmal will Ilias es mit einer Palästinenserin versuchen, so
einfach sei das eben nicht mit den Amerikanerinnen.

»Hast du meine Bewertungen gelesen?«, fragt Ilias. Ich nicke.
»Auch die schlechte?« Ich mache eine unbestimmte Geste. Es

kommt mir unhöflich vor, eine Rechtfertigung zu fordern. Aber er will mir unbedingt erklären, was es damit auf sich hat.

Bei Nacht und Nebel sei sie vor Angst aus dem Haus gestürmt, hatte die Couchsurferin geschrieben.

Seine Version der Geschichte: Er hatte der Frau, einer etwa fünfzigjährigen Amerikanerin, die Wohnung gezeigt, ihr den Schlüssel gegeben und gesagt, sie solle sich zu Hause fühlen. Dann war Ilias in seine Werkstatt gefahren. Wenig später klingelte sein Telefon und ein aufgebrachter Nachbar jammerte: »Da ist eine nackte Frau auf deinem Balkon. Sie trinkt Wein. Sie flucht auf Arafat!«

Ilias runzelt die Stirn. »Das geht natürlich nicht. Man muss ein bisschen Rücksicht auf die Kultur nehmen.«

Ich stimme ein. »Ja, also nackt auf dem Balkon ...«

Der Steinmetz grinst: »Ach was, meine Nachbarn freuen sich, wenn sie mal eine nackte Frau sehen! Aber wir sind immer noch in Palästina. Wenn man hier laut über Arafat schimpft, kassiert einen die Hamas!«

In seiner Version der Geschichte habe er der Frau daraufhin ein Hotel empfohlen und gesagt: »Weißt du, wir Araber essen nicht nur Hühnchen, sondern auch Hühner!« Das habe sie wohl in den falschen Hals bekommen.

»Bethlehem lebt von den Touristen, es ist uns wichtig, dass wir keinen schlechten Eindruck hinterlassen. Jeder, der bei mir auf der Couch übernachtet, finanziert zwar kein Hotel, lässt aber auch ein bisschen Geld in der Stadt.«

Er bittet mich, kräftig zuzulangen bei den Keksen. »Tantchen bringt mir morgen mit Sicherheit wieder welche vorbei.« Seufzend streichelt er über seinen Bauch.

Ilias hat in London Bauingenieurwesen studiert, aber mit dem Beruf kann er seit der Besatzung nicht viel anfangen. »Als mein Vater sich hier niederließ, gab es noch kein Israel.« Stimmt, ich vergesse immer wieder, wie jung dieser Staat ist.

Ilias' Familie stammt aus einer griechischen Steinmetzdynastie. Aber sein Vater hatte sich auf einer Geschäftsreise in Amman in eine Kolumbianerin verliebt. Weil dessen Vater aber die Verbindung nicht akzeptierte, kehrte er nicht heim und zog weiter ins damalige Westjordanien, ins kleine Städtchen Bethlehem. Um seinen eigenen Betrieb aufzubauen.

Die Lage schien günstig, die Steinbrüche von Hebron waren nah. Aus den weichen Kalkquadern sind in Bethlehem alle Häuser gebaut. Und was lag näher, als Krippenszenen und Heiligenfiguren aus dem weißen Gold von Palästina zu schälen?

»Also hast du Steinmetz gelernt?« »Ach was, das musste ich nicht lernen, die Begabung liegt in unserer Familie!«

Er erzählt mir, dass er lieber nach Amman ziehen würde. »Da gibt's Kinos und sogar Stripclubs. Alles ist viel offener.« Aber das Geschäft laufe für ihn und seine Brüder in Bethlehem zu gut. Morgen will er mir zeigen, wieso.

Er gibt mir einen Hausschlüssel und verabschiedet mich in den Weihnachtswahnsinn. Tantchen hat ihn zum Essen eingeladen.

Die Hauptstraße ist gesäumt von der schwer bewaffneten Garde der Palästinensischen Autonomiebehörde. Präsident Abbas hat sich angekündigt. Tausende Menschen drängen sich durch die Manger Street (Krippenstraße) zu den Feierlichkeiten auf dem Krippenplatz. Es sind hauptsächlich arabische Israelis und Palästinenser; die erwarteten Pilgerhorden aus dem Ausland scheinen im Hotel zu sitzen – eingeschüchtert von all den offen präsentierten Waffen. Oder gar nicht erst gekommen zu sein. Der Gaza-Krieg im Sommer hat nicht nur Israel eine Touristenflaute beschert.

Vor der Basilika, die über die Geburtsstätte Jesu gestülpt wurde, steht ein prächtiger Christbaum, auf der gegenüberliegenden Seite hängen Lichterketten in den Zürgelbäumen und den zwei hohen Palmen vor der Omar-Moschee. Auch die Einheimischen haben sich sichtbar in Schale geworfen: Die muslimischen Frauen tragen glitzernde Kopftücher, die Männer Anzughosen, die kleinen Mädchen Tüllwolken, ihre Brüder sind als bärtige Mini-Weihnachtsmänner verkleidet.

Wenn Mönche und Ordensschwestern geschäftigen Schrittes über den Platz eilen, teilt sich die Menge respektvoll vor ihnen. Die paar tapferen Europäer, Amerikaner und Japaner sind von Weitem an ihren Funktionsjacken zu erkennen – und an der Körperhaltung. Sie wirken auf mich wie Schulmädchen, die sich auf ihre erste Oberstufenparty geschmuggelt haben. Vielleicht ist es auch nur die Projektion meiner eigenen Unsicherheit in dieser zwischen Soldaten eingepferchten Masse, die das wichtigste Fest der christlichen Minderheit mit der Ernsthaftigkeit einer politischen Kundgebung begeht. Und das nur wenige Kilometer von der überhitzten Altstadt Jerusalems entfernt.

Als es nahe der Moschee plötzlich knallt und raucht, zucke ich zusammen – und sehe meine Gedanken gespiegelt in den aufgerissenen Augen einer älteren Touristin mit platinblondem Haar.

Es war nur die Zuckerwatte. Ein Verkäufer hat den Generator angeworfen, mit dem er die Zentrifuge im Kofferraum seines alten VW Golf betreibt. Aus den Rauchschwaden unter der Ladeklappe zaubert er Bäusche in ungesundem Pink. Niemand scheint sich daran zu stören, dass das Knattern des Generators den Gospelchor auf der Bühne übertönt. Der Geruch des Benzins vermischt sich mit dem verbrannten Zucker zu einer grellen Kopfwehnote.

Quer über die Bühne ist eine Leinwand gespannt: »Alles, was wir uns wünschen, ist Gerechtigkeit.«

Ein Banner, das an der Front des Friedenszentrums hängt, verkündet eine mindestens ebenso wichtige Botschaft: »Freies WLAN am Platz für Dein Weihnachts-Selfie!« Eine Frau mit strengem Hidschab nimmt das ernst und zwingt ihren Mann in Feiertags-Kefije in Gute-Laune-Pose.

Auf den Eingangsstufen verteilt ein Nikolaus Flugblätter, er ist deutlich zu jung, um die Rolle mit Würde zu spielen. Aber das ist auch nicht sein Ansinnen. »Vergesst Gaza nicht«, steht auf dem Flyer, den er mir in die Hand drückt.

Mein Weihnachtsmahl ist eine Falafel-Pita von der Straße. Während der Verkäufer gegen meinen Willen Pommes in die Brottasche stopft, fragt er mich, ob ich die Parade gesehen hätte. Leider saß ich da noch bei Ilias auf der Couch. »Schade. Es war lustig. Die Pfadfinder haben sich mit Dudelsäcken geprügelt.« Scheinbar lässt der Heiligabend nicht nur im intimen Familienkreis die Emotionen hochkochen.

Ich selbst fühle mich einsam und leer, nachdem ich die x-te ziellose Runde durch die Menge gezogen habe. Ich hatte mir vorgestellt, es sei romantisch, allein unter Tausenden Weihnachten zu feiern. Dass mich die Masse mit sich forttrüge.

Aber die einzigen Menschen, die was von mir wollen, sind all die Kinder, die Süßigkeiten, Kaffee und Tee verkaufen, Engelsflügel tragen oder Nikolausmützen – und doch eigentlich längst ins Bett gehörten. Ausgerechnet in Bethlehem, der einzigen touristisch erschlossenen Stadt der West Bank, sehe ich das erste Mal Armut auf der Straße.

Younes hatte mir erzählt, wie geschockt er gewesen sei, als er in Paris rumänische Frauen mit ihren Kindern bei Nacht und Regen auf den Bordsteinen sitzen sah. »Wieso hilft denen keiner? In Paris, der Stadt der Kultur!« In Palästina gebe es keine Obdachlosen, weil es die Gesellschaft nicht zulasse. Vor einiger Zeit habe auf Facebook ein Foto kursiert, von einem Bettler im Zentrum von Ramallah. Er habe auf dem Boden gelegen und geschlafen. Aber nicht lange. Die Leute hätten sich überschlagen, ihm ein Bett und Essen zu verschaffen.

Ich kaufe einem höchstens achtjährigen Jungen einen Becher *sahlab* ab und setze mich auf die Stufen vor einem Touristenrestaurant, löffle den quietschsüßen Milchpudding und blicke auf das deprimierende Bild eines Heliumballons in der Form eines Weihnachtsmanns, der sich auf seinem Weg in den Nachthimmel in einem Zierbaum verfangen hat. In die Äste hat jemand Tränengas-

kartuschen statt Christbaumkugeln gehängt und rot-grün-weiße
Fähnchen.

»Das ist der Freiheitsbaum«, sagt eine Stimme hinter mir.

Sie gehört einem Palästinenser in meinem Alter, er trägt eine
Schiebermütze und stellt sich als Ashraf vor. »Bist du mit deiner
Familie hier?«, frage ich. »Nein«, sagt er. »Weihnachten interes-
siert mich nicht, ich komme zum Arbeiten her, hier gibt es freies
Internet.« Er sei gerade dabei, mit seinem Bruder ein Bed & Break-
fast in Jericho aufzubauen. Nun erledige er Geschäftsmails und
verteile Visitenkarten an die Touristen. »Wir nennen es Auberg-
Inn, gut, oder?«

Das Lokal scheint einsame Seelen anzuziehen. Ein Mann winkt
uns zu sich an den Tisch: schlecht sitzender Nadelstreifenanzug
und Pilzkopf. Im Knopfloch die kanadische Flagge und um den
Hals eine dieser texanischen Schnürsenkelkrawatten. Er sieht aus
wie einer der überzeichneten Gangster aus einem Tarantino-Film.

Kaum haben wir uns gesetzt, hat er uns auch schon zwei Bier
bestellt. »Woher weißt du, dass ich kein Muslim bin?«, fragt ihn
Ashraf. »Du könntest mich damit beleidigen.«

»Bist du Muslim?«, fragt der Nadelgestreifte. »Ja«, sagt Ashraf.
Dann nippt er an seinem Glas.

Der Kanadier, dessen Namen wir nicht erfragen, leert sein
Glas in einem Zug und lässt sicherheitshalber gleich drei weitere
kommen. »Ich habe Urlaub vom Business gebraucht«, sagt er. »Ich
war schon mal in Europa, also bin ich spontan nach Tel Aviv geflo-
gen und hab mich ins Taxi gesetzt. Das ist doch eine irre Idee.
Bethlehem an Weihnachten.« Mit was er sein Geld macht, will er
nicht verraten.

Ich spüre, Ashraf ist auf Ärger aus, er will diesen feisten Kanadier aus der Reserve locken. In wenigen Minuten entspinnt sich
ein Schlagabtausch wie aus dem Politik-Schulbuch. Kommunis-
mus gegen Kapitalismus. Revolution gegen Großbürgertum. Das
besetzte kleine Land gegen das freie Amerika. Melancholischer

Feinsinn gegen selbstbewussten Mammon. Sekundenlange Einigkeit, dass Hillary Clinton die Teufelin sei. Weil sie ISIS erfunden habe, um den Islam in Verruf zu bringen, wie Ashraf glaubt. (Es ist nicht das erste Mal, dass ich hier von dieser Theorie höre). Weil sie eine falsche Hündin sei, wie der Kanadier findet.

Dazwischen kommen immer wieder bettelnde Kinder an den Tisch, die Ashraf ignorieren und mich neben dem Kanadier als die schwächere Quelle beurteilen. Ashraf genießt es sichtlich, wie sich der Geschäftsmann vor seinen Augen windet. Der Kanadier will gefallen, aber auch sein Land verteidigen und den Kapitalismus. »Wenn jemand gut arbeitet, soll er belohnt werden«, sagt er. Überlegt kurz und gibt dem Kellner lächerlich viel Trinkgeld, das Mädchen mit den Lollipops verscheucht er: »Hau ab, Kleine, ich kauf dir nichts ab.«

Ich bin so gefangen von diesem Dickens'schen Weihnachtsspiel, dass ich kaum etwas zur Diskussion beitrage – und außerdem die Christmette verpasse.

Nach dem achten Bier des Kanadiers und dem zweiten von Ashraf finden die beiden eine Randnotiz, auf die sie endlich anstoßen können. »Ich mag es, dass die Kinder hier Schuluniformen tragen, das ist so ordentlich«, sagt der Kanadier. »Also denkst du im Innersten doch ein bisschen kommunistisch«, sagt Ashraf versöhnlich.

Als der Kanadier aufsteht, um seiner Mutter daheim am Telefon frohe Weihnachten zu wünschen, zieht mich Ashraf vom Tisch und wir teilen uns ein Taxi. »Komischer Typ.« »Einsamer Hund«, sagt Ashraf.

Auf Zehenspitzen tappe ich durch Ilias' dunkle Wohnung. Ich höre ihn husten und sein Bett quietschen. Und kann lange nicht einschlafen. Was für ein merkwürdiger Heiligabend.

Als ich am nächsten Morgen aufwache, ist Ilias schon aus dem Haus. In der Küche finde ich nur Instantkaffee, deswegen mache ich mich zu Fuß auf den Weg in mein Lieblingscafé. Der Krippenplatz wirkt im unbarmherzigen Licht dieses ersten Weihnachtsfeiertags mindestens so zerrupft und verkatert, wie ich mich selbst fühle.

Das Café liegt in Beit Sahour, östlich der Bethlehemer Altstadt. In den Feldern um Beit Sahour soll Erzengel Gabriel den Hirten die Geburt des Christkinds verkündet haben. Als ich gegen elf die engen Gassen von Beit Sahour erreiche, sperrt der Barrista das Singer Café gerade erst auf. Es heißt so, weil die Besitzer es liebevoll mit antiken Nähmaschinen der amerikanischen Marke dekoriert haben. Einer jüdisch-amerikanischen Marke, denke ich. Dennoch sieht man die schwarzen, altmodisch geschwungenen Maschinen oft auf den Gebrauchtwarenmärkten der West Bank. Die Nähmaschine war schon lange vor dem Konflikt hier.

Das Café hatte ich vor ein paar Wochen entdeckt, weil es jeden Sonntag eine politische Führung um Bethlehem anbietet. Während ich auf mein arabisches Frühstück warte, Tahini, Gurken-Tomaten-Salat, Kräuteröl, Pitabrot und Oliven, alles in kleinen Schälchen – und endlich meinen italienischen Kaffee trinke, rekapituliere ich das Bethlehem, das mir Baha, der Tourguide, gezeigt hatte.

Baha trug eine gestrickte Rastafari-Mütze über seinen Locken und spulte beeindruckende Zahlenkolonnen herunter, als wir mit dem gemieteten *servees* über die Hügel fuhren. »Wenn die Sperrmauer nur zum Schutz gegen islamistische Terroristen gebaut wird, wieso grenzt sie die christliche Nachbarschaft von Beit Sahour von Jerusalem ab und spart das muslimische Dorf danebenaus?«, hatte er gefragt. Das leuchtete mir ein, immerhin scheint es einige Lücken im System zu geben: Hunderte von Palästinensern schlüpfen täglich zur Schwarzarbeit nach Israel. Klettern im Schatten eines Hauses über die Mauer, schleichen durch einen dichten Wald. Das ist ein offenes Geheimnis.

Seit 2002 mauert sich Israel ein, mit einem Wall, der mehr als doppelt so lang ist wie die Grüne Linie, die offizielle Staatsgrenze – weil er sich mit absurd anmutenden Schlenkern im Westjordan-

land um Siedlungen kräuselt. Heute sind etwa sechzig Prozent des
geplanten Konstrukts aus Elektrozäunen und Beton hochgezogen. Eine der umstrittensten Lücken klafft nicht weit von Bethlehem auf der Höhe des Gush-Etzion-Blocks.

Hier kämpfen nicht nur Palästinenser der benachbarten Dörfer Wadi Fukin und Battir gegen die Errichtung der geplanten
Mauer und den befürchteten Landverlust – sondern auch die Siedler. Denn der Wall würde den Block in Ost und West teilen. Nokdim beispielsweise befände sich dann auf der palästinensischen
Seite. Auch Umweltschützer von beiden Seiten protestieren gegen
den Bau. 2012 schließlich spielte Palästina seinen einzigen Trumpf
aus: internationale Aufmerksamkeit. In letzter Sekunde bewarb es
sich mit dem grünen Tal von Battir, dessen dreitausend Jahre alten
Steinterrassen, den Sultansgräbern, Kirchen und antiken Wein-
pressen um die Anerkennung als Weltkulturerbe – und hofft seitdem, dass die Ernennung den Mauerbau stoppt. Damit hat sich
Palästina einer Strategie bedient, die es von Israel gelernt hat. Die
Besatzermacht annektiert regelmäßig archäologische Stätten und
ernennt Nationalparks, um sie dann doch zu bebauen – zugunsten
der Siedlungspolitik.

Auch hierfür hat Baha ein Beispiel parat: »Neunzehn jüdische
Kolonien klammern Bethlehem ein, dort drüben, das war einmal
ein Naturschutzreservat, zugänglich für beide Seiten, jetzt wurde es
abgeholzt für die Kolonie Har Homa. Sie wollen uns auch noch den
Tourismus klauen: Zwanzigtausend Gästebetten soll es dort geben,
Bethlehem hat zweiundzwanzigtausend. Das ist doch kein Zufall.«

Als wir auf einer Anhöhe Halt machen, um ins Tal zu schauen,
treffen wir auf einen Hirtenjungen, der ein Lamm mit zusammengebundenen Beinen trägt. »Das machen die Hirten mit Ausrei-
ßern, um es an den Geruch des Schäfers zu gewöhnen«, sagt Baha.
Oft gebe es Probleme mit den Schäfern, die durch den Landverlust an die Stadtränder gezwungen würden und mit ihren Tieren
durch die Vorgärten streiften.

»Da unten, das gelbe Tor: Da wurden die Bauern verarscht. Es hieß, sie könnten ihre Felder frei bewirtschaften, aber nun wird das Tor nur ein paar Mal im Jahr geöffnet und nur für den Besitzer des Hains. Das ist der Großvater der Familie, der sich kaum noch bewegen kann.« Die Olivenbäume stammen teils noch aus der Kreuzfahrerzeit, nun verdorren sie.

Baha trägt schwer an der Besatzung, er schreibt und hält Vorträge über die schleichende Landnahme, die er in der kruden Linienführung der Mauer deutlich zu erkennen meint. »Kein Wunder, dass wir Steine werfen«, witzelt er: »Der Judenkönig David hat es uns doch vorgemacht: Er war der Erste, der sich gegen einen übermächtigen Gegner mit Steinen behauptet hat.«

Die letzte Station unserer Rundfahrt führt entlang des Stücks Sperrwall, das der britische Graffiti-Künstler Banksy und viele Nachahmer über die Jahre in ein Kunstwerk verwandelt haben. Für die Touristen kommt der andächtige Besuch der Mauer inzwischen gleich nach dem der Geburtskirche. Für die ansässigen Taxifahrer sind die Banksy-Touren ein schöner Nebenverdienst. In Bethlehem ist der Sperrwall teilweise zwölf Meter hoch. Alle fünfhundert Meter unterbricht ein Wachturm die Betonstelen. »Darin sitzen vierundzwanzig Scharfschützen, die ihre Gewehre auf die Stadt richten«, sagt Baha. Im Sommer bei den Demonstrationen gegen den Gaza-Krieg hätten die Soldaten Stinkwasser geschossen und die Stadt habe wochenlang wie eine Müllkippe gerochen.

Auf der Straße neben der Mauer stehen kurz hintereinander zwei verwaiste Tankstellen. »Das war einmal der teuerste Grund Bethlehems«, erklärt Baha. »Aber die reichen Geschäftsleute sind ausgewandert.« Er haut mit der Faust gegen den Beton des Walls. »Israelisches Eigentum, wir können sie mit Farbe besprühen und unseren Kopf dagegenschlagen. Nur wenn einer mit dem Vorschlaghammer kommt, wird er erschossen.«

Als ich gerade fertig gefrühstückt habe, ruft Ilias an, ich solle heimkommen, er wolle mir seine Werkstatt zeigen. Das Atelier von Ilias und seinen Brüdern liegt in einer stillen Seitenstraße. Drinnen sieht es aus wie in einer Backstube: Alles ist mit weißem Steinstaub gepudert; die gewaltigen Bohrer, die von der Decke hängen, erinnern dagegen eher an den Albtraum eines Angstpatienten mit Zahnweh. Mit den kleineren Bohrern graviert und ziseliert Ilias Friedenstauben und Apostel in Steinplatten, manchmal auch die Porträts Verstorbener, mit den großen drechselt er Löwen und Heilige Jungfrauen aus den tonnenschweren Blöcken, die er im Garten auf Vorrat lagert. »Wer weiß, wie lange wir Palästinenser noch Zugang zu den Steinbrüchen haben«, erklärt Ilias. Im Garten spazieren außerdem seine Barometer durchs Gras: faustgroße Schildkröten, die sich zwischen den weißen Brocken verkriechen, bevor es Regen gibt.

Im Vorführraum geht es sehr heroisch zu, muslimische Kunden bevorzugen Adler und Wölfe für den Garten oder lassen das Gesicht eines Familienmitglieds auf die Kuppel eines Miniaturfelsendoms zeichnen. »Eigentlich dürfen sie ja keine Bildnisse von Lebewesen machen, aber das ist ein religiöser Kompromiss«, behauptet der Steinmetz. Der Felsendom, drittwichtigstes Heiligtum des Islam, neutralisiere leicht die Sünde, sich über Allah zu stellen.

Je tiefer wir in seine Werkstatträume vordringen, desto höher häufeln sich die Kompromisse, desto laxer vermischt Ilias selbst die Befindlichkeiten seiner Landsleute.

Die Statuetten, die bei den Touristen neben den Krippenszenen am besten gehen, stehen unauffällig in der Ecke: israelische Soldaten, die ihre Gesichter in der Armbeuge verbergen und sich in erschöpfter Haltung an eine unsichtbare Wand lehnen. Das Gewehr hängt ihnen in der Kniekehle.

Ilias zieht mich in eine Abstellkammer. »Arabisches Sprichwort: Hast du eine Flamme, behüte sie mit der Hand, damit sie nicht erlischt.«

Als er das Licht anmacht, traue ich meinen Augen nicht. »Damit machen wir unser Geld«, sagt Ilias und grinst. In deckenhohen Regalen stapeln sich fingerlange Röhren aus vierfarbigem Stein. Mesusot! Die Hülsen, in denen Juden den Segensspruch für ihr Haus am Türstock anbringen. Außerdem Chanukka-Leuchter, graviert mit hebräischen Schriften. Ein hüfthoher Moses, der die Gebote in seinen Händen hält.

»Wir geben die Judaika am Checkpoint an einen Mittelsmann weiter«, sagt Ilias. Sie würden dann für eine Woche bei einem israelischen Künstler ausgestellt, bis sie ahnungslose Juden kauften, in der Annahme, sie seien auf dem heiligem Grund Jerusalems von jüdischen Händen hergestellt. »Aber müssen die Segenssprüche nicht von einem Rabbi stammen?«, frage ich. »Klar, am Anfang hat er uns hier besucht und erklärt, wie alles auszusehen hat.«

Er zeigt mir den Stolz der Werkstatt, eine halbnackte Schönheit ohne Arme. »Mein Vater hat sie für einen Israeli nach dem Abbild dessen großer Liebe gefertigt. Nach der Trennung hat der Typ sie in seiner Wut umgeworfen!« Dabei habe sie den einen Arm verloren. »Wir haben sie zurückgekauft und ihr den anderen Arm abgebrochen. Jetzt verkaufen wir sie als antik.«

Im Auto erzählt er mir von einem muslimischen Freund, mit dem er in jungen Jahren in London studiert hat. Sie haben sich gerade so durchgeschlagen, hatten wenig Geld. Sein Freund sei manchmal aufs Land rausgefahren und habe ein Lamm von der Weide geklaut. Er habe es geschlachtet und muslimischen Kommilitonen als *halal* verkauft.

»Was soll's? Verstehst du? In London lebten sie sowieso nach westlichen Gesetzen. Da machte ein unreines Lamm den Braten auch nicht mehr fett.« Ich verstehe, was er sagen will: Im besetzten Palästina ist nichts mehr koscher, und schon gar nichts *halal*. Nicht die Umstände – und nicht die Geschäfte.

Kapitel

5

Der Witz von Ramallah

*»Die verborgene Quelle des Humors ist nicht Freude,
sondern Kummer.«*

MARK TWAIN

RAMALLAH, LUFTLINIE VON JERUSALEM: 14,47 KILOMETER

»Ramollaah, Ramaalaah, Ramallaa«, übe ich Kehllaute im Bus, bis
die Frau neben mir mit mitfühlendem Blick ein Hustenbonbon aus
ihrer Handtasche zieht. Ein arabischer Freund hatte sich darüber
mokiert, dass ich den Namen der Stadt völlig falsch, nämlich so aus-
spräche, wie es die Israelis tun. Oder die Deutschen, entgegnete ich.
Ram-allah bedeutet Gotteshügel. Dabei ist die Stadt, jedenfalls hin-
sichtlich des Vergnügungsfaktors, die Sin City der West Bank.

Achtzigtausend Einwohner, nicht nur Sitz der Palästinensischen Autonomiebehörde, zahlreicher NGOs und Diplomaten,
sondern auch von Clubs, Bars und Boutiquen. Ramallah ist keine
Schöne aus »Tausendundeine Nacht« wie Nablus im Norden. Fi-
nanzspritzen aus dem Westen haben die kleine Stadt zur Beton-
wüste aufgeblasen.

Wenn ich in Ramallah bin, frage ich mich manchmal, wer meinen alten Laptop nun nutzt. Ob er sich die Fotos von meinen Rei-

sen anguckt. Meine Musik hört. Der Computer wurde mir vor einem Jahr aus meiner ersten Wohnung in Tel Aviv geklaut. Es tut mir fast leid, dass der Dieb vergaß, das Ladekabel mitzunehmen.

Dass sich meine Datensammlung jetzt in Ramallah befindet, liegt nahe, weil auch der Computer meines Freundes gestohlen wurde: Ein paar Tage später erhielten seine Freundinnen seltsame Videochat-Anfragen, in denen ein Penis eine dominante Rolle spielte. Sein Facebook-Account wurde plötzlich in arabischer Schrift angezeigt, und mit irgendeinem Nerd-Trick konnten wir den neuen User in Ramallah verorten.

Die israelische Polizei hatte sich erstaunlich motiviert gezeigt. Sie seien einer Bande von Arbeitern auf der Spur, die nach der Baustelle noch auf Beutezug gingen. Hatten also einen Spurensicherungsmenschen kommen lassen, der unsere Möbel großzügig mit grauem Puder bestäubte und versicherte: Man würde ein Militärkommando nach Ramallah schicken, sobald wir eine genaue Adresse liefern könnten. Das war der Moment, als wir beschlossen, unsere Laptops aufzugeben – und das Ganze mit Humor zu sehen.

Apropos Humor. Ich bin sehr schlecht darin, mir Witze zu merken, aber seitdem ich durch Palästina reise, ist mein Repertoire erstaunlich angewachsen. Vor allem sind es Arafat-Witze. Denn für die Palästinenser ist er noch lange nicht gestorben.

»Ich will einen Palästinenserstaat‹, sagt Arafat zu Gott, der ihm einen Wunsch erfüllen will. Gott seufzt. ›Das wird in deinem Leben nicht mehr passieren.‹ ›Dann will ich Jerusalem!‹ ›Tut, mir leid, auch das wirst du nicht mehr erleben.‹ ›Dann will ich wenigstens so gut aussehen wie George Clooney.‹ Gott schüttelt den Kopf: ›Also, das kann nicht mal zu *meinen* Lebzeiten mehr geschehen.‹«

Oder:

»Abbas und Arafat besuchen ein Türkisches Bad, Arafat soll fünfzig Schekel zahlen, Abbas hundert. Abbas ärgert sich und will wissen, wieso. ›Die einfach Korrupten zahlen fünfzig Schekel. Also zahlst du für zwei.‹«

Und da gibt es diesen Joke über Hebron – das den Palästinensern unser Ostfriesland ist –, den ich gern israelischen Freunden erzähle, um zu zeigen, dass ihre arabischen Nachbarn beileibe nicht alle Dschihadisten ohne Selbstironie sind:

»Ein Mann aus Hebron kommt von einem Lehrgang für Terroristen zurück. ›Kannst du jetzt Raketen bauen?«, fragen seine Verwandten. ›Klar‹, sagt der Mann, ›lasst uns eine Rakete auf Tel Aviv schießen.‹ Die Rakete wird gezündet, landet zweihundert Meter weiter auf einem Haus und explodiert. Ein alter Mann klettert über die Trümmer und schüttelt den Kopf: ›Wenn es hier schon so aussieht, wie schlimm muss es erst in Tel Aviv sein?‹«

Irgendwann habe ich beschlossen, mich gezielt auf die Suche nach dem palästinensischen Humor zu machen – und dabei bin ich auf Sharif Kanaana gestoßen: Der Kulturanthropologe hat lange an der Birzeit-Universität gelehrt, lebt in Ramallah und katalogisiert seit 1987 den Humor seiner Landsleute. Tausende von Witzen verwahrt er auf Karteikarten. Sie tragen Kennworte wie »Intifada«, »Oslo«, »Gaza«. Ich treffe ihn dort, wo seine Leidenschaft ihren Anfang nahm: im Zentrum Ramallahs, am Al Manara Square.

Al Manara bedeutet Leuchtturm. Der rund angelegte Platz verband einmal die längst zusammengewachsenen Schwesterstädte Ramallah und Al Bireh. Hier wurde 1935 die Schaltanlage für die erste Straßenbeleuchtung auf einem Pfosten installiert. Später wurde der Strommast durch ein Denkmal ersetzt: fünf Löwen, umgeben von einem Brunnen und Blumenbeeten. Die Löwen ehren die ersten Familien Ramallahs, die im 16. Jahrhundert aus Jordanien geflohen waren.

Dass einer der Löwen eine Armbanduhr trägt, ist keine Anspielung auf die Pünktlichkeit der Palästinenser. Die Erklärung, die mir ein Freund gab, kommt mir allerdings auch seltsam vor. Angeblich hat der Künstler, der die Skulpturen entwarf, den letzten Zeichenstrich exakt um drei Uhr morgens ausgeführt. Als kleinen Gag malte er einem Löwen eine Uhr auf den Arm. Die chinesischen Steinmetze, die den papiernen Entwurf in Stein meißeln sollten, hielten sich exakt an die Vorlage – und so trägt der Löwe nicht nur eine Uhr, sondern der kleine Zeiger steht sogar auf der Drei.

Dieser Platz war es, an dem während der Ersten Intifada junge israelische Soldaten und junge Palästinenser aufeinander einschlugen.

Dichter Smog wabert heute um die Löwen, darunter mischen sich die Rauchschwaden aus den Karren der Straßenhändler, gewürzt mit dem süßlichen Geruch von geröstetem Mais und dem Duft starken Mokkas mit Kardamom. Die Kaffeeverkäufer in ihren roten Pluderhosen mit den schweren Messingkesseln, die sie wie Esel auf den Rücken geschnallt tragen, hasten über die Bordsteine, als könnten sie das Geschäft ihres Lebens verpassen. In ihrer abenteuerlichen Kluft wirken sie wie wandelnde Anachronismen zwischen den überdimensionierten Reklametafeln.

Kerle hängen herum und ziehen an ihren Zigaretten, als ob einzig diese noch den dringend benötigten Sauerstoff lieferten. Autos hupen, rangieren heillos ineinander verklemmt vor und zurück. Schulmädchen mit engen Jeans und Lippenstift drängen sich kichernd durchs Durcheinander.

Das Ziel der Mädchen ist das Stars & Bucks, ein Café, das wie sein amerikanischer großer Bruder mit grün-weißem Logo, freiem WLAN und schicken Kaffeetassen als Souvenir wirbt. Der Besitzer fängt so nicht nur westliche Besucher und Teenies, sondern gibt auch ein Statement ab. Ob unfreiwillig oder gewollt, Parodie oder Realsatire, das weiß niemand so genau. Starbucks zog sich 2003 vom israelischen Markt zurück, nachdem dem Unternehmen vorgeworfen worden war, die Besatzung zu unterstützen.

Fast übersehe ich den kleinen Mann im feinen Anzug mit Brille und Schnurrbart, der suchend seine Augen über das Gewimmel schweifen lässt.

Während wir zu seinem Büro spazieren, erzählt der Professor, wie er damals täglich am Platz stand. Zusah, wie Steine flogen, Maschinengewehre knallten, Tränengasgranaten dampften – bis sich die jungen Palästinenser nach der Konfrontation zusammenrotteten, manche schwer angeschlagen. Um sich erst mal Witze zu erzählen.

Es nahm ihn gefangen, wie Leid und Lachen Hand in Hand gehen. Die folgenden Jahrzehnte schickte Kanaana seine Studenten über die Dörfer wie die Gebrüder Grimm und ließ sie lauschen und sammeln.

Seit der Achtzigjährige im Ruhestand ist, arbeitet er in einem winzigen Büro zwischen Boutiquen mit greller Brautmode. Er sitzt auf einem mächtigen, schwarzen Ledersessel, der zum Schutz vor – ja, was?, seinem steif gebügelten Anzug? – in Frischhaltefolie gewickelt ist. Seine Assistentin ist eine junge Frau mit schickem Kurzhaarschnitt, die passenderweise ständig lacht. Der Professor ist inzwischen etwas taub, seine Brille ist unter der Nase mit einem Stückchen Schaumstoff gepolstert. Ich verliebe mich sofort in seinen zitternden Singsang aus druckreifen Sätzen. Er hatte lange in den Staaten gelebt, bevor er 1975 mit seiner amerikanischen Frau zurück nach Palästina zog.

»Ich hatte Heimweh, eine starke nostalgische Sehnsucht nach der traditionellen Lebensweise, dem Essen, der Kultur, nach allem, was authentisch ist. Nichts lässt den Wert der eigenen Kultur und Gesellschaft so wachsen wie die Entfernung zu ihnen.«

Kanaana stammt aus einem kleinen Dorf in Galiläa. Dort hatte er seine Heimat verloren, dort konnte er seine Nostalgie nicht mehr befriedigen. Also begann er sie zuerst in den Volksmärchen Palästinas wiederzuentdecken. Seine Sammlung »Speak, Bird, Speak Again« erschien 1989 zuerst auf Englisch und fand vor allem Beachtung, als die spätere arabische Ausgabe 2007 vom palästinensischen Bildungsministerium unter der Hamas zensiert wurde, wegen »unmoralischer Ausdrücke«.

Für Kanaana war das unverständlich. »Man vergleiche diese
Haltung mit der arabischen Kultur des 7. oder 8. Jahrhunderts, sie
war fantastisch liberal und sie liegt diesen Erzählungen zugrunde.
Wir haben die Verbindung nur aus unserem kollektiven Gedächtnis gestrichen, aus unserem Verständnis von Identität.«

Der Professor nippt an seinem Tee und braucht sehr lange, bis
er das Glas wieder auf der polierten Schreibtischplatte abgestellt
hat. »Ich habe unter Britischem Mandat die Grundschule besucht, und als ich in die Highschool kam, hatte Israel das System
übernommen. Dort hörte ich nie den Namen Palästina – die Lehrer wären ins Gefängnis gekommen. Studiert habe ich in den USA.
Wo hätte ich was über die arabische Kultur lernen sollen? Erst als
ich zurückkam, begann ich die Klassiker zu lesen.«

Über die Jahre hat er festgestellt, dass Witze und Legenden wie
Vögel übers Land streifen. Immer im Schwarm. »Wenn die Leute
das Gefühl haben, etwas bewegt sich, flattern die Witze durch die
Städte und Dörfer. Wenn dagegen die Verzweiflung wächst, nehmen die Heldengeschichten überhand.«

Vor den Intifadas sei der Humor der Palästinenser ein sehr bitterer gewesen, die Pointe stellte den Erzähler und sein Land als
Verlierer bloß. Aber mit Beginn des ersten Aufstands war plötzlich
alles möglich: Kinder konnten gegen Soldaten gewinnen, ihnen
die Kleider ausziehen, sie dem Spott aussetzen.

Kanaana hält es für bezeichnend, dass der Triumph in diesen
Witzen eher ein moralischer als ein physischer ist. Der Professor
war erstaunt, keine ethnischen Witze zu finden. »Es gibt keine
Witze über Juden oder die israelische Kultur, sondern es geht immer um den jungen palästinensischen Mann versus den Soldaten
in Uniform.«

Eine Ausnahme bildeten die Kit Kat Girls, benannt nach dem
amerikanischen Schokoriegel. Das waren Mädchen aus reichem
Haus als Symbol für verwestlichte Palästinenser, denen der Aufstand zu schmutzig war. »Ein Kit Kat Girl will auf die Straße gehen

und sein Scherflein beitragen. Bevor sie den Stein auf die Soldaten wirft, wickelt sie ihn in Kleenex.« Oder: »Ein Kit Kat Girl wird von einem Soldaten verhaftet. Sie ruft die schlimmste Verwünschung aus, die sie sich vorstellen kann: ›Möge dein Videogerät kaputt gehen!‹«

Nachdem der erste Aufstand niedergeschlagen worden war, verfiel auch der Humor wieder in eine Depression. Die Witze verhalten sich zur Realität wie ein Stimmungsbarometer, so Kanaanas Theorie.

»Wie schlug sich denn der Friedensprozess im Humor nieder?«, will ich wissen. »Die Palästinenser glaubten nicht daran«, sagt der Professor und erzählt seinen Lieblingswitz: »Die palästinensischen Politiker fahren zur Konferenz von Madrid. Da steht ein Esel auf der Straße. Einer steigt aus und versucht ihn zu verscheuchen. Aber der Esel bleibt stur. Schließlich steigt Arafat aus und flüstert ihm was ins Ohr. Der Esel springt entsetzt in den Straßengraben. Die anderen wollen wissen, wie Arafat das gelungen sei. ›Ich habe gesagt, wenn du dich nicht bewegst, mache ich dich zu unserem Repräsentanten in Madrid.‹«

Kanaana lacht leise: »Nicht mal der Esel wollte dorthin.«

Nach der Zweiten Intifada kehrte der bittere Humor noch schneller zurück. Die Studenten sammelten neue Ausdrücke auf ihren Exkursionen in die Dörfer: Immer wieder begegnete ihnen der »klinische Tod«. Die arabische Bezeichnung dafür lautet übersetzt: tot-tot. Der Zustand der möglichen Wiederbelebung, am Übergang zur Schattenwelt, schien die größte Furcht der jungen Palästinenser widerzuspiegeln: wie ein Komapatient anwesend und doch handlungsunfähig zu sein. »Doktor«, fragten Kinder in den neuen Witzen, wenn sie mit einer Schusswunde ins Krankenhaus eingeliefert wurden, »bin ich klinisch tot?«

Zur gleichen Zeit, als Kanaana diese Witze auf Karteikarten notierte, saß – nur ein paar Straßen weiter – ein kleiner Junge vor sei-

ner Videokonsole. Intifada bedeutet sinngemäß nicht nur abschütteln, es bedeutet auch: Ausgangssperren, geschlossene
Schulen, monatelang zu Hause sein – endlose Ferien. Irgendwann
waren die meisten Eltern so genervt, dass sie ihren Kindern eine
Playstation vor den Fernseher stellten oder wenigstens eine chinesische Kopie davon. Die Intifada führte dazu, dass eine Generation Palästinenser zu Konsolenjunkies heranwuchs. Khaled ist einer von ihnen.

Der Vierunddreißigjährige hat kürzlich mit ein paar Freunden
eine Firma gegründet, das erste Spieleentwickler-Studio Palästinas, eines der wenigen Start-ups, das Risikokapital im Rücken hat.

Mit ihrem ersten Spiel haben sie es im vergangenen Jahr bis zu
einem Artikel im New Yorker gebracht. »A good joke, well told«,
lobte der Journalist. Der Held ist eine winzige, aber mächtige Kre-
atur: ein Spermium. Im Rennen ums Leben. Mit großen Augen
kämpft es sich durch eine Comic-Vagina, vorbei an weißen Blutzel-
len, Säurebecken, im Wettstreit mit Abertausenden Konkurrenten.

Ich bin versucht, darin eine politische Metapher zu sehen.
Denn eins habe ich bereits gelernt: Der Konflikt ist im Westjordanland aus keinem Lebensbereich auszuklammern. Aber wie ich
bald erfahren soll, handelt es sich diesmal wirklich schlicht um
eine schräge Idee, entstanden an einem nikotinmüden Nachmittag – ausgebaut zu einem ziemlich genialen Marketinggag. Ein
schlüpfriges Computerspiel aus Palästina, darauf hatten westliche
Medien gewartet.

Ich hatte damit gerechnet, Khaled in einer muffigen Jungge-
sellen-WG zu treffen, Marihuana-schwangere Luft, Fastfood-Res-
te, durchgesessene Sofas und eine Unmenge an Technikkram.
Aber das kleine Unternehmen sitzt nicht weit vom Al Manara
Square in einem gerade erst hochgezogenen lichten Büroturm in
einer Etage mit anderen Start-ups. Hier schoppt sich keine Frischhaltefolie über den Möbeln. Stattdessen viel Glas, schnelle Rechner. Der einzige Unterschied zu den Work-Hubs von Tel Aviv:

Mieten, Strom und Internet sind über eine Hilfsorganisation finanziert.

Wie Tel Aviv gilt Ramallah als unpolitische Blase, hier zieht es die Jungen hin, die Lebenshungrigen, und manche Insider prophezeien der kleinen IT-Szene einen ähnlich rasanten Erfolgskurs, wie er in der israelischen Metropole bereits stattgefunden hat.

»Es wird gerade viel Aufwand betrieben, um Start-ups in der West Bank zu unterstützen.« Khaled in der weltweiten Uniform der IT-Menschen, klassische Jeans, schlichtes T-Shirt, unauffällige Brille, redet so schnell, als machte er sich Sorgen, seine Sätze könnten bereits ein Upgrade benötigen, wenn sie aus seinem Mund schießen.

»Für uns ist das alles immer noch neu, wir sind ganz am Anfang, aber es macht auch Spaß, Pionier zu sein«, sagt Khaled. »Bald können wir unser Wissen an andere Start-ups weitergeben.«

Die Entwickler von PinchPoint – der Firmenname hat ebenfalls keine tiefere Bedeutung, er erschien Khaled im Fitnessstudio auf dem Warnschild einer Muskelmaschine: »Nicht den Finger einklemmen!« – haben nicht nur mit den üblichen Start-up-Sorgen zu kämpfen. Allein das nötige Bankkonto in den USA zu eröffnen war eine Herausforderung für die Palästinenser. Der Umweg über die Checkpoints nach Jordanien zum Flughafen kostete Geld und Nerven. »Das Gute ist, wir haben einen sozialen Investor, er will uns nicht auffressen, sondern aufbauen«, sagt Khaled.

Die ersten leidvollen Erfahrungen machte er als Einzelkämpfer. Er witterte eine Chance, als Apple den App-Store für selbstständige Entwickler öffnete. Für eine geringe Gebühr kann man sein Spiel eintragen und es über den Store verkaufen. Khaled war einer der ersten Nutzer aus dem Nahen Osten, der sich registrierte. Er wollte eine Hangman-(Galgenmännchen-)Version online stellen. Aber er scheiterte am System. Die Palästinensischen Autonomiegebiete waren nicht als Land gelistet, seine Bank wiederum nicht als israelische Bank anerkannt. »Ich habe versucht, ein

Konto in Israel oder Jordanien zu eröffnen, aber das ging auch nicht. Am Ende wurde das Spiel nie veröffentlicht.«

Dass Apple später auch das kleine Spermium nicht in sein Imperium schlüpfen lassen wollte, hatte einen anderen Grund: Der Inhalt schien dem Konzern zu abseitig, da half auch ein kleiner Helm nicht, den die Entwickler ihm überstülpten, um es etwas kinderfreundlicher zu gestalten. Dabei hatten sie diesmal sogar schon ein Bankkonto in den USA, den Starttermin extra auf den amerikanischen Vatertag gelegt. »Wir hatten Spermania klar auf den amerikanischen Markt zugeschnitten, die Farben, die Musik, das Thema«, sagt Khaled.

In Palästina wurde das Spiel bestenfalls belächelt. In Khaleds Mutter sitzt der Schock so tief, dass sie ihm immer noch Jobinserate aus den Zeitungen schneidet. Der Vater hält ihn für völlig verrückt, noch weltfremder nur den amerikanischen Investor.

Ich muss an das Gespräch mit dem Ethnologen Kanaana denken, der sich Sorgen macht, den jungen Palästinensern fehle die Basis einer kulturellen Identität, die ihnen Halt geben würde.

Bei Khaled kann ich nichts davon entdecken, er prüft einfach systematisch seine Möglichkeiten. Und wie der Professor setzt er sich nicht nur mit der eigenen Kultur auseinander.

Das nächste Spiel hatten die Jungs von PinchPoint für den europäischen Markt gestaltet. Es heißt Tranqilo. Die Spieler müssen auf dem Tablet mit dem Finger eine Verbindung aufrechterhalten, ohne sich dabei zu berühren. Das Design ist in wässrigen Pastellfarben gehalten. Es gibt keinen Sieger oder Verlierer, es geht um Kooperation. Ein Spiel fürs europäische Gemüt. »Ich glaube nicht, dass man Amis dafür begeistern kann, die wollen pokern oder Blut und Action.«

Khaled könnte nach Europa gehen, er hat einen serbischen Pass, seine Kollegen haben die amerikanische Nationalität. Es wäre viel einfacher, ihr Start-up im Ausland aufzubauen. Die West Bank gilt nicht nur Geldgebern als Kriegsgebiet, sondern auch Talenten. »Aber es war von Anfang an unsere Motivation, es hier zu schaffen. Denn dann können wir es überall.«

PinchPoint stürzt sich jetzt auch bezüglich der Zielgruppe auf den arabischen Markt. Al Mamlaka heißt das neue Projekt, ein Online-Kasino mit traditionellen Kartenspielen statt Poker. Spiele, die bis jetzt in Kaffeehäusern und auf der Straße zu Hause waren. Der Spieler ist ein König, die Spielhölle ein Schloss, es wird Hocharabisch gesprochen, und die Benutzeroberfläche sieht aus wie eine pixelige Schatzkammer. Golden, gediegen, glamourös. »Arabischer Geschmack eben«, sagt Khaled. Es geht um Hierarchie und Ansehen.

»Ich glaube, im arabischen Raum können wir einfacher durchstarten, hier gibt es nicht so viel Konkurrenz.«

»Würde es denn nicht Sinn machen, sich mit israelischen Entwicklern zu vernetzen?«, frage ich vorsichtig.

Khaled antwortet ebenso vorsichtig: »Sicher, von der räumlichen Lage her wäre das am einfachsten, vor allem weil es hier schwierig ist, qualifizierte Leute zu finden, ich persönlich hätte kein Problem damit. Und viele Israelis wollen uns helfen, nur weil wir Palästinenser sind.«

Aber dann schiebt er schnell nach: »Nicht alle im Team denken so. Und es ist zu riskant. Man kann die politische Lage nicht davon trennen, in Palästina kann man nie hundert Prozent wirtschaftlich denken.«

Und einen Standortvorteil haben sie doch: PinchPoint geht für jedes Projekt mit einem Fünftel des Budgets ins Rennen, das amerikanische Firmen veranschlagen würden. Auch wenn die Lebenskosten schon lange mithalten, sind die Gehälter sind noch weit entfernt von westlichen Standards.

Als wir uns schon verabschiedet haben, ruft er mir nach: »Außerdem sind wir Palästinenser sehr gut darin, außerhalb von Schubladen zu denken. Wir haben gelernt, uns zu behelfen.« Vielleicht ist das ja das wahre Innovationstalent Palästinas.

Als ich wieder am Al Manara Square vor den Löwen stehe, kommt mir der Schlusssatz von Kanaana zu resigniert vor: In den letzten Jahren habe er keine neuen Witze mehr finden können, hatte der Professor gesagt. »Im Moment befinden wir uns in einer Phase der Stagnation. Wir treiben so vor uns hin.« Er glaubt, dass Witze entstünden, um die eigene Gesellschaft in eine bestimmte Richtung zu schubsen. Auf einen Weg, an dessen Horizont man Licht sehe. Am liebsten würde ich ihn gleich noch mal besuchen und ihm von Khaled erzählen.

Kapitel

6

Ein Rausch aus Bier und Tränengas

»Ramallah – eine menschliche Erfahrung.«
TITEL EINER TOURISMUSKAMPAGNE DER
STADTVERWALTUNG

RAMALLAH, LUFTLINIE VON JERUSALEM: 14,47 KILOMETER
BIL'IN, LUFTLINIE VON JERUSALEM: 22,37 KILOMETER

Mein Ziel ist heute keine Couch, sondern zur Abwechslung ein Bett – im neuen »Hostel in Ramallah«. So heißt das kleine Gästehaus, im Bewusstsein, dass es allein durch seine Existenz einzigartig genug ist, um von der angesprochenen Klientel gefunden zu werden. Ramallah ist auf den ersten Blick nicht unbedingt eine Traumdestination für Rucksackreisende. Wer mit viel Geld in die Stadt kommt, schläft im Mövenpick. Zwischen dem einzigen Fünf-Sterne-Hotel und dem Hostel klafft eine gewaltige Lücke im Angebot.

Das Hostel liegt in einer ruhigen Nebenstraße zum Arafat Square. Ich irre erst eine Weile die Bürgersteige hoch und runter,

bis ich das schlichte Schild an der Pforte zu einem Appartement-
haus entdecke. Im zweiten Stock führt eine Tür in die Wohnküche
des Hostels, von der ein paar winzige Schlafzimmer abgehen, die
mit Stockbetten vollgestopft sind. Das Sammelsurium an Cou-
ches, herumliegenden Büchern, Kaffeetassen und Laptops erinnert mich an das Tübinger Studentenwohnheim, in dem ich während meiner Journalistenschulzeit gewohnt habe.

Ich buche mein Achter-Zimmer-Stockbett mit dem raschel-
den Plastikschonbezug über der Matratze für drei Tage und miete
mir für fünfzig Schekel pro Nacht zugleich einen bunten Freun-
deskreis:

Da ist Paul aus Kanada, so sonnig wie Bruno aus Brasilien sich
besonnen gibt; Rika, die Berlinerin, die aufgehört hat zu arbeiten
und lieber um die Welt reist, als sich von ihrer Autoimmunkrank-
heit die Laune verderben zu lassen. Der ungarische Jude Balázs,
der nur mal eben für einen Tag aus Tel Aviv gekommen ist, um sich
ein Bild zu machen. Er kennt Israel bisher nur von einem organisierten sogenannten Birthright-(Geburtsrecht-)Trip, der jungen
Juden aus aller Welt bezahlt wird, um ihre zweite Heimat von der
besten Seite kennenzulernen. Die anderen Betten belegen ein
Franzose, zwei Türkinnen und ein Costa Ricaner.

Es sind Freunde auf Zeit, denen man sich nicht groß erklären
muss, der gleiche Schlag von Leuten, die ich in Backpacker-Hos-
tels in Kampala, auf Bali oder in Bangkok kennengelernt habe. Ein
Lächeln, ein nettes Wort, und man gehört dazu. Alter, Beruf, Sprache: alles nebensächlich. Es ist ein Klischee. Aber eines, auf das
man zählen kann. Die Brüder Bubu und Chris haben es geschafft,
dieses Klischee nach Ramallah zu holen, hinter den Sperrwall. Ihnen gehört das Hostel.

Während Chris mit seinen nonchalant zum Dutt gezwirbelten
Haaren und dem gestutzten Bart genauso gut ein Hipster aus Tel
Aviv sein könnte, wirkt der jüngere Bubu mit kantigem, vernarb-
tem Gesicht und fusselndem Palästinensertuch um den Hals eher

wie ein abgerissener Straßenkämpfer. Der Eindruck stimmt und täuscht zugleich. Die Brüder stammen aus der illustren Alami-Familie, deren bekanntestes Mitglied der inzwischen verstorbene Musa Alami war, Anwalt, Philanthrop und Gründer der Arab Development Society. In den Vierzigerjahren vertrat er seine Leute auf arabischen Konferenzen, galt als Hirn und Sprachrohr seines Volkes.

Der achtunddreißigjährige Chris ist Palästinenser erster Klasse, wenn man nach dem System der israelischen Meldebehörde geht. Er hat als offizieller Einwohner Ost-Jerusalems eine blaue Identitätskarte statt der üblichen grünen der Palästinenser in der West Bank. Das bedeutet, er kann sich in Israel frei bewegen. Ursprünglich hatten die Brüder deswegen an ein Hostel in Tel Aviv gedacht. Aber dann kam ihnen das zu einfach vor. »Wenn Leute wie wir nichts für die Entwicklung von Orten in der West Bank machen, tut es keiner«, sagt Chris. »Ein laufendes Hostel kann über die Touristen jährlich ein paar Millionen Dollar nach Palästina bringen«, rechnet er.

Den Wirtschaftsboom von Ramallah hält er nämlich für einen Mythos. »Das klingt für mich, als sagte man über einen Schwerkranken, der schwach den Kopf hebt, sein Zustand hätte sich deutlich verbessert.« Es sei ein Boom, der auf Schulden wachse. Die Banken gäben Kredite, die Leute kauften Autos und Wohnungen, obwohl sie kaum Geld fürs Essen übrig hätten.

Fünf Jahre vor der Eröffnung hatte Chris sein Hostel im Internet annonciert, um herauszufinden, ob es Bedarf für eine Backpacker-Unterkunft in Ramallah gebe. Auf Nachfragen sagte er, es sei ausgebucht, bis er sich schließlich für den Sprung ins kalte Wasser entschloss. Immerhin war das Risiko überschaubar, die Miete für drei Geschosse im Wohnhaus kostet ihn neunhundert Euro. Schon drei Gäste pro Nacht halten das Hostel rentabel. Allerdings war ihm nicht bewusst, dass drei Tage die Woche kein Wasser aus dem Hahn fließt – Sparprogramm der Palästinensischen Autono-

miebehörde. Inzwischen hat er deswegen nicht nur einen Wassertank, sondern auch Solarzellen aufs Dach gesetzt.

Die nächsten Stunden vereinnahmt mich das Hostel wie eine
intime Runde am Lagerfeuer, in der man nur die golden beschie-
nenen Gesichter der Sitznachbarn sieht. Während die dunkle
Welt außerhalb zu Schemen verschwimmt.

Im Kühlschrank auf der Dachterrasse stapeln sich schlanke
Flaschen mit Taybeh-Bier, das in einer christlichen Enklave nicht
weit von Ramallah gebraut wird. Arak-(Anisschnaps-)Flaschen
machen die Runde. Bruno klimpert auf der Gitarre. Arthouse-Fil-
me flimmern über einen riesigen Flachbildfernseher.

Ich wundere mich, dass bisher noch niemand über Politik, die
anstehenden Wahlen in Israel, die Besatzung oder den Gaza-Krieg
gesprochen hat.

Nur als ein Flugzeug in der Ferne gesichtet wird, sehen alle
kurz erstaunt in den Himmel und erinnern sich daran, dass sie in
der West Bank sind. »Wo kommt das denn her?«, fragt Paul. Er ist
Dauergast, gehört zum freiwilligen Personal des Hostels, isst und
schläft dafür umsonst. »Na, aus Israel, es muss ja irgendwie wenden«, sagt Chris.

Das war das Stichwort. »Wer ist morgen dabei?«, fragt Bubu.
Auf einer Schultafel im Wohnzimmerbereich sind die Aktivitäten
nach Wochentagen aufgelistet. »Samstag: Marktbesuch, Sonntag:
Arabischkurs, Montag: Barbecue, Dienstag: Filmnacht, Mittwoch: Stadtführung, Donnerstag: Pub Crawling«. Morgen ist Freitag. Da steht die politische Tour auf dem Programm.

Bubu und Chris wissen, dass ihre Gäste meist nicht nur aus po-
litischem Interesse in die West Bank reisen, sondern vor allem
nach Authentizität und Abenteuer hungern. In Ramallah holt man
sich aber nun mal keine Sturzwunden auf geliehenen Mopeds,
man trinkt keine obskuren Happy Shakes in Drogenhöhlen, die
als Fastfood-Buden getarnt sind, man kann nicht mal mit dem hef-
tigsten Angstrausch als Reaktion auf Malaria-Medikamente prah-

len. Dafür hat Ramallah den ältesten ungelösten Regionalkonflikt von internationaler Bedeutung im Angebot. Wer den Konflikt an einem Nachmittag verinnerlichen will, lässt sich von Bubu ins Dorf Bil'in karren, zur Freitagsdemo. Er zeigt auf das Bücherregal. In einem der Fächer ist eine beachtliche Sammlung an schwarzen Plastikbirnen aufgebaut: Tränengasgranaten. Dazwischen Häufchen von Messinghülsen. Souvenirs aus der Realität.

Jede Woche kommen ein paar dazu. Sie erzählen von jungen Touristen, die sich ihren persönlichen West-Bank-Kick geholt haben. Im besten Fall eine leichte Tränengasvergiftung, im schlimmsten Fall eine Nacht in Arrest. Aber der Kanadier, den es letzte Woche erwischt hat, war auch ein bisschen blöd. Da sind sich alle einig. Statt zu rennen, stand er wie festgefroren an der Frontlinie der Demonstranten und schaute einfach bloß zu, wie ihn eine Phalanx aus Soldaten einkesselte und schließlich abführte. »Vielleicht hat er im Tränengas auch die Orientierung verloren«, rettet Paul die Ehre des Abwesenden.

Die Ausstellung im Bücherregal zeigt Artefakte eines Schaukampfs, der seit zehn Jahren einmal in der Woche, nach dem Freitagsgebet, zwölf Kilometer westlich von Ramallah ausgetragen wird. Vier Kilometer östlich der Waffenstillstandslinie von 1949, die Israel und seine Nachbarn nach dem Palästinakrieg mit grüner Tinte über die Karte zogen.

Vor zehn Jahren begann Israel auch hier den Sperrwall hochzuziehen. Mit großzügigem Puffer zur Grünen Linie. Für die Bauern von Bil'in bedeutet das enormen Landverlust, vor allem weil sich im Schatten der Mauer die Siedler von Modi'in Illit ungehindert ausbreiten können. Die Bauern haben etwa die Hälfte ihres Farmlands verloren.

Über die Jahre wurde die Demo von Bil'in zum Symbol des zivilen Widerstands. Andere Dörfer folgten dem Beispiel, für Heerscharen von Friedensaktivisten aus Israel und dem Rest der Welt wurde der Protest zum Pflichttermin. Hunderte von Demonstranten wurden seitdem verhaftet, Dutzende von Aktivisten und Soldaten verletzt. Todesfälle gab es zwei, auf palästinensischer Seite.

Zwar erreichten die Demonstranten vor vier Jahren immerhin, dass die israelische Armee zusagte, den Sperrwall näher an die Grüne Linie zurückzuziehen – passiert ist allerdings noch nichts. Während die Demonstranten behaupten, friedlich vorzugehen, und den wöchentlichen Aufmarsch des Militärs für völlig überzogen halten, sagen Gegenstimmen, dass es sich keineswegs um eine pazifistische Demo handle, sondern dass jedes Mal auch Steine geworfen würden.

Außer Balázs, der ohne aufzublicken seinen Burger mit Pommes – »Kostet nur die Hälfte wie das gleiche Menü in Tel Aviv« – verdrückt und das Gespräch ignoriert, scheinen alle ganz angetan zu sein. Balázs will schnellstmöglich wieder zurück, findet, er habe nach zwölf Stunden einen guten Eindruck vom Leben auf der anderen Seite gewonnen.

Ich ringe mit mir. Einerseits würde ich am nächsten Tag gerne gemütlich auf der Dachterrasse meine Erkältung auskurieren und mir ein paar Romane zu Gemüte führen, die ich im Kellergewölbe der bestsortierten Buchhandlung Ramallahs erstanden habe: im Al Ruah Bookstore, was sinnigerweise Der Geist bedeutet. (So gut sortiert allerdings, dass auch ein arabisches Exemplar von »Mein Kampf« in der Auslage rumgeisterte.) Außerdem fühle ich mich nicht ganz wohl mit dieser Art von Voyeurismus. Ich muss an den ›Kinohügel‹ denken. So wird eine Erhebung nicht weit von der Grenze zu Gaza genannt. Hier saßen im Sommer israelische Familien mit Kühltaschen, Bier und Picknickkörben zusammen mit Touristen und Journalisten, um sich das Bombardement live anzuschauen.

Andererseits habe ich erst kürzlich den Dokumentarfilm »5 Broken Cameras« gesehen, der den Protest von Bil'in aus der Perspektive des kleinen Sohnes des Filmemachers miterleben lässt. Es ist ein sehr trauriger Film. Aus palästinensischer Perspektive ist Bil'in das Dorf von Asterix und Obelix. Die Soldaten sind die Römer. Ich möchte herausfinden, aus was der Zaubertrank besteht, in dem die Dorfbewohner baden.

Der zurückhaltende Bruno hilft mir in meinem Gewissenskonflikt. Zögernd sagt er: »Geh mit. Es ist eine Erfahrung.« Paul dagegen fiebert schon die ganze Woche auf das Event hin. Er ist bereits ein alter Hase, der weiß, wie Tränengas schmeckt.

In der Nacht kann ich nicht schlafen, mein Kopf wummert bei jeder Bewegung des Mädchens über mir. Der Plastikschonbezug knattert und kracht. Vielleicht hätte ich mir auch das letzte Taybeh-Gold-Bier sparen sollen. Donnerstags wird in Ramallah gefeiert, und so zog ich mit der Clique aus dem Hostel von einem Gitarrenkonzert weiter ins Lawain, einen kleinen Drum-'n'-Bass-Club, in dem getanzt wird, als wäre er die Miniaturausgabe eines Berliner Ladens. Allerdings nicht so viel getrunken, Alkohol ist teuer.

Das Kopfweh ist auch am Morgen noch da – und wird noch stechender, als Bubu beim Frühstück kontrolliert, ob alle ordentliche Schuhe anhaben. Also Schuhe, in denen man davonlaufen kann. Die Backen ausgebeult von Hummus und Pitabrot, diskutiert er mit Bruno die Ausweisfrage. Sollte man tatsächlich von den Soldaten verhaftet werden, müsse man auf jeden Fall seinen Pass dabeihaben, sagt Bubu. Bruno glaubt, es sei schlauer, sich naiv zu stellen und ihn zu Hause zu lassen.

Mich plagt noch eine Sorge. Im Gegensatz zu den anderen werde ich nicht bald weiterreisen, kann keine verbrannte Erde hinter mir lassen. Will nicht mit einer Verhaftung prahlen. Ich habe eine Wohnung in Tel Aviv und bewerbe mich gerade für ein Partnerschaftsvisum. Die vergangenen Monate habe ich Fotos von mir und meinem Freund in allen erdenklichen Lebenslagen gemacht, Dokumente gesammelt, von deutschen und israelischen Notaren beglaubigen lassen, habe persönliche Mails und Nachrichten ausgedruckt – um endlich einen Aufenthaltsstatus für Is-

rael zu bekommen, der mich nicht alle drei Monate zwingt, das
Land zu verlassen und am Flughafen nach peinlicher Befragung zu
zittern, ob ich wieder hineingelassen werde.

Im Westjordanland bei einer Demo festgenommen zu werden
ist vermutlich die dümmste Situation, in die ich mich bringen
kann – vor meiner Befragung im israelischen Innenministerium.

Mit einem Gefühl, das ich das letzte Mal als Kind hatte, als ich
unter Gruppenzwang die Leiter eines Zehn-Meter-Sprungturms
emporkletterte, stecke ich meinen Pass in den Rucksack, der im
Hostel bleibt, hänge mir die Kamera um und wechsle Stiefel gegen
Turnschuhe.

Eine halbe Stunde heizen wir mit einem gemieteten Kleinbus
über staubige Serpentinen nach Bil'in. Jede Kurve wirft mich auf
Eric. Der schmale Kanadier mit den kurzrasierten Haaren und
dem Nasenpiercing hat erst heute früh im Hostel eingecheckt.
Die Demo kommt ihm gerade recht. Er hat nur zwei Wochen und
möchte so viel Nahost-Konflikt abarbeiten wie möglich. »Schwule
sind hier nicht so gern gesehen, oder?«, hatte er mich beim Frühstück gefragt. Ich schlage ihm vor, nach Yafo (Jaffa) zu reisen, in
den immer noch arabisch geprägten Teil Tel Avivs. Dort trifft sich
die Schwulenszene des Nahen Ostens. Aber nach Tel Aviv will Eric
nicht. Das sei ihm zu seicht, sagt er. Strand und Party.

Er ist völlig aufgedreht. Bubu hat ihm wegen des Tränengases
ein Palästinensertuch, kurz Pali-Tuch, geliehen und jetzt weiß er
nicht, ob er es tragen soll. »Dann halten die mich gleich für einen
Terroristen!« Ich würde ihm gern sagen, dass selbst dem tumbes-
ten Soldaten klar ist, dass das Tuch schon lange als Modeaccess-
soire genutzt wird. Aber er lässt mich nicht zu Wort kommen: »Du
musst deine Haare verstecken!« »Ich hab auf YouTube Videos von
einer Demo gesehen, da sieht man ganz groß ein blondes Mädchen. Man erkennt ihr Gesicht. Du kriegst dann echt Probleme
mit Israel.« Trotz meiner Erfahrungen mit dem Innenministerium
und der Grenzpolizei halte ich das nun doch für übertrieben. Aber

in Erics Hirn rattert bereits ein Film, besetzt mit Mossad-Agenten, Widerstandskämpfern – und ein paar naiven Backpackern.

Bil'in ist an Freitagen zunächst still wie alle palästinensischen Dörfer. Man geht in die Moschee oder bleibt mit der Familie im Haus. Trotzdem hat der Dorfladen geöffnet. Vermutlich sind die Besitzer die Einzigen, die vom freitäglichen Tumult profitieren, denke ich. Allerdings ist immer noch weit und breit kein Demonstrant zu sehen. Dass die Verkäuferin auf meinen Fünfzig-Schekel-Schein für die Cola kein Wechselgeld findet, spricht auch nicht gerade für einen Massenauflauf. Mein Magen zieht sich zusammen. Es sieht schlecht aus für meinen Plan, mich in der letzten Reihe unauffällig zu verhalten und im Zweifelsfall auszuscheren.

Unsere Einweisung erhalten wir im Hauptquartier des Widerstands, im Büro des Vereins Friends of Freedom and Justice, Freunde der Freiheit und Gerechtigkeit. Zwei junge Männer aus dem Dorf begrüßen uns mit Handschlag: »Shukran for joining.« Danke fürs Mitmachen. An den Wänden hängen großformatige Szenen vergangener Demonstrationen: Soldatengewehre, aus deren Läufen Mündungsfeuer blitzt, verdrehte Arme in Handschellen, gereckte Fäuste, Rauchschwaden. Der Fotograf muss mittendrin gewesen sein. Und friedlich sieht es bestimmt nicht aus.

Wir sitzen auf einem zerfledderten Sofa, Erik zieht zum x-ten Mal nervös sein Tuch aus der Tasche und stopft es dann wieder hinein, Bubu bringt kistenweise Anschauungsmaterial. Ein Arsenal an leergeschossenen Gummipatronen. »Durchaus tödlich, wenn sie einen blöd treffen.« In den meisten europäischen Staaten ist der Einsatz von Gummigeschossen gegen Demonstranten untersagt. »Wenn ihr einen Soldaten auf euch zielen seht, dreht ihr euch, schützt den Kopf mit den Händen und springt! Sie haben Anweisung, nur auf die Füße zu schießen.« Tränengasbehälter in den verschiedensten Variationen. »Achtet auf den Wind«, sagt Bubu: »In die falsche Richtung zu laufen macht es nur noch schlimmer.«

Schließlich holt er noch die Hülsen einiger Dumdum-Geschosse hervor. Sie gelten selbst in kriegerischen Auseinandersetzungen als äußerst unmoralische Munition, wurden aber laut den Friends of Justice and Freedom in der Historie von Bil'in von israelischen Soldaten abgefeuert. Ich ziehe mir meine Kapuze über den Kopf und suche in ihrem Schatten nach Ausreden.

Als mir einer der Jungs aus dem Dorf eine leere Granate reicht, in der eine Mohnblüte steckt, stelle ich fest, dass es für Ausflüchte zu spät ist. Er will mich für die Website fotografieren. Das lehne ich dann doch höflich ab. Paul grinst mich an, er hibbelt fröhlich vor sich hin.

Als wir langsam zum Ortseingang schlendern, weiß ich immer noch nicht, wie das Ganze ablaufen soll. Die Szenerie erinnert mich an eine Kinderbuchillustration: gut gegen böse, schwach gegen stark, hübsch gegen hässlich.

Die einfachen Häuser von Bil'in sitzen auf einem Hügelchen, von dem sich die Straße in einen Olivenhain hinabschwingt, bis der rissige Asphalt nach ein paar Hundert Metern wieder ansteigt. Dort stehen bereits drei olivgrüne SUVs und etwa drei Dutzend Soldaten in Kampfmontur, hinter ihnen schlängelt sich der graue Sperrwall durch die Landschaft. Die erste Frühlingssonne hat rote und blaue Blümchen zum Leben erweckt, die den Acker neben der Straße tupfen.

Unser Startpunkt ist ein Krankenwagen, um den sich ein bizarrer Haufen versammelt hat: etwa zwanzig Leute, darunter ein Paar aus Tel Aviv, beide in den späten Sechzigern. Er trägt eine martialisch schwarz-rote Flagge, auf der nur ein Wort steht: »Unity«. Seine weißen Haare sind zum Pferdeschwanz gebunden, darüber trägt er eine Tauchermaske. Ihr Gesicht schwimmt in einer Schicht Schminke, die in der Sonne zu verlaufen beginnt.

Dann sind da noch ein paar europäisch wirkende Teenager in punkigen Klamotten und ein Mann aus dem Dorf im Elektrorollstuhl. Auf seinem Schoß liegen eine Gasmaske und ein Fotoapparat – später erfahre ich, dass er querschnittsgelähmt ist, seitdem er zu Beginn der Proteste eine Kugel in den Nacken bekommen hat. Ein Zwei-Mann-Kamerateam des palästinensischen Fernsehens; zwei Mädchen im Grundschulalter, die rot-grün-weiße Flaggen schwingen, deren Gewicht sie fast umwirft.

Nach und nach gesellt sich eine Handvoll Halbstarker dazu, Steine kickend schlendern sie die Straße hinab, das Gesicht vermummt mit schwarzen Schals, über ihren Schultern schaukeln Zwillen aus dicken Gummibändern.

Dann beginnt der Tanz.

Denn nichts anderes ist es: eine archaisch wirkende Abfolge ritualisierter Schritte. Mit ein paar anderen Unentschlossenen bleibe ich in der Nähe des Krankenwagens und mache Fotos. Jemand sagt, ich solle mir etwas vors Gesicht binden, die Soldaten würden auch fotografieren und sie hätten Kameras mit gewaltigem Zoom.

Die Demonstranten setzen sich langsam in Bewegung, den Hügel hinab. Kaum erreichen sie die ersten Olivenbäume, feuern die Soldaten Schreckgranaten in den Hain, die sich von meinem Standpunkt aus wie Feuerwerksböller anhören, dort unten aber eine Zerreißprobe für die Trommelfelle sein müssen.

Keine fünf Minuten sind vergangen, der Zug hat noch nicht einmal die imaginäre Linie erreicht, welche die Front markiert – da regnen in weiten Bögen weiße Kaskaden über das Display meiner Kamera: Tränengasgeschosse, die eine Distanz von fünfhundert Metern schaffen und deren Rauchsäulen anmutige Kräusel in den blauen Himmel zeichnen, bevor sie sich in einer Wolke über die Protestler im Hain senken. Einige weichen zurück, andere setzen sich mit provokanter Lässigkeit auf Felsen zwischen den Bäumen, lachen, schwenken Fahnen.

Es ist wie eine Choreografie, die beide Parteien so verinnerlicht haben, dass jede unerwartete Aktion fast mit Dankbarkeit beantwortet wird. Die SUVs rasen nun alle fünf Minuten den Hügel hinab, schießen das Tränengas immer weiter ins Dorf hinein, bis die aufgescheuchten Demonstranten zurücklaufen. Daraufhin setzen die Militärfahrzeuge zurück und rollen langsam ihre Flanke des Talkessels hinauf. Das Spiel beginnt von Neuem. Plötzlich ist Paul neben mir, er keucht und hustet. »Hast du was abbekommen?«, fragt er mich. »Nur einen Sonnenbrand. Wie lange geht das denn jetzt?« Es gebe ein ungeschriebenes Gesetz, antwortet der junge Kanadier. Nach etwa zwei Stunden zögen sich die Soldaten normalerweise zurück.

Eric war die ganze Zeit neben mir. Als die ersten Geschosse in den Himmel knallten, drehte er sich um und spurtete Richtung Dorf. »Lauf, lauf«, schrie er. Als wir schnaufend vor den ersten Häusern von Bil'in stehen und er einen kleinen Jungen auf seiner Schaukel sitzen sieht, lacht Eric verlegen.

Inzwischen wagt er sich nach jedem Rückzug weiter vor. Seine Augen glänzen jetzt. Er schreit: »Wow. Das macht süchtig. Ich will mehr.« Paul sagt später, das sei das Tränengas. »Irgendwie packt es einen wie ein Rausch.«

Das kleine Tal kocht inzwischen über vor weißem Qualm. Ab und an blitzt ein buntes T-Shirt hindurch. Ein Mädchen aus dem Hostel tippt mir auf die Schulter, fragt, ob ich ein Foto von ihr machen würde. Sie trägt Kleidchen und Strumpfhose, die teure Sonnenbrille und ihr Telefon hat sie sicherheitshalber zu Hause gelassen. Sie versucht, betroffen zu gucken. Ferien im Tränengas. Und rennt dann wieder kichernd den Hügel hinunter.

Ich fühle mich so fehl am Platz, wie ich es in der Nacht zuvor geträumt hatte. Schäme mich fast, dass die anderen Protestler mir zunicken. Es würdigen, dass ich hier stehe, zwar nicht im Tränengas, aber doch auf der richtigen Seite, in Sichtweite der Soldaten. Die Stellung halte für die gute Sache. Ist es eine gute Sache?

Die Ambulanz holt nun ein Kind aus den Schwaden heraus. Es hat zu viel Gas eingeatmet und liegt gekrümmt auf der Trage. Die Jungs mit den Steinschleudern stehen nur ein paar Meter vor mir. Lassen die Steine in weitem Schwung über ihren Köpfen rotieren, bis sie die faustgroßen Geschosse in den Dunst katapultieren. Ein Gerücht geht um. Ein Soldat soll einen Brocken ins Gesicht bekommen haben – und bluten wie ein Schwein.

»Die stecken schwer ein heute«, sagt Paul, der immer mal wieder mit roten Augen aus dem Rauch auftaucht. Der Wind sei auf unserer Seite. In der letzten Woche habe es alle schwer erwischt, weil die Wolke dicht über dem Boden hing. Noch dazu war es kalt und nass, und die Aktivisten rutschten ständig im Schlamm aus.

Eine halbe Stunde später ist alles vorbei. Der Himmel blau wie zuvor, der Gasnebel hat sich verzogen, die Soldaten sind wieder hinter dem Wall verschwunden, die Kinder kommen aus ihren Häusern, spielen mit Spielzeugschleudern die Taten ihrer großen Brüder nach.

Bubu schüttelt missmutig den Kopf: »Der Protest kommt immer näher ans Dorf heran, früher sind wir bis zur Mauer marschiert.«

Dort will er jetzt mit uns hin.

Eric sagt: »Das ist absurd, jetzt können wir da einfach rumspazieren? Wieso legen die Leute den Protest dann nicht einfach auf einen anderen Tag und überraschen die Soldaten?« »Ja, vielleicht sollten wir die Taktik wechseln«, sagt einer der Organisatoren. Es klingt müde. Zu viele Freitage sind in diesen zehn Jahren schon ins Land gezogen.

Ab und an beißt das Gas noch in der Nase, als wir die Straße hinaufwandern. Am Boden liegen aufgerissene Munitionspackungen. Bubu reicht mir eine Patronenhülse. Ich stecke sie in die Hosentasche. Wieso, weiß ich nicht. Bestimmt will ich mir keinen Schlüsselanhänger daraus basteln, wie Paul es mit seinem Granatenzünder vorhat. Wir kommen an der Gedenkstätte für Bassem Abu Rameh vorbei, dem 2009 ein Kanister Tränengas den Brustkorb zerfetzte. Jemand hat Rosen gepflanzt.

Ich kenne den Moment seines Todes aus der Doku »5 Broken Cameras«. Er hatte den Soldaten zugerufen, sie sollten aufhören

zu schießen. Natürlich weiß ich nicht, welche Szenen zuvor dem
Schnitt zum Opfer gefallen sind. Selbstverständlich sind Tränengasgeschosse nicht zum Töten gedacht. Vielleicht hatte er wirklich nur Pech.

Bald erreichen wir den Wall. Parallel verläuft eine staubige Militärstraße, abgegrenzt mit Stacheldraht. In den Metallkringeln
hängen leere Granaten wie düstere Christbaumkugeln. Der Mann
im Rollstuhl ist auch dabei, leise sirrt er durch den Staub, bis sich
die Räder festfressen und Paul ihn anschieben muss. Wir spazieren über die Militärstraße, als ob wir auf einem Familienausflug
wären. Es ist so still, dass jeder Schritt klingt, als bräche man durch
die zarte Eisschicht auf einer zugefrorenen Pfütze, jedes eigene
Wort sich zu laut und kratzig, ja ängstlich anhört. Dann tauchen
plötzlich Soldatenköpfe über dem vier Meter hohen Betonwall
auf. »Haut ab!«, rufen sie. »Einfach langsam weitergehen«, sagt
Bubu mit ruhiger Stimme: »Wir machen hier nichts Verbotenes.«

Als ich ein paar Tage später, zurück in Tel Aviv, meine Schmutzwä-
sche aus dem Rucksack kippe, klimpert die Patronenhülse aus einer Jeans. Ich lege sie auf den Tisch.

Ich bin gegen die Siedlerpolitik, gegen Soldaten und Checkpoints, fühle mit den Palästinensern – aber auch die andere Seite
ist mir vertraut. Sie sitzt vor mir auf der Couch. Und schaut ernst.

Mein Freund stand während seines Militärdienstes auch mal in
Bil'in. Bei den Soldaten. Hat aber, wie schon gesagt, nur mit seiner
Filmkamera geschossen. Er seufzt und erzählt mir mal wieder von
der Zeit nach dem Osloer Abkommen von 1993. Wie alle voller
Hoffnung waren. In ersten Schritten sollte die Verwaltung an palästinensische Behörden abgegeben werden. Selbst Kinder, wie er
damals, spürten die Aufregung der Erwachsenen.

Dass sich endlich alles zum Guten wenden würde. Endlich
Frieden. Und dann sprengten die Selbstmordattentäter die ver-
meintliche Ruhe. Ließen Busse und Cafés hochgehen. Nach je-

dem Anschlag sendeten sie tagelang schwermütige hebräische Lieder im Radio. »Ich habe als Kind Leichenräum-Kommando mit Lego-Figuren gespielt«, sagt mein Freund. Und dass er sich schon irgendwie sicherer fühle – mit der Mauer.

Kapitel

7

Ach, Ramallah

»(...) Du musst den ersten Schritt machen, Ramallah wird das nicht für dich übernehmen. Sie ist zufrieden mit dem, was sie ist. Sie weiß, was sie durchgemacht hat. (...) Sie ist ihren Weg gegangen, manchmal wie es ihre eigenen Leute wollten, öfters nach dem Willen ihrer Feinde. Sie hat gelitten und ausgehalten. Wartet sie darauf, ihren Kopf an deine Schulter zu lehnen, oder bist du es, der Trost sucht in ihrer Stärke? Ein wirres Zusammentreffen. Es ist unklar, wer gibt und wer nimmt.«

MOURID BARGHOUTI

RAMALLAH, LUFTLINIE VON JERUSALEM: 14,47 KILOMETER

Wenn Männer eine Stadt mit einer Frau vergleichen, liegt meist eine schwierige Beziehung zugrunde. Für Henry Miller war Paris eine Hure. Für Mourid Barghouti ist Ramallah eine gebrochene Heldin. Ich sitze in einem Fastfood-Laden in ihrem Herzen und blättere in seinem Buch »I Saw Ramallah«. Ich bin kein Mann und kann nicht behaupten, dass ich eine Beziehung zu dieser Stadt hätte. Ich finde einfach keinen Zugang zu ihr. Sie verwirrt mich nur ziemlich. Mehr noch aber verwirrt es mich, dass ich es nicht schaffe, Kontakt zu ihren Frauen aufzubauen. Ich meine Frauen, die ich nicht vorher per Mail anschreibe, die ich nicht offiziell interviewen will, die nicht einer politischen Organisation angehören, nicht aus Europa oder den USA gekommen sind, um zu helfen oder ihren Lebenslauf aufzuhübschen. Stattdessen quillt meine Freundesliste auf Facebook über von arabischen Männernamen, die ich nicht mal lesen kann.

Seltsamerweise scheint es den Männern leichter zu fallen, mich in ihrem Revier aufzunehmen, in den Shisha-Bars und Kaffeerunden. Vielleicht, weil ich für sie ein Kuriosum bin, irgendwo im Gender-Nirgendwo. Die Palästinenserinnen dagegen huschen an mir vorbei wie an einem der seltenen Verkehrsschilder, und ebenso wenig Aufmerksamkeit schenken sie mir.

Ich leide nicht an einem Kulturschock, ich habe einen Genderschock. Nicht, dass mir die ausgesuchte Höflichkeit der palästinensischen Männer über wäre. Die mich durch die halbe Stadt zum nächsten Bus bringen und auch noch für mich zahlen. Mir Komplimente machen, so unaufdringlich wie britische Damen ein Teeservice würdigen. Aber ich fühle mich immer mehr wie der winzige weiße Yang-Punkt, der im schwarzen Yin ertrinkt.

Seitenlang habe ich mich durch das Couchsurfing-Portal geklickt, aber nur Angebote von Männern gefunden. Die Rolle der palästinensischen Frau ist immer noch im Patriarchat verkrustet, und das bröckelt nur kaum sichtbar unter der Fassade. An wenigen Ecken. Sicher, in Ramallah wurde kürzlich eine Ballettschule eröffnet, auch eine Modelagentur. Aber alles hinter verschlossenen Türen. Allmählich habe ich das Gefühl, die ständige Gesellschaft von Männern lässt mich selbst wie ein Mann denken – oder so, wie ich mir vorstelle, dass ein Mann denkt.

Das Restaurant befindet sich im dritten Stock über der Hauptstraße, durch die blaue Plastikfolie auf den Fenstern sehen sogar die Gesichter der Schulmädchen grau aus, die am Nebentisch Milchshakes schlürfen. Dass ich hier gelandet bin, war pure Verzweiflung, ich wollte mich mit meinem Buch im Ladies Café nie-

derlassen. Ich hatte in einem Artikel der palästinensischen On-
line-Zeitung Maan News davon gelesen. Es sollte erst vor drei
Jahren eröffnet haben. Der Besitzer wurde zitiert: »Ein Ort nur für
Frauen, wo sie sich wohlfühlen können, ihr Kopftuch abnehmen,
rauchen, die Beine übereinanderschlagen dürfen, anders als in den
männlich dominierten Kaffeehäusern, wo solches Verhalten uner-
wünschte Aufmerksamkeit auf sich zieht.«

Die Adresse konnte ich nirgends finden, ich bin dreimal die
Straße hoch und runter gelaufen, viele Frauen hatten nie von dem
Café gehört, ich wurde in düstere Treppenhäuser geschickt, in einen Billardsalon, in ein Eiscafé. Schließlich sagte der Mann vom
benachbarten Süßigkeitenladen: »Ach, das Ladies Café, das hat
sich nicht rentiert, die weiblichen Gäste hatten nicht genug Geld
und sie mussten die Preise immer weiter senken. Der Laden hat
zugemacht.«

Barghoutis Liebeserklärung an Ramallah stammt aus dem Jahr
1997, er schrieb das Buch, als er nach dreißig Jahren Exil in die
Stadt seiner Jugend zurückkehrte und versuchte zu verstehen, was
mit ihr passiert war. Um Weiblichkeit geht es nicht darin. Aber die
Stelle, als er Ramallah zur gebrochenen Heldin stilisiert, nimmt
mich gefangen. Und ich versuche mir vorzustellen, was die Stadt
in seinen Augen dazu gemacht hat.

Eines steht fest: Sie hat einen schwierigen Charakter – ein Psycho-
loge würde ihr vermutlich eine bipolare Störung attestieren. Sie ist
so spröde, wie ihr Name in meinen Ohren klingt, wenn man ihn
richtig ausspricht. Manchmal abwesend, gleichzeitig laut und ziemlich exzentrisch. Den Rücken hält sie aufrecht, aber die Augen sind
matt. Einen Tag verhält sie sich wie eine neureiche Diva und im
nächsten Moment spielt sie Revoluzzerin. Sie ist Kettenraucherin
und trinkt – einen Hidschab trägt sie nur, wenn sie gerade Lust dazu
hat. Liebhaber wechselt sie wie Unterhosen. Doch wenn es ihr nicht
gut geht, wirkt sie schüchtern wie ein Dorfmädchen.

Ramallah war schon ein Flüchtlingsmädchen, bevor die Juden Israel gründeten. Fünfhundert Jahre ist das her. Eine Christin aus dem Osten. Noch weit hinter dem Jordan hatte sie gelebt. Sie gehörte zum Klan der Haddadins, einer Familie, die seit Generationen vom Schmiedehandwerk lebte. Als sie ein kleines Mädchen war, wurde sie dem Sohn einer befreundeten muslimischen Familie versprochen. Aber als ihre Eltern die Ehe einfordern wollten, hatten es sich die Freunde anders überlegt. Ein zorniger Streit entbrannte, ihre Familie suchte Hilfe bei einer anderen muslimischen Familie. Schließlich wurden die Haddadins und der zweite Klan vertrieben, verließen die alte Heimat. Nach einem langen Fußmarsch fanden sie einen ruhigen Flecken: einen felsigen Berg von neunhundert Metern Höhe. Immer etwas frischer Wind und ein weiter Blick. Das gefiel ihnen. Außerdem gab es genug Bäume, um die Schmiedeöfen zu beheizen.

Ramallah mochte auch die Ruinen, die von den Festungen der Kreuzfahrer übrig geblieben waren. Sie baute ein Häuschen darauf und hütete fortan ein paar Ziegen und Schafe, beackerte ein bisschen Land. Die muslimische Familie gründete die Schwesterstadt Al Bireh. Bald sah man Ramallah von ferne auf dem Hügel stehen, inmitten von Olivenhainen und Gärten.

Später pflegte sie Handelsbeziehungen nach Übersee, verkaufte Stickereien und hatte bald ein amerikanisches Auto, sogar ein Radio. Sie war auf der Erfolgsspur. Aus dem Flüchtlingsmädchen war eine Kauffrau geworden. Im Sommer bekam sie nun Besuch aus den arabischen Orten an der Mittelmeerküste, die eleganten Anwälte und Ärzte aus Jaffa (Yafo) wollten sich eine frische Brise gönnen.

All das sollte sich ändern, als die Briten sie in ihre Gewalt brachten. Zwar florierte die Wirtschaft, es gab nun sogar Straßenbeleuchtung, und die diversen Annehmlichkeiten zogen reiche Kaufleute aus dem ganzen Land an, die mehrstöckige Villen in der Stadt errichteten. Aber Ramallah wollte sich nicht unterwerfen, sie zettelte einen Aufstand an.

Doch die Briten hatten Flugzeuge und Soldaten und Ramallah trug schwere Wunden davon. Vom Krankenbett aus beobachtete sie, wie die Briten gingen und die Jordanier kamen. Israel war zum Staat deklariert worden und Ramallah gehörte nun zum Westjordanland.

Die einstige Sommerfrische schwoll unter einem Strom von Flüchtlingen aus Haifa und Jaffa an. Sie trugen die schweren Schlüssel zu ihren Häusern bei sich, weil sie dachten, sie würden zurückkehren. Wenn Ramallah heute an die Nakba denkt, die Katastrophe, den Tag der Vertreibung, braucht sie einen starken Arak.

Der Wechsel zum Islam hatte sich so schleichend vollzogen, dass sie gar nicht auf die Idee gekommen war, sich den Alkohol abzugewöhnen. Ja, wenn sie ehrlich war, ganz hatte sie auch das Christentum nie abgelegt. Wenn sie nun auf ihrem Hügel stand, konnte sie die Zeltstädte der Flüchtlinge sehen, die sich später zu Stadtvierteln entwickeln sollten. Die Infrastruktur der Briten platzte bald aus den Nähten – und einige ihrer Verwandten sahen keine Zukunft mehr, sie zogen in den Westen weiter, vor allem in die USA.

Als Israel während des Sechstagekriegs die Macht übernahm, erhielt sie einen Ausweis, der ihr erlaubte, sich in Israel und Gaza frei zu bewegen und Handel zu treiben. Die Staatsbürgerschaft und die damit verbundenen Rechte bekam sie von Israel allerdings nicht. Außerdem verloren die Verwandten im Ausland ihr Bürgerrecht, weil sie beim Zensus nicht anwesend waren. Bald begriff sie, dass der Ausweis sie nur milde stimmen sollte. Vier Jahrzehnte lang beobachtete sie von ihrem Hügel aus, wie jüdische Siedlungen ihre kleine Stadt mit den vielen Menschen in den Würgegriff nahmen. Manchmal konnte sie kaum atmen, so wütend war sie.

Kein Wunder, dass sie als eine der Ersten dabei war, sich zu erheben. Abschütteln wollte sie die Juden, die ihr die Luft nahmen, die sie wieder von ihrem Land vertreiben wollten. Die Stimmung entzündete sich: brennende Reifen und Molotowcocktails gegen Tränengas und Kugeln. Ramallah wurde unter Hausarrest gestellt.

Ruhiger wurde es erst wieder, als man plötzlich von Frieden sprach. Im Weißen Haus schüttelten Rabin und Arafat Hände, Schulkinder überreichten israelischen Soldaten Olivenzweige. Ramallah hatte jetzt einen neuen Beinamen: Area A. Sie war nun auch auf dem Papier Palästinenserin. Königin eines Inselstaats. De-facto-Hauptstadt. Enklave.

Es folgten sieben Jahre voller Optimismus. Viele Migranten kehrten zurück, um Geschäfte aufzubauen, der Wirtschaft ging es kurzzeitig besser. Aber das israelische Militär kontrollierte weiterhin die umliegenden Gebiete und Ramallah konnte sich nicht mehr frei bewegen. Für eine Reise zu Freunden nach Jerusalem brauchte sie nun eine Sondergenehmigung. Sie brachte trotzig eine Emailleplakette im Stadtzentrum an: Das Schild am Al Manara Square sollte sie immer daran erinnern, dass die heilige Stadt ihrer beiden Religionen nur 14,63 Kilometer entfernt war.

Der Würgegriff der Siedler wurde heftiger, sie begannen nun sogar Straßen zu bauen, die nur von Israelis benutzt werden durften, und Ramallah fühlte sich wie eine Aussätzige. Sie bäumte sich ein zweites Mal gegen die Besatzung auf, ging wieder vor die Tür, schmiss Steine auf die Autos der Siedler. Auch dieses Mal antworteten die Soldaten mit Tränengas und Gummigeschossen, manchmal auch mit scharfer Munition. Aber sie hatten noch wirksamere Mittel in der Hand: Sie konnten der Stadt den Strom abdrehen, die Wirtschaft einschläfern. Eine Mauer errichten und Ramallah vollends isolieren.

Ramallah lernte zu warten, stundenlang am Checkpoint von Qalandiya sich die Beine in den Bauch zu stehen, manchmal durfte sie passieren. Kein Wunder, dass sie inzwischen die Nase voll hatte von der Politik. Sie versuchte, sich wieder auf das Schöne zu konzentrieren. Auch wenn sie ihre Souveränität verloren hatte, die Lebenslust ließ sie sich nicht austreiben.

Immerhin hatte sie nun immer etwas Geld in der Tasche. Ausländer brachten es in die Stadt, Hilfsorganisationen und Diplomaten. Auch sie wollten das Leben genießen, und dafür brauchte es Bars, Restaurants, Kaffeehäuser und Fitnessstudios. Ramallah, Flüchtlingsmädchen, Kauffrau, Revoluzzerin – ließ sich fortan durchs Nachtleben treiben. In den wuselnden Straßen mit den überdimensionierten Reklamen kann sie sich manchmal einbilden, in einer Weltstadt zu leben. Im Frühling wird sie wehmütig, dann erinnern sie Tausende kleiner roter Blüten, die sich aus den dornigen Ranken der Al-Hanoun-Pflanze schälen, daran, wie sie damals zwischen den Olivenhainen und Gärten auf ihrem Hügel stand und weit über ihre Heimat blicken konnte.

Kapitel

8

Grashüpfer und
das Immunsystem Palästinas

*»Ein einziges Atom enthält alle Elemente der Erde. Eine einzige
Bewegung alle Gesetze des Lebens. In einem einzigen Tropfen
Wasser findet man das Geheimnis des endlosen Ozeans.
Eine einzige Erscheinungsform deiner selbst enthält alle
Erscheinungsformen des Lebens überhaupt.«*

KHALIL GIBRAN

CREMISAN, LUFTLINIE VON JERUSALEM: 6,58 KILOMETER

Benebelt, aber recht fidel springt der Grashüpfer
aus dem Bad mit Alkohol, das er sich gerade mit einem Tausendfüßler, einer wolligen Spinne und einer zitronengelben Motte geteilt
hat. Geübte Finger erwischen ihn eben noch auf der Schreibtischplatte und schnipsen ihn ins Glas zurück. Sie lugen aus einem
schluffigen Ärmel mit burgunderfarbenem Zopfmuster. Die Hand
des Allmächtigen gehört Mazin Qumsiyeh. Vor sich hat er ein Sty-
roportablett, fleckig von entwichenen Lebenssäften, gespickt mit
Hunderten Stecknadeln, die sich durch die Chitinpanzer von Kä-
fern und die filigranen Rümpfe von Schmetterlingen bohren. Mazin
Qumsiyeh hatte mich eingeladen, ihn auf eine Feldexkursion zu be-

gleiten. Seit einigen Monaten baut er in Bethlehem das erste Naturkundemuseum Palästinas auf. Dafür braucht es Exponate.

Mit Entdeckerstolz beobachte ich, wie der Biologe nun die
gelbe Motte herausfischt und ihre Flügel mit winzigen Streifen
Papier auf der Platte fixiert, um sie zu glätten. Ich habe sie heute
Morgen mit seinem Schützling Majd im blühenden Tal von Cremisan gefangen: Majd, zweiundzwanzig Jahre, Student aus Bethlehem, rückte seine Brille zurecht, klemmte den Käscher unter seine Achsel und bugsierte die Motte mit einer unterarmlangen
Pinzette in ein Plastikröhrchen. »Das wird Prof Mazin freuen, die
haben wir noch nicht.«

Das Tal von Cremisan schmiegt sich in eine Saumfalte zwischen
West Bank und Jerusalem, unterhalb von Beit Jala, dem christlich
geprägten Vorort von Bethlehem – und ist Heimat eines italienischen Salesianerordens. Das Kloster mit Weinkeller, an dem ich
mich am Morgen mit Mazin Qumsiyeh getroffen hatte, liegt zwar
bereits weit hinter der Grünen Linie, gehört aber zum Bereich der
Stadtverwaltung von Jerusalem, während die Lagerhalle auf der
anderen Seite des Parkplatzes zum Westjordanland gehört. Wie
auch der Schwesternkonvent und die Schule, die von den Salesianerinnen geführt wird.

Cremisan ist eine der letzten grünen Regionen im Distrikt von
Bethlehem, mit weiten Feldern und verträumtem Wildwuchs.
Doch die klösterliche Idylle ist in Gefahr, der Politik zum Opfer
zu fallen. Seit neun Jahren will Israel auch in Cremisan die Sperrmauer hochziehen. Der geplante Abschnitt würde nicht nur fünfzig Familien aus Beit Jalla von ihrem Land abschneiden, sondern
auch die Einrichtungen der Salesianer trennen – und die Kinder
der umliegenden Dörfer zwingen, auf dem Weg zur Schule täglich
einen Checkpoint zu passieren.

Die Bewohner Bethlehems vermuten, die abstruse Linienführung wurde gewählt, um die Siedlung Har Gilo mit dem benach-

barten Gilo zu verbinden. Har Gilo wächst stetig den Berg hinunter und frisst dabei nicht nur Ackerland, sondern auch Natur. Während Majd und ich über die Terrassen von Cremisan streunten, zog die weiße Häuserfront auf der anderen Seite des Tales immer wieder meinen Blick auf sich.

Ein paar Tage zuvor waren in einem Akt friedlichen Protests im Tal neue Olivenbäume gepflanzt worden. Heute sollte hier Professor Mazin eine Rede halten, deswegen hatte er den Feldtrip nach Cremisan gelegt. Bei meiner Ankunft hatten sich auf dem Parkplatz neben dem Kloster christliche Würdenträger, der Landwirtschaftsminister und ein Bataillon der palästinensischen Polizei zu einer feierlichen Kundgebung versammelt. Der Professor steckte mir eine Baseballkappe mit dem Logo des Ministeriums zu und Broschüren zur Umwelterziehung. Beides lag als Giveaways auf Klapptischen aus. Dann schickte er mich mit Majd ins Grüne. Als wären wir Kinder, denen man eine vernünftige Beschäftigung geben müsste, während die Erwachsenen sich über langweilige Dinge unterhielten.

Wir hörten seine Stimme trotzdem weit übers Tal schallen. Auf dem Parkplatz waren zwei riesige Lautsprecher aufgebaut, zwischen den Reden spielte ein DJ arabischen Pop, den Regler voll aufgedreht. Majd grinste verlegen: »Das ist so peinlich, typisch arabisch.« In diesem Fall verdächtigte ich weniger die morgenländische Kultur: Vermutlich hofften die Organisatoren, dass man die Musik noch in Har Gilo hören würde, sich die Siedler beim Frühstück daran erinnerten, dass da unten im Tal auch noch jemand lebte.

Während wir Steine umdrehten, um darunter nach Würmern zu suchen, in der Erde wühlten und hinter Schmetterlingen herliefen, wurden wir eines älteren Mannes gewahr. Er spazierte uns nach, murmelte vor sich hin und ließ dabei die kirschgroßen Perlen einer Gebetskette durch seine Finger gleiten. Wenn wir uns nach ihm umdrehten, ließ er unbeteiligt seinen Blick über die

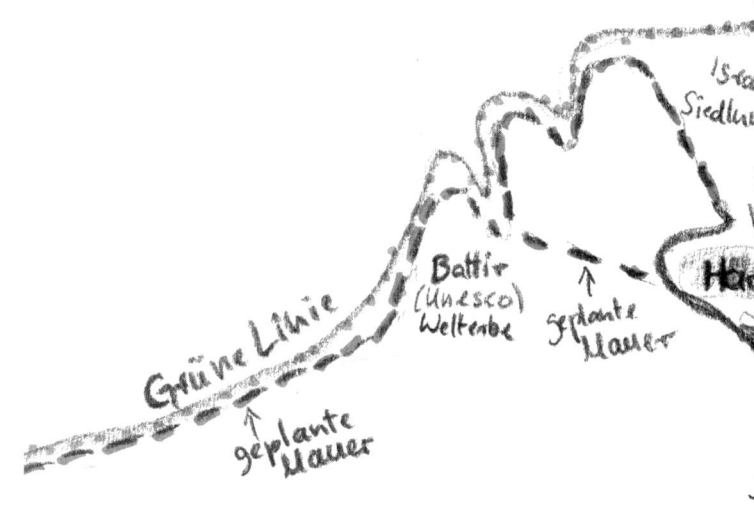

Grüne Linie

↑ geplante Mauer

Battir (Unesco) Welterbe

↑ geplante Mauer

Isra Siedlu

Ha

Gush Etzion ↗ = Siedlerblock

lest-
salem

Ost-
Jerusalem

Linie

ilo

blühendes
← Tal

Spertwall

san

←
Naturkunde
museum

Beit
Jala

Bethlehem

Weinterrassen schweifen. Schließlich fragte ihn Majd – im ausgewählt respektvollen Ton des Jüngeren –, was er hier mache. Es
stellte sich heraus, dass der Mann ein Bauer aus dem nahen Beit
Jala war, der sich nach dem Essen die Füße vertrat. Majd nutzte die
Gelegenheit, um ihn nach Heilpflanzen zu fragen.

Die nächsten Stunden zerrte uns der Bauer durchs Dickicht.
Immer wieder riss er Blättchen und Sprossen von Büschen und
Stauden und ließ nicht ab, bevor wir sie uns in den Mund steckten.
»Bitter«, sagte Majd nach jeder Kostprobe. Und ich nickte tapfer.
»Aber gut für den Magen«, antwortete der Bauer noch nach der
fünften Pflanze.

Als er auf die zartrosa Blüten einer Verwandten des Alpenveil-
chens zeigte, die ihre Kelche aus einem Nest herzförmiger Blätter
reckte, zupfte ich mir als folgsame Schülerin eine Blüte ab und
steckte sie in den Mund. Der Bauer lachte. »Die Hirten nutzen
ihre Knolle als Outdoor-Seife«, erklärte Majd. Schnell spuckte ich
die Blüte wieder aus.

Majd beschloss, eines der Wundergewächse im Museumsgar-
ten einzubuddeln, und stopfte es samt Wurzelballen in eine Plastiktüte und diese wiederum in seinen Rucksack: »Ich will nicht,
dass mich jemand damit sieht. Die Leute hier finden es komisch,
wenn man sich mit der Natur beschäftigt und kein Bauer ist.«

Das will Professor Mazin ändern.

Das Museum befindet sich auf dem Gelände der Universität von
Bethlehem in einem alten Schwesternwohnheim, eine Ausstellung
gibt es noch nicht, aber sogar auf der Toilette liegen die Plastikröhrchen und Objektivträger herum, mit denen die Assistenten
des Professors die Exponate dingfest machen.

»Palästina verfügt über eine irrsinnige Artenvielfalt«, sagt
Qumsiyeh, den Kopf über die Insektenleichen auf dem Styropor-
friedhof gebeugt. Der Grund sei die besondere Lage zwischen den
Kontinenten. Als Asien und Afrika einst aufeinanderstießen, stieg

Magma aus dem Erdinneren, wurde von Vulkanen in die Landschaft gespuckt. Deswegen sei die Erde hier so fruchtbar, seien Flora und Fauna so reich. Vielleicht auch deshalb habe sich in Jericho eine der ersten, ja vielleicht die erste Stadt der Menschheit entwickelt. Weil der Handel florierte, hätten die Menschen viel Zeit zum Nachdenken gehabt und so den Urahn sowohl des semitischen als auch des lateinischen Alphabets entwickeln können.

Er reicht mir seinen ersten Glaskasten, den er bereits vor Jahrzehnten präpariert hat: darin eine tote Armee von Grashüpfern, ordentlich in Reih und Glied. Allerdings gleicht sich keiner der steifen Soldaten in Größe und Färbung. Alle stammen sie aus dem Westjordanland.

Die Liebe zur Natur verdankt Qumsiyeh seinem Onkel. Sana Atallah gilt als der erste studierte Biologe Palästinas. Oft nahm er den Neffen auf seine Exkursionen mit. Leider starb er jung bei einem Verkehrsunfall.

Eigentlich ist Qumsiyeh längst kein klassischer Biologe mehr. Er hat lange an amerikanischen Universitäten gelehrt, zuletzt auf dem Feld der medizinischen Genetik Krebszellen erforscht. Zurück zur lebendigen Natur hat ihn ausgerechnet die Politik gebracht. Als der Achtundfünfzigjährige vor sechs Jahren nach Palästina zurückkehrte, konnte er nicht anders, als sich in den Widerstand zu stürzen. Und wie Widerstand mit Biologie zusammenhängt, das will er mir erklären.

Seine Frau Jenny bringt uns Blätterteiggebäck mit Spinat – und zeigt mir ihren amerikanischen Pass. Sie ist in Taiwan aufgewachsen und wurde später naturalisiert. Was für ein seltsamer Begriff, denke ich, muss das für die Ehefrau eines Biologen sein. Noch abstruser aber ist das Visum, das in ihrem Pass klebt. Es sieht aus wie mein eigenes Touristenvisum, nur dass dort statt Israel PLA steht: Palästinensisches Autonomiegebiet. Als amerikanische Ehefrau eines Palästinensers mit amerikanischem Pass ist ihr nur der Aufenthalt in den palästinensisch verwalteten Gebieten gestattet. Das heißt, sie ist theoretisch illegal, sobald sie Bethlehem verlässt. Um Ramallah zu besuchen, müsste sie quasi von palästinensischer Insel zu palästinensischer Insel hüpfen, ohne den Boden dazwischen zu berühren. Zudem muss sie ihr Visum alle sechs Monate erneuern, der Antrag auf Familienzusammenführung läuft seit Jahren.

In ihrem Büro hängt ein Foto an der Wand, es zeigt den schmächtigen Professor im Hemdskragen, den schwarzen Haarkranz wirr, die Brille schief, die Hände auf dem Rücken, wie er von Soldaten abgeführt wird. Qumsiyeh hält Widerstand für genauso natürlich wie den Fluchtreflex, aber insgeheim für gesünder. »Kein Wunder«, sagt er, »dass sich die Geschichte ständig wiederholt.«

»Als die Afroamerikaner unter der Diskriminierung litten, kämpften manche, andere sagten: ›Der Hass gegen uns scheint in den Genen der Weißen zu liegen, lasst uns weggehen und einen eigenen Staat gründen‹« – Liberia. Allerdings war die für diesen Zweck auserkorene Region kein unbewohntes Land. »Schließlich«, sagt Qumsiyeh, »kämpften die geborenen Liberianer gegen die Neuankömmlinge.«

Nach der Veröffentlichung einer langen Reihe von biologischen Studien hat er vor einigen Jahren ein politisches Buch geschrieben, über die Geschichte des zivilen, gewaltfreien Widerstands in Palästina (»Popular Resistance in Palestine. A History of Hope and Empowerment«). Er erklärt mir seine These in den Begriffen, die ihm als Biomediziner so vertraut sind. »Unser Problem ist nicht, dass wir keinen eigenen Staat haben. Unser Problem ist der Rassismus, die Kolonialisierung. Ein Ökosystem, in dem nur noch eine Spezies lebt, ist umgekippt.« Das ist seine Diagnose für Palästina.

So wie ein Körper, der gegen Krebs kämpfe, benötige auch Palästina Widerstandszellen. Das sei die Therapie. Und die Prognose für den Patienten? »Die ist exzellent! Dieser Patient liegt nicht im Sterben, wir haben eine sehr ausgeprägte Resistenz. Außerdem hat die Krankheit ihren Höhepunkt längst hinter sich.«

Das sei 1973 gewesen. Der Professor spricht vom Jom-Kippur-oder Ramadan-Krieg. Als sich die syrische und die ägyptische Armee zusammentaten, um gegen Israel zu ziehen. Der einzige echte Krieg in Palästinas Historie, seiner Meinung nach. Alle anderen Auseinandersetzungen seien einseitig gewesen: Invasionen einer israelischen Armee gegen Zivilisten.

»Seitdem geht es mit dem Zionismus bergab. Aber wir Palästinenser sind immer noch da.« Er ist sich sicher: Wenn man von zwölf Millionen Menschen zwischen Mittelmeer und Jordan ausgehe, dann seien nicht nur sechs Millionen Palästinenser gegen den Zionismus, sondern dazu komme sicher ein Drittel der Israelis. Die entweder nicht mehr daran glaubten oder sich ebenfalls gegen einen reinen Judenstaat sträubten.

Er steht auf und kramt aus dem mit Enzyklopädien und Magazinen vollgestopften Regal eine Broschüre raus: This Week in Palestine (Diese Woche in Palästina). Ich habe das Heftchen schon in Cafés und Hostels herumfliegen sehen. Es ist ein hübsch aufgemachtes buntes Kulturmagazin, das kostenlos verteilt wird. »Das ist beachtlich«, sagt Qumsiyeh. »Dass wir trotz allem so etwas auf die Beine stellen können, zeigt, wie es um unsere Gesellschaft bestellt ist.«

Um das Immunsystem Palästinas weiter zu stärken, verschreibt der Professor seinen Studenten an den Universitäten von Ramallah und Bethlehem ein Medikament. Das Rezept dazu hängt auch an der Wand in seinem Büro: Es heißt Respekt.

»1. Mache dich verantwortlich für dein Schicksal.

2. Der Feind ist keine Volksgruppe, es sind Ideen.

3. Achte die Natur, die Umwelt und alles Lebendige.«

Oder kurz gesagt: »Free your mind, the ass will follow.« Das war das Schlusswort. Meine private Vorlesung ist zu Ende – denn inzwischen steckt auch der Grashüpfer auf dem Styropor. Einen zarten Flügel hat der Professor mit einer Nadel entfaltet und fixiert, um den Farbverlauf zu analysieren. Wie schön: Unter seiner olivfarbenen Uniform trägt der Hüpfer ein fröhliches rosa Hemd.

Auch das Museum ist ein Beitrag zur Rehabilitation Palästinas. Hier sollen die Studenten nicht nur die Natur ihrer Heimat schätzen lernen, es wird ernsthaft Forschung betrieben: Arten katalogisiert, Chromosomen gezählt, die Auswirkungen der Besatzung auf die Umwelt analysiert. Selbstbewusstsein geschaffen.

Nicht unterstützt von Hilfsgeldern, sondern finanziert durch die zweihundertfünfzigtausend Dollar, die der Professor und seine Frau eigentlich mit in den Ruhestand nehmen wollten. »Wir haben hier mehr NGOs pro Kopf als jedes andere Land auf der Erde. Das bringt nichts. Das Geld aus dem Westen füttert nur die Korruption«, sagt Qumsiyeh, während er die Unterlagen für eine Vorlesung an der Uni zusammenrafft.

Außerdem rekrutiert er am laufenden Band Freiwillige wie Majd. Er ist einer von hundert Helfern, die dabei lernen sollen, sich selbst zu helfen.

Ein paar Stunden in der Woche wurstelt Majd auf dem Gelände herum, gerade plant er eine Pilzzucht im modrigen Lagerraum und konstruiert aus Plastikflaschen ein bepflanztes Floß für das Biotop im Garten. Damit die Frösche einen Rückzugsort haben und nicht gleich wieder von den Katzen gefressen werden.

Aber erst mal hat er Hunger. Gemeinsam durchforsten wir den Kühlschrank. Heraus kommt ein Studentenessen nach Palästinenserart: dicke Halva-Scheiben in Pitabrot, deren grobe Zuckerkristalle zwischen den Zähnen knirschen. Dazu *sahlab* aus Instantpulver. Majd gießt es in einem Pappbecher mit heißem Wasser auf und sofort verklumpt es zu jenem pappsüßen Trinkpudding mit dem künstlichen Aroma von Orchideenblüten. »Wir mögen das«, sagt Majd und lächelt wieder entschuldigend.

Nachdem wir den Insulinschock verarbeitet haben, führt er mich durch den Garten des Gebäudes, das einmal ein Museum werden soll. Das Land gehörte früher zum Konvent. Die Salesianerinnen bauten Kräuter und Oliven für den Eigengebrauch an und ließen den Rest wild wuchern. Jetzt pflegt Qumsiyehs Frau Jenny den Garten. An den schwarzrindigen Zweigen zweier Mandelbäume haben sich bereits weiße Blüten entfaltet, mit einem rosa Tupfer in ihrer Mitte. Majd zieht einen Zweig zu uns herunter: »Die Bauern hier sagen, der Geschmack des Frühlings ist der Geschmack der ersten grünen Mandeln.«

Vor ein paar Wochen haben die Studenten einen Teich ausgehoben: Die schwarze Plastikplane ist noch nicht unter Pflanzen verborgen, der Wasserspiegel niedrig. »Wir warten auf Regen«, sagt Majd.

Außer den Mückenlarven im Teich tummeln sich im Garten noch eine Weinbergschneckenzucht, eine Igelfamilie, eine Horde fleischfressender Käfer, die in einer ausgedienten Tiefkühltruhe leben und säuberlich das Gerippe jedes toten Tiers freilegen, das die Studenten als Anschauungsobjekt verwenden wollen. Und dann gibt es noch eine Voliere aus Maschendraht, die eigentlich eher ein Laufstall ist, denn keiner ihrer drei Bewohner fliegt.

Im hinteren Ende markiert ein Triel – eine Regenpfeifer-Art – sein Revier, indem er den ganzen Tag eilig hin und her rennt. Der langbeinige Vogel könnte seine Flügel benutzen, sieht aber in Gefangenschaft wohl nicht viel Sinn darin. Auf der gegenüberliegenden Seite hockt eine fette Ente mit rotem Kopf. Ab und an watschelt sie zu ihrer Nachbarin, der Eule, um Freundschaft zu schließen. Aber der Eule geht es gar nicht gut. Und die Ente scheint ihr zuwider zu sein. »Die Eule haben wir gefunden, die anderen Tiere wurden von Bauern zu uns gebracht«, erklärt Majd.

Dass die Eule auf dem Boden hockt, liegt daran, dass beide Beine und Flügel gebrochen und verdreht sind. Mit viel Aufwand kann sie sich auf einer Klaue halten, mit den Flügeln gegensteuern, um die Fleischbrocken aus Majds Fingern zu klauben. »Manche Bauern hier glauben, Eulen bringen Unglück. Manchmal töten sie die Vögel.«

Majd findet, man solle der Eule den Gnadentod gewähren, aber bisher konnte sich noch niemand dazu entschließen. Also tropft er ihr mit einer Spritze noch etwas Wasser in den Mund. Die Iris des Vogels ist gelb wie Eidotter und fast ebenso groß. Ich kann mich ihrem Blick nicht entziehen.

Während sie mit dem Klappern ihrer hohlen Schnabelhälften weiter um Aufmerksamkeit und Fleischhappen heischt, erzählt mir Majd, dass er fort wolle. Ins Ausland, egal wohin. »Wenn man sich nicht für Politik interessiert, ist es doch langweilig hier.«

Ein paar Wochen nach meinem Besuch erreichten die Kirchenleute und Bauern von Cremisan mit Unterstützung des Vatikans, dass der geplante Bauabschnitt des Sperrwalls erst mal eingefroren wird.

Kapitel

9

Hinter dem Vorhang

*»Als den Palästinensern das Dach über dem Kopf
zusammenstürzte, fiel der Schleier vor den Gesichtern
der Frauen von Nablus.«*

FADWA TUQAN

NABLUS, LUFTLINIE VON JERUSALEM: 51,04 KILOMETER

Ich stehe mitten in der Altstadt von Nablus – und
trage nichts als ein Geschirrtuch. Es verdeckt knapp das Notwendigste.

In den ältesten Hammam von Nablus hatte mich nicht nur der
kalte Wind getrieben, sondern meine ungestillte Sehnsucht nach
weiblicher Gesellschaft. Ausgerechnet das traditionelle Nablus
hatte mehr versprochen. Die zweitgrößte Stadt des Westjordanlands, weit im Norden, von der Baha in Bethlehem geschwärmt
hatte: So könnte Palästina überall aussehen, wenn die Israelis
nicht gekommen wären.

Eine dreiste Behauptung, denn gerade die engen Gässchen, die
Torbögen und Kuppeln, hinterlassen von Osmanen und Römern,

die Paläste und Moscheen – wegen der die Altstadt von dem arabischen Abenteurer Ibn Battuta den Spitznamen Klein-Damaskus erhielt – sind seit dem Einmarsch der Israelis von tiefen Narben gezeichnet: Das Mauerwerk ist pockig von Einschusslöchern, abrasierte Häuserecken zeugen von den Manövern der Panzer. Und das ist nur die Oberfläche. Nablus galt als Zentrum des Terrorismus, als Hochburg der Al-Aqsa-Brigaden. Über die Hälfte aller Anschläge auf Israel sollen von hier geplant worden sein. Deshalb wurden das Flüchtlingslager und die angrenzende Altstadt während der Intifadas vom Militär nicht nur blockiert, sondern befallen wie von Termiten. Tausende Soldaten und Hunderte Guerillakämpfer bewegten sich, von außen unsichtbar, durch die Stadt. Horizontal durch Wohnungstrennwände, vertikal durch Löcher in Decken und Boden. Aviv Kochavi, damals Kommandeur der Fallschirmjägerbrigade, erklärte diese Art der Kriegführung später so: »Der Feind interpretiert den Raum in klassischer Weise, aber ich möchte nicht in seine Fallen tappen. Aus diesem Grund haben wir uns fürs Durch-Wände-Gehen entschieden. Wie ein Wurm, der sich seinen Weg freifrisst, an einem Punkt auftaucht und dann wieder verschwindet.« Die meisten Kämpfe fanden also in Küchen und Wohnzimmern statt, im Reich der Frauen. Die zusammenhängenden Bauten der Altstadt glichen während der Intifadas einer Art Schichttorte, mit Lagen von Soldaten, Guerillakämpfern, Zivilisten.

Ausgerechnet im konservativen Nablus hatte ich endlich eine palästinensische Couchsurferin gefunden, die mir eine Unterkunft anbot. Aber sie hatte mich sitzen lassen. Also beschloss ich, die Frauen dort zu suchen, wo garantiert keine Männer sind: am Frauentag im ältesten Hammam der Stadt. Wo der Schleier fällt.

Die meisten Palästinenserinnen tragen ein Kopftuch, den Hidschab. Eigentlich bedeutet das Wort Vorhang und umfasst alle Regeln, die Frauen von Männerblicken abschirmen sollen. Zwar heißt es, dass viele palästinensische Frauen in den Fünfzigerjahren das Kopftuch ablegten, ja sogar Miniröcke trugen, aber in der Zeit der Intifadas kehrte es zurück. Erzwungen von der Hamas in Gaza, doch in der West Bank auch freiwillig: Wie die Kefije wurde es zur Tracht des Widerstands.

Fashionistas in Ramallah wickeln es sich gerne im Khaleeji-Stil um Kopf und Hals, nach ostarabischer Art. Der Hinterkopf wird mithilfe einer Art Pompom aufgeplustert – ein Trend, der angeblich in den Einkaufsmeilen von Kuwait geboren wurde: Der Effekt ist derselbe wie beim Push-up-BH, ein erotisches Körperteil wird zwar verdeckt, aber unter der Hülle wird gemogelt. Das Kopftuch betont die Haarpracht sogar noch. In streng religiösen Kreisen ist der Khaleeji-Hidschab deshalb als vulgär verschrien.

Dass arabische Frauen wahrscheinlich schon viel länger mit dem Reiz des Hidschabs spielen, lässt eine Überlieferung Mohammeds vermuten, der sich Frauen verbat, die »bekleidet und doch nackt, mit verlockendem Gang durch die Straße wandeln, etwas auf dem Kopf, das aussieht wie der Höcker eines Kamels, der sich bei jedem Schritt auf die Seite wiegt.«

Wenn ich in der West Bank unterwegs bin, kleide ich mich natürlich angemessen, was in meinem Fall bedeutet: kein Kamelhöcker und auch sonst kein Tuch, aber Jeans und langes Shirt anstatt Shorts oder Sommerkleidchen. (Tatsächlich vergisst man manchmal, was in den meisten Kulturkreisen als gesellschaftsfähige Kleidung angesehen wird, wenn man einen Sommer in Tel Aviv vor sich hin geschwitzt hat. Ich habe es noch nicht versucht, bin aber relativ sicher, dass man dort auch in Unterwäsche auf die Straße gehen könnte, ohne Aufregung zu verursachen.)

Sich im alten Souk von Nablus zurechtzufinden ist eine Herausforderung. Besonders für jemanden wie mich, da ich selbst in meiner Heimatstadt München manchmal den Kompass auf dem Smartphone befrage. Ein Gewirr aus steilen Treppchen, niedrigen Tunneln, engen Gassen, düsteren Durchlässen, hübschen Spitz-

bögen, schweren türkisblauen Metalltüren, hinter denen von Süßigkeiten bis zu Autoteilen alles zu finden ist, was man kaufen
kann – und aus vielen Menschen. Männern natürlich.

Aber bald habe ich meine Orientierungspunkte beziehungsweise halte ich sie bei der ersten Begegnung noch für hilfreiche
Koordinaten. Auf meiner dritten Runde werde ich bereits wie eine
alte Bekannte begrüßt.

Da ist der kleine Junge, der aus irgendeinem Grund seit über
einer Stunde versucht, auf seinem Araberhengst in der Mitte des
Stroms aus Gemüsekarren und Menschen auf der Stelle zu treten.
Während alle um ihn herum fluchend den Hufen und Schweif-
schlägen des Pferdes ausweichen. Der greise Buchhändler, der in
einem Alkoven im Mauerwerk sitzt, für mich einen Stapel Lern-
heftchen aus den Sechzigerjahren hervorkramt und dem ich den
Titel »Science for Tomorrow« (Wissenschaft für morgen) abkaufe.
Der klebrige Staub auf seinen Büchern lässt meinen, dass ich seit
langer Zeit seine erste Kundin bin. Dann ist da die Menschenan-
sammlung, die ich für eine politische Kundgebung halte, bis ich
merke, dass der schreiende Mann auf dem Podest eine Tomate in
seiner Hand anpreist. Allmählich vermute ich, dass sich der ganze
Souk ein Späßchen mit mir erlaubt, Hase und Igel spielt.

Also steige ich auf Landmarken um, die sich nicht bewegen
können. Da ist der Uhrturm, der – allerdings nur aus gewissen
Winkeln sichtbar – über die Dächer der Altstadt ragt. Dessen weiße Fassade nur selten durch den Baldachin aus bunten Wimpeln
blitzt, der sich über den gesamten Souk erstreckt. Ein Überbleibsel vom Geburtstag des Propheten Mohammed.

Zusätzlich versuche ich, mir die Gesichter auf den Märtyrer-
plakaten einzuprägen. Manche sind schon recht zerfleddert, andere wirken, als kämen sie frisch aus der Druckerei. Den Jungen
mit der Kalaschnikow und dem Trikot der deutschen Fußballnati-
onalmannschaft – hatte ich den nicht eben schon mal passiert?
Bald gebe ich auf. Die Gesichter der jungen Männer auf den Plaka-

ten sind so weichgezeichnet, dass nur Frisur, Kleidung und Waffenwahl als Unterscheidungsmerkmale dienen können, aber auch diese ähneln sich sehr.

Vielleicht ist auf meine Nase mehr Verlass. Ich wühle mich durch eine Gasse, in der unverkennbar die Fleischer ihr Handwerk ausüben, schlage einen Haken in einer Wolke aus Zimt, Salbei und Kümmel – und verliere meinen Geruchssinn endgültig, als ich zum zweiten Mal vor der örtlichen Parfümerie Opfer eines olfaktorischen Attentats werde. Benebelt lasse ich mich hineinwinken. Der Mann scheint sein Handwerk zu verstehen, in dreißig Sekunden wirbelt er etwas zusammen, das er mir als Cool Water verkauft. So nennt er es zumindest. Meine Geruchspapillen sind betäubt. Sein Laden ist mit Glasflakons ausgekleidet. Wieso manche Mischungen uringelb und andere rostrot wie Jodtinktur gefärbt sind, erschließt sich mir nicht. »Chanel, Calvin Klein, Armani ...« Er lässt seine Finger über die mit groben Textmarkerstrichen beschrifteten Etiketten streichen. Und sprüht mir reichlich Love aufs Handgelenk. Eine Eigenkreation. Vielleicht werde ich ja jetzt von meinen Geschlechtsgenossinnen erkannt.

Irgendwann stehe ich dann doch vor dem Tunneleingang, der ins Al Shifa führt. Das Bad wurde 1624 von einer der großen Familien Nablus' gebaut und Ende des 20. Jahrhunderts restauriert. Es soll einmal dreißig solcher Bäder im alten Nablus gegeben haben. Römer wie Türken ließen es sich gern gut gehen und Nablus war eine sehr reiche Handelsstadt mit vier Quellen. Es gab sogar so viel Wasser, dass die Bauern vor der Stadt Baumwolle anbauten. Das Al Shifa ist eins von zwei Bädern, die überdauert haben. Auch wenn das Dach des Bades nach einem Bombardement 2002 repariert werden musste. An der Pforte wacht ein Mann hinter einer Glasscheibe, es ist der letzte, den ich für ein paar Stunden sehen werde.

In dem Moment, als ich über die Schwelle in die Eingangshalle trete, ist es, als ob ich in eine Traumsequenz wegdämmerte: Wie in einem Kirchenschiff laufen die Steinmauern erst weit über meinem
Kopf in Spitzbögen zur Decke. Ein rundes Stück Himmel ist
durch die Oberlichter zu erkennen. Darunter, in der Mitte des
Raumes liegt ein Brunnen, um den Wasserpfeifen aus bunt bemal-
tem Glas Ringelreihen tanzen.

Die Steinbänke an den Wänden scheinen für Riesen gemacht,
man muss raufklettern, um sich auf den gestreiften Sitzpolstern
auszuruhen. Oder um sich in den Spiegeln zu betrachten, die darüber angebracht sind. Auf einer Empore, unter zwei Flaggen, der
türkischen und der palästinensischen, werkeln zwei Frauen hinter
einer Tee-Bar aus dunkel gebeiztem Holz. Hingen an der Wand
nicht zwei gewaltige Lautsprecherboxen und ein Schild, das freies
WLAN verheißt, wüsste ich nicht, in welchem Jahrhundert ich
mich befinde. Ein Grammofon auf dem Schrank für die Wertsa-
chen erinnert allerdings daran, dass es hier auch schon vor hundert Jahren lustig zugegangen sein muss.

»As-Salaam aleikum«, begrüßt mich die Dame des Hauses. Sie
trägt eine paillettenbesetzte Bluse, die Haare in einer fluffigen
Föhnfrisur, und ist so sorgfältig sichtbar geschminkt wie eine Ste-
wardess. Ich buche das Komplettprogramm für hundert Schekel:
Sauna, Dampfbad, Skin Scrubbing und eine halbe Stunde Massage.

Als ich ihr den Schein reiche, fühle ich mich ein bisschen so,
wie sich ein Freier in einem Bordell fühlen muss. Schließlich will
ich mir nicht nur Entspannung damit kaufen, sondern auch einen
Blick hinter den Hidschab, ein Lächeln und, ja, Hände, die mich
berühren.

Eine junge Frau im bordeauxfarbenen Kittel stellt sich als Fatima vor und gibt mir eine Reihe von Befehlen: »Komm, Agnes!«
»Hier hinein!« »Zieh dich um!« Sie reicht mir einen Plastikbeutel
mit einem Stück Seife, einem Rubbelschwamm, einem kleinen
Handtuch – und eben besagtem Geschirrtuch. Schiebt mich hin-

ter einen Plastikvorhang. Hier stehe ich also und ärgere mich über
mich selbst, dass ich zu schüchtern war, nach den Sitten des Hauses zu fragen, und nicht mal einen Bikini dabeihabe. Schließlich
knote ich mir das Geschirrtuch über der Brust zusammen. Es
reicht gerade so über den Po.

Fatima wartet schon ungeduldig, stellt mich in ein Paar Plas-
tikschlappen, beide links, in unterschiedlichen Größen, und
schubst mich sanft Richtung Wellnessbereich. Im Gang sitzen
zwei alte Frauen in kompletter, schwarzer Hidschab-Kluft. Als sie
mir zulächeln, bin ich mir sicher, gerade einen fürchterlichen
Fauxpas zu begehen, den mir nur keiner erklärt, weil es für alle Be-
teiligten zu peinlich wäre. »Wasch dich, zwei Kellen!«, befiehlt Fatima und schickt mich in ein Separee mit einem Steinbottich.

»Zehn Minuten«, sagt sie und öffnet die Tür zu einer winzigen
Holzsauna. Erleichtert grüße ich die zwei Mädchen, die bereits
auf den Bänken liegen und ebenfalls Geschirrtuch tragen. Sie
kommen aus Qalqilya, machen mit der Familie einen Frauentag
und stöhnen über die Qualen der Sauna. Die Hartgesottenere begleitet mich anschließend ins Dampfbad. Wenn in den beißenden
Schwaden das Gesicht der anderen kurz sichtbar wird, lächeln wir
uns tapfer zu.

»Du trägst aber schon Unterwäsche?«, fragt Fatima, als wir im
Herzstück des Bades stehen: an einer Wand zwei Steintische, in
der Mitte eine Marmorplatte, die unterirdisch beheizt wird,
drumherum Kämmerchen mit mehr Becken und Wasserhähnen.

Sie reißt mir das Tuch vom Leib, bevor ich antworten kann.
Immerhin meine Unterhose habe ich angelassen. Fatima nickt erleichtert und gibt mir einen Klaps, um mich zu einem der Steintische zu dirigieren. Er ist so glitschig von Seifenlauge, dass sie mir
die Hand reicht, damit ich hinaufklettern kann.

Den hoch aufragenden Hintern einer Palästinenserin im frivo-
len rot glänzenden Slip vor meinen Augen, reibt Fatima mir einem rauen Handschuh den ganzen Körper ab. »Schau, Agnes«,

sagt sie mit anklagender Stimme und zeigt auf graue Rubbelröllchen, die sich unter dem Sisal zusammengerollt haben. Ich fühle mich furchtbar unrein, vor allem, weil das Gemurmel der Frauen hinter dem Vorhang jedes Mal verstummt, wenn sie mich auf mehr vernachlässigte Körperpartien hinweist – und verspreche von nun an regelmäßig zu kommen. In Windeseile verliere ich meine Winterhaut und kriege mit duftender Seife neuen Glanz in alle Poren massiert. »Aus Marokko«, sagt Fatima stolz.

Nablus' Reichtum war einmal auf dem Geschäft mit dem hier produzierten Olivenöl – und der daraus hergestellten Seife – gegründet. Aber Dutzende Seifenfabriken fielen israelischen Panzern zum Opfer. Nur zwei sind immer noch in Betrieb. Das Rezept ist seit Urzeiten unverändert: zweiundsiebzig Prozent Olivenöl, siebzehn Prozent Wasser und elf Prozent Natrium. Allerdings wird das Öl inzwischen aus Israel importiert. Die berühmten Nablus-Oliven sind verdorrt oder in Siedlerhand. Bevor ich mich in den Souk wagte, hatte ich durch ein hohes Tor in die Fabrik der Tuqan-Familie hineingespäht. Ein Arbeiter erklärte mir, dass durch dieses Tor früher die Kamele der Karawanen hindurchpassen mussten, die den ganzen Nahen Osten mit der Seife aus Nablus versorgten. Heute werden die handgerechten, quadratischen Stücke nur noch nach Jordanien verkauft.

Danach werde ich in einem Nebenraum sanft mit Öl massiert, durch Löcher in der Decke strahlt buntes Licht auf die Liege. Dösend mache ich mir Gedanken darüber, welche versteckte Weltanschauung einer Kultur zugrunde liegt, in der die Brüste statt der Hintern zur Entspannungszone gehören. Nicht der Nacken geknetet, dafür aber die Haut unter dem Kinn in alle Richtungen gezupft wird.

»Schlafen!«, sagt Fatima und legt mein Handtuch auf die heiße Steinplatte in der Mitte des Raumes. Ich erkenne die Hausdame neben mir. Sie scheint eine kleine Pause einzulegen. Erst fühle ich mich im wahrsten Sinne underdressed, denn sie trägt nun eine

strassbesetzte Korsage und einen Pareo. Ich bin inzwischen bar-
busig. Aber dann wird ihr Pareo gelüftet, und als sie leise stöhnt,
während ihr gläserne Saugnäpfe auf ihr Hinterteil gesetzt werden,
und eine lustige Grimasse in meine Richtung schneidet, habe ich
endlich das Gefühl, nachdem ich gesucht hatte: eine von ihnen zu
sein.

Während ich mich anziehe, dröhnt aus der Empfangshalle bereits Musik. Als ich eintrete, dreht Fatima die Anlage gerade weiter auf. Der arabische Pop hat wenig Bässe. Aber genug, um die
Wasserpfeifen zittern zu lassen. Die Familie aus Qalqilya hat sich
in Strandfummel geworfen, die selbst in Tel Aviv Hingucker wären. Die Haare sind offen. Die älteren Frauen sitzen auf den Bänken, essen Baklava und trinken Tee. Die Gesichter mit goldenen
Kosmetikmasken getüncht, wirken sie wie gut genährte Frucht-
barkeitsgöttinnen. Die zwei Mädels aus der Sauna lassen sich
Steiß, Schulterblatt und Dekolleté mit schwarzen Gemälden aus
Henna dekorieren. Die Motive scheinen aus dem Katalog eines
Tattoo-Künstlers zu stammen, der in den europäischen Neunzigerjahren schwelgt: Tribals, ›Arschgeweihe‹, verschlungene Ranken.

Naseer Arafat, ein Architekt aus Nablus, hat die Geschichte
der alten Gebäude der Stadt erforscht. Die Empore, wo sich die
Frauen die Körper bemalen, war in früheren Zeiten für die Würdenträger der Stadt reserviert. Auch damals schon gab es bestimmte Zeiten in der Woche, die den Frauen vorbehalten waren.
Einst soll es sich begeben haben, dass die Frau des Richters, damals der höchste Amtsträger in der Stadt, ein Bad nahm und sich
danach auf der Empore ausruhen wollte. Aber die Aufsichtsdame
verwehrte ihr den Platz. Daraufhin soll sie sich bei ihrem Mann,
dem Richter, beschwert haben. Dieser habe auf den Tisch gehau-
en und gerufen: »Denen werde ich es zeigen!« Er baute seiner Frau
einen privaten Hammam neben ihrem Haus, beide Gebäude
durch einen geheimen Tunnel miteinander verbunden. Das Bad

existiert immer noch unter dem Namen Al Qadi. Allerdings soll das Hammam des Kadi heute eine Süßwarenfabrik sein.

Fatima hat beschlossen, dass die Musik immer noch zu leise ist, und spielt schon wieder am Regler. Schließlich tanzen alle, vom Kleinkind bis zu den Frauen am Tisch. Sogar Fatima und ihre Kolleginnen schwingen die Hüften. Nur die Großmutter trägt noch Hidschab und Mantel. Sichtlich vergnügt betrachtet sie, wie ihre Töchter und Enkelinnen die kaum verpackten Brüste wackeln lassen und ihre Hintern aneinanderdrücken. Dabei zieht sie genussvoll an ihrer Zigarette.

Hinter dem Tresen steht wie zuvor die Grande Dame des Hauses, mit bereits wieder perfekt geschwungener Außenwelle und ebenso perfekt onduliertem Lächeln. Ich frage mich, wie es hier den Rest der Woche zugeht, wenn nur Männer Zutritt haben.

Kurz vor fünf Uhr nachmittags verschwinden Schicht für Schicht seidige Haut, freche Henna-Tattoos und sündige Fummel unter Kopftuch und Gewand. »Nächstes Mal kommst du früher, Agnes«, ruft Fatima durch den Raum, »dann machen wir dein Gesicht.« Alle winken, und ich finde, dass der Hammam die fünfzig Kilometer von Tel Aviv (und die viereinhalb Busstunden) definitiv wert ist.

Nachdem mir die Couchsurferin abgesagt hatte, beschloss ich in einem günstigen Gästehaus zu übernachten. Jihad (Dschihad), der Besitzer, ist so nett, mich mit dem Auto abzuholen, und erklärt mir auf dem Weg die Bedeutung seines Namens. »Ihr Europäer nennt uns alle Dschihadisten, aber wir unterscheiden zwischen dem kleinen Dschihad und dem großen Dschihad.« Der kleine Dschihad sei von minderer Bedeutung: Dabei gehe es um den Kampf gegen einen äußeren Feind. »Ich bin nach dem großen Dschihad benannt«, sagt er: »Nach dem spirituellen Kampf, den jeder mit sich selbst führen sollte. Es geht um Kultur, um Perfektion und den Widerstand gegen niedere Gelüste.« Mitten auf der Straße hält er an, um einen Freund ein Stück mitzunehmen. Bevor er aussteigt, schenkt mir dieser eine CD. »Oh, ist das Musik?« »Ich denke, eher was Religiöses«, sagt Jihad.

Während er mich durch einen weitläufigen Garten in das kleine ebenerdige Haus führt, lästert er über die Palästinensische Autonomiebehörde. Es ist klar, in seinen Augen sind das keine großen Dschihadisten. »Man saugt uns aus. Wir zahlen doppelt Steuer, an die PA und an Israel, siebzig Prozent des Einkommens!« Er ist davon überzeugt, dass sich die Köpfe der Behörde mit dem Geld protzige Villen in Jordanien bauen. »Wenn mir Gäste aus dem Ausland Geld für ihre Buchung überweisen, werde ich jedes Mal angerufen und befragt.« Dann müsse er sämtliche Geschäftsbelege vorweisen. »Wenn du ihnen kein Geld gibst, bist du unten durch.« Schließlich verschwindet Jihad nach Hause.

Ich bin einerseits geschmeichelt, dass er mir das Hostel einfach so überlässt, denn ich bin der einzige Gast. Aber nach und nach weicht die Wärme des Bades in weißen Atemwölkchen aus meinem Körper – und mit ihr die Entspannung.

Sicher, ich komme aus weit kälteren Gefilden, aber mit dem palästinensischen Winter ist es so eine Sache. Draußen herrschen deutsche Frühlingstemperaturen, aber kaum setzt man sich drinnen aufs Sofa, kriecht einem die Kälte in die Knochen. Und da bleibt sie. Seit Wochen habe ich rund um die Uhr kalte Füße und kann nur in meinen Rechner tippen, wenn ich meine Finger alle fünf Minuten an eine Schale heißen Tee halte. Wieso tun sie sich das an und isolieren ihre Häuser nicht? Ich vermute, es liegt an den brutalen, langen Sommern, die sich so in die Psyche brennen, dass die Palästinenser die Wintertage immer noch als willkommene Erfrischung wahrnehmen.

Statt in Heizstrahler hat Jihad in ein Überwachungssystem investiert: Im Aufenthaltsraum zeigen vier Kamerabilder auf einem Fernsehschirm den verwinkelten Außenbereich.

Klamm und ärgerlich starre ich auf den Schirm. Dann beginnt das erste Bild krisselig zu werden, das zweite fällt plötzlich ganz

aus. Ich verriegele die Hintertür mit schweren Eisenriegeln, als
das Kamerasystem schrille Laute von sich gibt.

Jihad geht nicht ans Telefon.

Ich probiere alle vier Schlafräume aus, Einzelbetten, Stockbett. Oben. Unten. Aber das Pfeifen verfolgt mich, die Kälte hält
mich außerdem wach. Und ein bisschen grusle ich mich nun auch.
Wieso braucht ein einfaches Hostel ein Überwachungssystem?

Schließlich erinnere ich mich an die CD in meiner Tasche und
schiebe sie in den Laptop. »Ein kurzer illustrierter Wegweiser, um
den Islam zu verstehen«, heißt das Dokument. Netterweise hat Ji-
hads Freund nicht nur die englische, sondern auch eine französische und deutsche Version in den Ordner gepackt. Als Autor ist
ein gewisser I. A. Ibrahim, und sechs Professoren sind als wissen-
schaftliche Redakteure angegeben. Eigentlich will ich zum Kapitel »Wahre Freude und Innerer Frieden« scrollen, um mich zu entspannen.

Aber auf den Seiten zuvor stolpern meine Augen über eine ver-
störende biologische Zeichnung. Es dauert etwas, bis ich verstehe,
dass Mohammed, weit vor der modernen Wissenschaft, in den
Mutterleib blicken konnte und im Koran über die Stadien der Em-
bryonalentwicklung doziert: »Und wahrlich, Wir erschufen den
Menschen aus einer Substanz aus Lehm. Alsdann setzten Wir ihn
als Samentropfen an eine sichere Ruhestätte. Dann bildeten Wir
den Tropfen zu einem Blutklumpen (*alaqah*); dann bildeten Wir
den Blutklumpen zu einem Fleischklumpen (*mudghah*) ...«.

Unter der Überschrift »Einige Beweise für die Wahrhaftigkeit
des Islam« ist ein menschlicher Embryo zu sehen, im Vergleich
dazu das Foto eines rosa Kaugummis. Jemand hat sich viel Mühe
gegeben, ihn in Embryoform zu kauen. Darunter steht: »Das arabische Wort *mudghah* bedeutet ›wie eine gekaute Substanz‹. Wenn
jemand ein Stück Kaugummi nehmen würde, es in seinem Mund
kauen und danach mit einem Embryo in der *mudghah*-Phase vergleichen würde, so würden wir übereinkommen, dass der Embryo

in der *mudghah*-Phase in seiner Erscheinung einer gekauten Substanz ähnelt. Dies ist so, weil die Wirbel am Rücken des Embryos ›irgendwie den Zahnabdrücken in einer gekauten Substanz‹ ähneln.«

Alle auffindbaren Decken über mich gebreitet, ziehe ich in meinen eigenen Dschihad für diese Nacht. (Ob es sich um einen inneren oder einen äußeren Feind handelt, ist eine Frage, die ich an die Theologen weitergeben muss.)

Kapitel

10

Schnelle Liebe und Slow Food

*»Meine Schwester, unser Land hat ein pochendes Herz, es hört
nicht auf zu schlagen, und es duldet das Unduldbare. Es bewahrt
die Geheimnisse von Hügeln und Schößen. Dieses Land, in dem
Dornen und Palmen sprießen, ist auch das Land, das einen
Freiheitskämpfer hervorbringt. Dieses Land, meine Schwester,
ist eine Frau.«*

FADWA TUQUAN

NABLUS, LUFTLINIE VON JERUSALEM: 51,04 KILOMETER

Die Schultern ein Krampf. Die Nase, fremd wie
ein tiefgekühltes Stück Gummi. Das Pfeifen der Überwachungs-
anlage sitzt wie ein Tinnitus im Ohr. Während ich mich aus den
Decken schäle, kann ich nicht ausmachen, ob das Ding tatsächlich immer noch klingelt oder ob mein Hirn beschlossen hat, das
Echo fortan abzuspielen wie ein Schallplattenspieler eine Scheibe
mit Kratzer.

Mein unterkühlter Energiehaushalt verlangt Brennmaterial.
Heiß, fettig, süß. Ich spreche die Worte wie ein Mantra, während
ich versuche, mich unter dem lauen Sprühregen aus der Dusche
aufzuwärmen. An Wasser und Heizungen mag es mangeln in Nab-

lus, Kalorien gibt es im Überfluss. Ich weiß genau, wonach mir jetzt ist: *knafeh* zum Frühstück! Schokolade mag ein Seelentröster sein, *knafeh* ist mehr als das. »Eine Weltanschauung«, sagt man in Nablus.

Die Zuckerbäckerei ist eine Männerdomäne. Das erkennt man schon an den Kosenamen, mit denen sie ihr Konfekt umschmeicheln: *Lady's Lips* heißen gefüllte Sahnebeutelchen, andere Desserts werden mit blühenden Wangen und zierlichen Fesseln verglichen. Vielleicht ist es eine Übersprunghandlung, die man als Laienpsychologe mit den Zwängen des Hidschabs in Verbindung bringen möchte. (Wieso die Palästinenser witzeln, dass Nablus die Stadt der Homosexuellen sei, kann ich mir übrigens nicht erklären.)

Aber die unbestrittene Königin unter den Kalorienbomben ist und bleibt *knafeh:* Wenn jemand heiratet, wird *knafeh* serviert, wenn jemand stirbt, bekommt die Trauergesellschaft *knafeh* gereicht, wenn sich einer ein neues Auto kauft, bringt man ihm *knafeh* vorbei. Schulabschluss? *Knafeh!* Trauer, Freude oder Lust – es gibt keine unpassende Stimmung, keine ungehörige Tageszeit, kein Anlass ist zu gering, um sich den triefenden Fladen aus Käse, knusprigen Teigfäden, Pistazien und Rosenwassersirup zu gönnen.

Man muss dazu wissen, dass *knafeh* zwar von der Türkei bis in Ägypten als beliebtes Dessert gilt, aber erfunden wurde es in Nablus. Die Legende, die hier jeder Taxifahrer erzählt, klingt nach »Tausendundeine Nacht«:

. Es war das Jahr 1575, Nablus gehörte zum Osmanischen Reich. Regierungssitz war Damaskus und dort saß ein äußerst verfressener Kalif. Er konnte in sich hineinstopfen, soviel er wollte, er wurde nie satt. Seine Diener waren bald verzweifelt, denn keine Speise seiner Leibköche konnte den Kalifen zufriedenstellen. Also ließ man im ganzen Reich nach einem Koch suchen, der dem Kalifen endlich aus seiner Misere hülfe. Schließlich bot sich ein Zuckerbäcker aus dem fernen Nablus an: Er servierte ein wundersames Dessert, so gehaltvoll und köstlich, dass der Kalif endlich zufrieden war. Seitdem liebt man *knafeh* im ganzen Nahen Osten.

Ja, *knafeh* ist ein so elementarer Bestandteil der Identität von Nablus, dass ein paar Geschäftsleute der Stadt vor sechs Jahren eine Fressorgie bescherten, die ihr einen Eintrag im Guinness-Buch sicherte. Anlass war die Auflösung des berüchtigten Huwara Checkpoint und die Hoffnung, der Stadt nach den düsteren Tagen der Intifada wieder zu einem freundlichen Image zu verhelfen. Sechshundert Kilo Käse, dreihundert Kilo Zucker, fünfunddreißig Kilo Pistazien und sechs Eimer Butter wurden während des Festakts zu einem tonnenschweren Ungetüm von den Ausmaßen einer olympischen Schwimmbahn verarbeitet.

Ich ignoriere also das einzige vernünftige Argument gegen ein Frühstück von ein paar Tausend Kalorien, nämlich meine eigentliche Mission: Ich will am Vormittag einen weiteren Blick hinter den Hidschab werfen, und zwar in Nablus' erster Kochschule von Frauen für Frauen.

Mit schlechtem Gewissen begebe ich mich für einen heißen Quickie in die Altstadt. Denn ein *knafeh*-Mahl, das habe ich bereits in den ersten Tagen in Nablus gelernt, hat nichts mit einem romantischen Rendezvous zu tun, man lässt es nicht auf der Zunge schmelzen, man setzt sich dafür nicht in eine ruhige Ecke – sondern es ist ein schmutziger, schneller, aber trotzdem ungemein befriedigender Akt. Im Stehen vollzogen. Den Kopf gebeugt, die Augen gesenkt, als fürchte man, dabei erwischt zu werden.

Die Al-Aqsa-*knafeh*-Bäckerei gilt als eine der besten der Stadt. Dass in diesem Laden nichts als *knafeh* zubereitet wird, erklärt sich schon durch den logistischen Aufwand, der in keinem Verhältnis zum hastigen Verzehr zu stehen scheint: Der Backraum ist von der Straße einzusehen und wirkt wie eine archaische Schmiedestube. Mit einer Kneifzange dreht der Bäcker ein rundes Blech von gut eineinhalb Metern Durchmesser über einem Ring züngelnder Gasflammen. Auf dem Blech schwimmt bereits eine Mischung aus Grießmehl, Butter und viel Käse. Weiter hinten in der Stube dreht sich eine schwere zylindrische Platte mit Blätterteig unter einem Messer. Die fertigen Zöpfe aus filigranen Teigfäden kringeln sich auf weiteren Blechen vor dem Laden. Die Schweife sind in einem grellen Safranton gefärbt. Sobald der Bäcker mit seinem Schmiedewerk zufrieden ist, stülpt er einen Deckel über den Käsegrieß, wuchtet das Rad über seinen Kopf und stürzt den Teig in einer schwungvollen Bewegung. Schließlich wird der runde Fladen großzügig mit Sirup getränkt und mit den knusprigen Teigfäden und zwei Händen Pistazien bedeckt.

Trotz des frühen Morgens drängen sich bereits Männer vor der Al-Aqsa-Bäckerei. Ohne den Einsatz von Ellbogen hat man keine Chance, in der Schlange zu bleiben. Als ich endlich für zehn Schekel eine gewaltige Schnitte auf einen Pappteller geklatscht bekomme, ist meine Lust zu einem tierischen Verlangen gewachsen. Als ob ich seit Wochen nichts zu essen bekommen hätte, schaufle ich mir das heiße Süß in den Mund. In diesem Punkt halte ich mich an die Etikette: In unausgesprochenem Einverständnis verschont man seine Mitsünder mit voyeuristischen Blicken bei diesem intimsten, ja fast orgastischen Akt. Wischt sich dreißig Sekunden später das Fett vom Mund – und läuft geschäftig weiter.

Die Kochschule ist Teil eines Frauenzentrums, das sich Bait al-Karama nennt, Haus der Würde. Es befindet sich in derselben Straße wie der Hammam – und wieder bin ich überrascht von der stillen Großzügigkeit, die sich hinter dem Tunneldurchgang verbirgt. Eine Treppe führt in einen mehrstöckigen Innenhof mit Veranden, Galerien und ineinander verschränkten Wohnetagen. Aus allen Ecken wuchern Tomaten, Gewürzpflanzen, Auberginen und Gurken.

Dass sich in den Höfen der Altstadt von Nablus so viele Nutzpflanzen finden, ist ein Überbleibsel der Intifadas. Zweihundertvierzig Tage Ausgangssperre und regelmäßige Angriffe der Luft-

waffe zwangen die Bewohner nicht nur, in ihren Häusern zu
bleiben, sondern isolierten die Altstadt zeitweise auch völlig von
den umliegenden Märkten. Also gestalteten die Bewohner ihre
Terrassen und Hinterhöfe in Nutzgärten um, über die sie zur Tar-
nung Pergolen aus Maschendraht und Weinreben zogen.

Man baute Bohnen in Blumentöpfen an, Kürbisse auf Balko-
nen, Auberginen im Treppenhaus. Wenn eine Familie eine Zutat
zum Kochen benötigte, verbreiteten sich Nachfrage und Angebot
von Fenster zu Fenster oder durch die Löcher, die Soldaten und
Guerillakämpfer in den Wänden zwischen den Wohnungen hinterlassen hatten. Wenig später fand die Schmuggelware über dasselbe Tunnelsystem ihren Bestimmungsort. Die Notlage brachte
die Familien in der engen Altstadt noch näher zusammen, und
bald wurde gemeinsam entschieden, wer was anbaute, um anschließend zusammenzuwerfen und zu kochen.

Auf die Geschichte der Geheimen Gärten von Nablus war ich
bereits vor ein paar Wochen durch Zufall gestoßen. Am Eingang
zur Altstadt hatte ich mich über einen Wall aus Müll und wilden
Büschen gewundert, später blickte ich von einer höher gelegenen
Straße zurück und entdeckte dahinter einen ordentlich angelegten Schrebergarten.

Es handelte sich um den *bustan* von Nablus, einen traditionellen gemeinschaftlich genutzten Gemüse- und Obstgarten, der vor
dem Ausbruch der Ersten Intifada eigentlich nur noch genutzt
wurde, um sich unter dem Schutzdach aus Baumkronen und Re-
ben heimlich einen Anisschnaps in der offiziell streng abstinenten
Stadt zu genehmigen. Während der Belagerung wurde der *bustan*
zur Lebensgrundlage. Junge Männer schlüpften aus den Gassen,
stahlen sich zwischen den Büschen hindurch, ernteten rasch Gemüse und Kräuter und versteckten sich manchmal bis zum Ein-
bruch der Nacht im Gebüsch, bis sie ungesehen das Beutegut zu
den Familien in den nächstgelegenen Häusern bringen konnten.
Dort wurden im Schichtbetrieb Mahlzeiten gekocht, verpackt

und landeten über das Schleichsystem auf den Esstischen der weniger glücklichen Altstadtbewohner.

Das gemeinsame Kochen hat für die Frauen von Nablus also nicht nur sozialen Charakter, sondern wurde zum romantischen Symbol des Widerstands – und der Menschenwürde. Die Frauen wurden zu Heldinnen am Herd.

Fatima Kadumy, eine der Gründerinnen von Bait al-Karama, sagt: »Inmitten all dieses Chaos waren die täglichen Mahlzeiten die einzige Konstante für die arbeitslosen, traumatisierten Leute.«

Meine Lehrerin Ohood empfängt mich in einer kleinen Küche im zweiten Stock, der Boden ist mit handbemalten bunten Kacheln ausgelegt, die niedrige Decke wölbt sich über dem Raum wie eine gemütliche Eierschale. Auf dem Herd sprudelt bereits Wasser, darin treiben Stücke eines Lammbeins samt Knochen.

Ohood ist achtundvierzig Jahre alt und trägt einen strengen schwarzen Hidschab. Da sie kein Englisch spricht, hilft Aya uns aus, sie studiert Community Development an der Uni von Nablus. Ihre offenen Haare sind senfblond gefärbt und die enge Jeansbluse spannt über ihrer Brust.

Außerdem ist noch die dreißigjährige Indre mit von der Partie. Sie ist aus Litauen zu Besuch, sucht Inspirationen für ein eigenes Restaurant und kocht schon die ganze Woche mit den Frauen. Dass sie sich die palästinensische Küche ausgesucht hat, erklärt sie mit der Besatzungsgeschichte Litauens: »Ich fühle mich irgendwie verbunden.« Deswegen schilt sie Aya auch dafür, dass diese an einer Safttüte aus israelischer Herstellung nuckelt. Aya zuckt die Schultern: »In Bait al-Karama benutzen wir nur palästinensische Produkte, aber privat halte ich mich nicht daran.«

Das erinnert mich an einen Abend vor ein paar Wochen in Bethlehem. Eine junge Dänin, die in einer Schule im Flüchtlingscamp Englisch unterrichtete, hatte mich spontan eingeladen, in ihrer winzigen Wohnung in den engen Gassen von Beit Sahour zu übernachten. Sie hatte sich in einen Kerl aus dem Viertel verliebt und abends besuchten wir ihn in seiner ebenso winzigen Wohnung. Fläzten uns auf seinem Bett unter der niedrigen Kuppeldecke und guckten im Marathon seine Lieblingsserie »Black Books«, eine Komödie über einen misanthropischen britischen Buchhändler. Es war einer dieser Abende, wo alles passt. Ich hatte das Gefühl, mit alten Schulfreunden zusammen zu sein, und die blonde Sofie, Lebenslust in Reinform, schrie irgendwann: »Ich will Brownies!« Wir durchstöberten die Küche ihres Freundes, aber die Butter fehlte. In Beit Sahour sind nachts die Bürgersteige hochgeklappt, wir fanden nur einen einzigen geöffneten, kleinen Laden. Aber der hatte nur Butter aus Israel. »Das geht nicht, Jamal bringt mich um, wenn ich israelische Butter kaufe.« Schließlich liefen wir zurück zu ihrer Wohnung, und sie opferte ein Stück wertvoller dänischer Butter, die ihr Freunde mitgebracht hatten.

Nicht nur sind lokal hergestellte Produkte, Olivenöl und Honig – einst von Israel in der West Bank eingekauft –, inzwischen teure Luxusprodukte für die Palästinenser. Die Besatzungspolitik hat auch zur Folge, dass traditionell in Nablus hergestellte Lebensmittel wie Tahini – die bei Israelis und Arabern gleichermaßen beliebte Paste aus Sesamsaat – nicht mehr nach Israel exportiert werden können, weil die meisten israelischen Supermärkte ausschließlich koschere Waren verkaufen. Vor den Osloer Vereinbarungen sollen Aufsichtsbeamte aus dem Rabbinat regelmäßig nach Nablus gekommen sein, um die Produktion zu kontrollieren und mit einem Zertifikat zu versehen. Aber Nablus gehört nun zur palästinensisch regierten Area A, ist jetzt offiziell Feindesland.

Ohood grinst in sich hinein, während sie den Schaum von der Lammbrühe abschöpft. Vermutlich versteht sie ganz gut Englisch. Indre sagt: »Das macht meine Großmutter genauso. Weil das Gift aus den Knochen raus muss und oben schwimmt.«

Ich kann nichts zur fachfraulichen Unterhaltung beitragen und beichte Aya meine frühmorgendliche *knafeh*-Orgie. »Ach, das macht nichts«, sagt sie. »Wir kochen heute nur *adas bil hamod, maq-*

louba mit *freekeh* und zum Nachtisch *muhalabia*.« Mit jeder kehli-
gen arabischen Silbe scheint das *knafeh* sich in meinem Bauch weiter auszudehnen.

Gut, dass die Köchinnen ihre Mitgliedschaft in der internationalen Slow-Food-Vereinigung sehr ernst nehmen. Das Lamm soll
noch ein Stündchen weiterköcheln. Ohood gibt nur einige Lor-
beerblätter, Zwiebeln und Kardamomkapseln dazu.

Bis das Gericht den Namen *maqlouba* verdient, was so viel wie
kopfüber bedeutet, wird noch einige Zeit vergehen. Auch die *adas
bil hamod,* die Linsensuppe, steht noch in den Startlöchern. Ohood
wirft eine Mischung aus Zwiebeln, Öl und Mehl zum Kochwasser
mit den roten Linsen, und zündet sich erst mal eine Zigarette an.
Das meist erst am Nachmittag gereichte Mittagessen ist traditionell die üppigste Mahlzeit in der palästinensischen Küche. Kein
Wunder, dass ich kaum Frauen auf den Straßen sehe, das Kochen
ist eine Tagesaufgabe.

Die sorgfältige, langatmige Zubereitung und die Verwendung
ausschließlich heimischer Zutaten hatten die italienische Künstlerin und Mitgründerin des Frauenzentrums, Beatrice Catanzaro,
auf die Idee gebracht, mit Bait al-Karama bei Slow Food einzutre-
ten und es dort zu bewerben – und so international auf die Kochschule aufmerksam zu machen.

Während es auf dem Herd dampft, sitzen wir am Tisch und
spielen Gewürzeraten. Ohood reicht Dosen herum, in die wir unsere Nasen stecken und dann versuchen, die Namen der Gewürze
vom Arabischen erst ins Englische und dann ins Litauische und ins
Deutsche zu übersetzen. Indre beschreibt mir eine Gemüsesorte,
die sie gestern mit den Frauen in einer Yoghurtsoße gekocht hat.
Sie heißt *aqub.* »Sieht aus wie eine Artischocke, aber hässlicher und
mit Stacheln.« Ohood ist beleidigt. »Nein, das ist keine Artischocke, *aqub* ist eine Spezialität, die gibt es nur in Nablus.« Sie holt einen Rest aus dem Kühlschrank und lässt mich einen Löffel probieren. Tatsächlich liegt der Geschmack irgendwo zwischen Fenchel

und Spargel – und ich meine mich an einen Haufen fransiger Bü-
schel zu erinnern, die auf dem Markt am Boden herumlagen.

Ohood erklärt, dass die Zubereitung eine Tortur sei, weil die abge-
trennten Stachel nachwüchsen, wenn die *aqub (Gundelia tournefortii)*
nicht sofort ins kochende Wasser gelegt werde. Eine echte Wüsten-
frucht, so widerständig wie Nablus, das in seiner Geschichte zweiundzwanzig Mal zerstört wurde und immer wieder auferstanden ist.

Die Köchin raucht eine weitere Zigarette, bis es endlich an der
Zeit für den nächsten Schritt ist. Wir schälen ein halbes Dutzend
Auberginen und vierteln sie, dann frittiert Ohood sie in Öl. Außerdem pudert sie vorsichtig einen halben Löffel Koriander, etwas
Kurkuma und Salz in die Suppe. Das gründlich gekochte Lamm
schichtet sie mit den Auberginen in zwei weitere Töpfe, gießt es
mit der Fleischbrühe auf und gibt ein wenig *baharat* dazu, eine arabische Gewürzmischung, die hauptsächlich aus schwarzem Pfef-
fer und Zimt besteht. Aber auch Koriander, Kreuzkümmel und
weitere Zutaten finden sich darin. Im Verhältnis zu der Menge an
Fleisch und Gemüse scheint es mir viel zu wenig Gewürz zu sein,
aber das Geheimnis liegt wohl im stundenlangen Köcheln.

Damit wir uns nicht langweilen, führt uns Aya durch das Gebäude. Unten wohnt Ohood, in einer kleinen Wohnung darüber
hat Bait al-Karama ein Kosmetikstudio eingerichtet. Wir platzen
in die Schminkstunde hinein. Auf einem Operationsstuhl vor einer Spiegelwand liegt eine Frau mit kalkweißem Gesicht, während
ihr die Kosmetikerin einen schillernden Regenbogen auf die geschlossenen Lider schichtet. Drumherum drängt sich ein Dutzend weiterer Frauen in unterschiedlichen Stadien der Verschöne-
rung und beobachtet skeptisch jeden Schritt. »Macht ihr euch für
eine Hochzeit hübsch?«, will ich wissen. »Nein, nein«, sagen die
Frauen, »das machen wir jeden Montag und Mittwoch, einfach so.
Für uns.« Um mir zu beweisen, dass das hier nichts als Alltag ist,
reicht mir ein Mädchen ihr Smartphone. Statt des knielangen rosa
Strickpullis und des passenden Kopftuchs trägt sie auf dem Foto

ein rotes Minikleid und Hollywood-Wellen. »So sieht es aus, wenn ich mich auftakle. Das war gestern auf einer Party in Jenin.«

Ich bin erleichtert, dass ich nicht auf den Stuhl gebeten werde. In Nablus falle ich als Europäerin auch ohne aufwendiges Make-up schon genug auf. Dafür lasse ich mir mit schwarzem Henna aus einer Plastiktülle ein filigranes Blumenmuster auf den Handrücken tupfen. »Eine Viertelstunde nicht bewegen«, schärft mir die Künstlerin ein. Ich schaffe es fünf Minuten, dann beginnt die erste Hälfte der Blumenranke zu einer grünbraunen Wolke auszufransen, die später an einen mittelschweren Bluterguss erinnert. (Die nächsten Wochen werde ich immer wieder sorgenvoll auf meine Hand angesprochen.)

Ohood ruft uns zurück. »Aufpassen!«, sagt sie und schüttet grünes Schrot in die Töpfe, in denen Fleisch und Aubergine bereits zu Brei zerfallen sind. »*Freekeh*«, erklärt sie. Junger, gerösteter Weizen. Grünkern. Nach zwei weiteren Zigaretten ist es Zeit, den Tisch zu decken. Immerhin habe ich nun wieder etwas Platz im Magen. Ohood meint es gut, sie stürzt das *maqlouba* kopfüber auf eine Platte und schöpft Indre und mir jeweils die Hälfte des Berges auf den Teller. Die Linsensuppe wird mit Zitronensaft beträufelt – und der Kampf beginnt.

Ich bin überrascht, wie intensiv die paar Prisen Kurkuma und *baharat* in Lamm und Auberginen eingezogen sind. Es schmeckt köstlich. Ohood isst nicht, zählt aber jeden unserer Löffel auf dem Weg zum Mund. Als sie auch noch das *muhalabia* vor uns hinstellt, einen hausgemachten Reispudding, muss ich passen.

Sediert unterhalte ich mich mit Aya über ihre Zukunftspläne. »Vielleicht arbeite ich nach dem Studium im Bait al-Karama, vielleicht in einem Klamottenladen.« Die palästinensischen Frauen sind verglichen mit Frauen in anderen arabischen Ländern am besten ausgebildet; die meisten können lesen, viele studieren. Aber während dreißig Prozent aller Araberinnen einen Beruf ergreifen, sind es in Palästina gerade mal die Hälfte davon.

Maor

Sa...

Berg der Segens

↑ Area C

Ruinen

Area B

Palast → des reichsten Mannes

Dsch... f ein...

Hammam ↓

Area A

Altstadt →

Area A

⌐ hochfliegende Träume

er

Nablus
(Shechem)

← Militärstützpunkt

Berg
der Verdammnis

Kapitel

11

Ein Vogel ohne Flügel

»*Ich sehe einen Vogel, der mich trägt und dich trägt, wir sind
seine Flügel, jenseits des Traumes, auf einer Reise, die kein Ende
hat und keinen Anfang, keinen Zweck und kein Ziel. Ich spreche
nicht zu dir und du sprichst nicht zu mir; wir lauschen nur der
Musik der Stille. Stille ist das Vertrauen einen Freundes in einen
Freund, das Selbstvertrauen der Vorstellungskraft zwischen
Regen und Regenbogen (...)*«

MAHMOUD DARWISH

NABLUS, LUFTLINIE VON JERUSALEM: 51,04 KILOMETER

Es gibt ein palästinensisches Sprichwort, das
sagt: »Das Auge kann nicht höher reichen als die Braue. Wisse, wo
du hingehörst.« Wenn man auf dem Taxiparkplatz im Zentrum
von Nablus steht und sich einmal um die eigene Achse dreht, hat
man eine Ahnung, was damit gemeint sein könnte.

Die Stadt liegt in einer Senke zwischen zwei Bergen. An der
Südseite hindert der steil zur Stadt abfallende Berg Garizim die
Sonne die meiste Zeit des Tages daran, hinunter ins Tal zu spitzen. Sein Gipfelplateau gilt dem winzigen Volk der Samaritaner
als Heiligtum. Es gibt ein anderes palästinensisches Sprichwort:

»Wenn du nicht auf den Berg ziehst, bleibst du für immer in den Löchern der Straße.« Auf dem Rücken des Berges hat sich außerdem Munib Al-Masri den wahrscheinlich imposantesten Privatpalast zwischen Marokko und Indien hingestellt, das exakte Abbild der Villa Capra bei Venedig, eines architektonischen Klassikers, dessen Erbauer sich wiederum vom Pantheon in Rom hatte inspirieren lassen.

Al-Masri soll 1,62 Milliarden Dollar schwer sein und damit der reichste Mann Palästinas. Sein Geld hat er mit Öl gemacht und er kontrolliert angeblich ein Drittel der palästinensischen Wirtschaft.

Im Norden erhebt sich der Berg Ebal über Nablus. Als Moses nach vierzig Jahren Irrweg sein Volk endlich aus der Wüste Sinai herausgeführt hatte, befahl er seinem Volk, sich zwischen den Bergen zu versammeln. Sechs Stämme sollten den Garizim erklimmen und Segenssprüche rufen. Den anderen sechs Klans oblag es, vom Zwillingsberg Ebal aus zu fluchen.

Ausgerechnet diesem Berg der Verdammnis hat die israelische Armee vor vielen Jahren einen Militärstützpunkt aufgepfropft. Dass die Masten mit Überwachungstechnologie vollgepackt sind, erkennt man noch von unten. Jedes Mal wenn ein Düsenjet über den Himmel von Nablus schießt, meine ich, die alten Mauern unter dem Schallknall zittern zu sehen. Fliegende Objekte verheißen im Westjordanland selten etwas Gutes. Hier gibt es keine Segler, keine Paragliding-Schirme, keine Heißluftballons – nur olivgrüne Jets, Helikopter oder Drohnen.

Selbst die dreihundert Millionäre, die angeblich in Nablus leben, müssen nach Amman reisen, um ein Flugzeug von innen zu sehen. Oder nach Tel Aviv – falls sie einen Passierschein haben. So dachte ich jedenfalls.

Denn der Bau eines eigenen Flughafens auf Autonomiegebiet gehörte zwar zu den Vereinbarungen von Oslo. Allerdings bestand das Symbol der palästinensischen Unabhängigkeit nur drei Jahre.

Der Flughafen in Gaza, finanziert von Deutschland, Saudi-Arabi-
en, Spanien, Japan und Ägypten, wurde während der Zweiten Intifada erst geschlossen und schließlich rissen die israelischen Streit-
kräfte die Landebahn auf. Es hieß, dass auf dem Luftweg Waffen in
den Gazastreifen geschmuggelt wurden.

Eigentlich will ich das Askar-Flüchtlingslager im Nordosten der
Stadt besuchen. Ein niederländisches Hilfsprojekt sammelte hier
Geld auf ungewöhnliche Weise: Übers Internet konnte man sich
für eine Spende einen beliebigen Straßennamen aussuchen, der
heute Weiß auf Blau eine der grauen Häuserecken ziert. Für die
Einwohner sind die meisten Plaketten wohl weder sprechbar noch
verständlich. So heißt eine Gasse beispielsweise Natalie Wilje-
metmetrouwen Plein, ›Natalie, willst du meine Frau werden‹-
Straße. Ich kenne das Projekt nur von der Homepage – und dabei
wird es auch bleiben.
   Denn als ich meine Augen durch das Taxifenster über die kargen Hügel schweifen lasse, entdecke ich etwas viel Kurioseres als
einen holländischen Heiratsantrag im Flüchtlingslager.
   Ich bitte den verdutzten Fahrer anzuhalten, steige aus und
stolpere über das Geröll am Straßenrand. Ich habe mich nicht ge-
täuscht.
   Über den Unkrauthügel spitzt die Nase eines Flugzeugs. Einer
Boeing 707, um genau zu sein, aber das weiß ich zu dem Zeitpunkt
noch nicht. Ich sehe nur einen gewaltigen Rumpf, aufgebahrt auf
drei Paar rostzerfressenen Pfosten. Eine wacklige Metallleiter
führt einige Meter über dem Boden in die Luke, die glaslosen
Fenster schwarze Löcher.
   Das Flugzeug sitzt da wie eine brütende Glucke. Es sind nicht
minder rostige Autoscooter, die sich unter seinem Bauch zusam-
mendrängen, wie ein Gelege aus bunten Blechküken. Die Tragflü-
gel liegen im Gras hinter der Maschine. Dort, wo die Steinwüste in
eine tiefe Schlucht bricht.

Bevor ich mir Gedanken machen kann, was ein Flugzeug auf palästinensischem Autonomiegebiet zu suchen hat, merke ich, dass ich nicht alleine bin.

Zwei Männer laufen auf mich zu, ihre beeindruckenden Bäuche in identischen Trainingsjacken hüpfen wie rote Gummibälle. Sie wirken auf mich wie Abziehbilder, vom Gesicht bis zum Schuhmodell. Nur am Bauchumfang kann ich einen minimalen Unterschied feststellen. Sie wirken aufgeregt und brüllen mich so lange an, bis durchdringt, dass ich leider kein Arabisch spreche. Und sie kein Englisch.

Wenn ich keinen Dolmetscher finde, hoffe ich in solchen Fällen auf meine Hebräisch-Grundkenntnisse. Allerdings warte ich höflichkeitshalber, bis die Palästinenser selbst anbieten, in der Sprache der Besatzer zu parlieren.

Nach einigem Hin und Her ist das Wichtigste geklärt. Ich oute mich als deutsche Journalistin, die Männer sich als die Al-Seirafi-Brüder. Zwillinge. Flugzeugbesitzer. Und ja, auch das Gelände gehöre ihnen, dahinten recycelten sie Müll, deswegen rieche es so streng.

Es wird schnell klar, dass sie sich grundsätzlich brüllend unterhalten, auch miteinander. Um ein Wort zu betonen, zwinkern sie beinahe synchron mit den Knopfaugen.

Ob man mal hineinschauen könne?, frage ich zaghaft. Ganz sicher bin ich mir nicht, ob die Hülle des Flugzeugs einen menschlichen Körper tragen wird. Es scheint schon an sich selbst schwer genug zu tragen.

»Bidiuk, bidiuk«, schreien die Brüder auf Hebräisch. Na klar! Bevor ich meine Zweifel ob der Stabilität des Gerippes ausdrücken kann, klettern die beiden schon hintereinander die wackelnde Leiter empor und stopfen ihre Bäuche erstaunlich geschmeidig durch die Luke.

Als ich ihnen langsam hinterhersteige, sorgfältig jede Sprosse prüfend, bevor ich sie belaste, stehen sie bereits mit den Fußspitzen wippend auf dem löchrigen Unterbauch des ausgeweideten Rumpfes. Ich wünsche mir, dass sie aufhörten herumzuhibbeln, aber will ihnen auf ihrem Grund und Boden keine Vorschriften machen.

Jede Bewegung überträgt sich wie bei einer angeschlagenen Stimmgabel zitternd bis in die Stahlrippen über uns.

»Wunderschön, oder?« Der Zwilling hat seine Stimme auf normale Lautstärke gesenkt. Ja, es ist wunderschön hier – eine lichte Höhle, durch deren Öffnungen man Ausschnitte des grün gesprenkelten Hügellands sieht. Ich fühle mich wie ein Kind, das mit seinen Freunden in ein abenteuerliches Baumhaus geklettert ist.

Wir verharren andächtig einen Moment, dann beginnt der andere Bruder zu brüllen: »Hier ein Tisch!« »Da Stühle!« »Shishas. Fisch. Hummus.« Mit einem aufgeregten Zwinkern schiebt er nach: »Coca-Cola!« Sein heiserer Bariton überschlägt sich fast, als er durch eine Luke nach draußen zeigt, wo eigentlich die Tragflächen sitzen sollten: »Und dort auf den Flügeln: eine Musikband!«

Sie sehen mich erwartungsvoll an. Allmählich dämmert es mir: Sie wollen das Wrack in ein Erlebnisrestaurant verwandeln.

»Gute Idee«, sage ich zögerlich. »Irre gut.«

»Das gibt es nirgendwo! Nicht in Israel. Nicht in Jordanien. Nicht in Amerika. Und schon gar nicht in Nablus!«

Nur zwei Millionen Dollar bräuchten sie, um das Flugzeug wieder in Form zu bringen und als Restaurant einzurichten, erklären die Al-Seirafis.

Und es sei ja schon einmal fast so weit gewesen, aber dann seien die Panzer und der ganze Wirbel dazwischengekommen. »Geduld. Geduld«, krächzt der Bruder mit dem größeren Bauch. »Vielleicht in zehn Jahren«, sagt der andere. »Schwai, schwai.« Schritt für Schritt.

Die Zwillinge träumen davon, dass das Flugzeug-Restaurant einmal auf einem der Berge stehen wird. Egal auf welchem. Fluch

oder Segen, damit sollen sich Israelis und Samaritaner herum-
schlagen. Von Weitem sichtbar würde das Al-Seirafi-Restaurant
das neue Wahrzeichen von Nablus sein.

Der Plan sei genial, das Flugzeug vor der Tür, sogar eine Tuff-
Tuff-Bahn für die Kinder hätten sie schon gefunden. Jetzt fehlten
nur noch zwei Milliönchen. Sie sind überzeugt, dass das Restaurant wie eine Bombe einschlagen, Touristen aus aller Welt anlo-
cken würde. Und dass sie dann endlich gemachte Männer wären.
Was sind bei solchen Aussichten schon zehn Jahre hin oder her –
die Boeing wittert derweil geduldig vor sich hin.

Der Taxifahrer am Straßenrand dagegen ist das Warten satt,
meine Begeisterung für das Flugzeug kann er nicht teilen, also be-
zahle ich ihn endlich und er braust davon.

Die Zwillinge laden mich in ihr Büro ein. Der Container sitzt
ebenso wie das Flugzeug auf Stelzen. Als ob sie sich ihren hochflie-
genden Träumen ein Stückchen über der Erde bereits näher fühlten.

Praktisch ist es außerdem, hier oben riecht man die Ausdüns-
tungen der Verwesung nicht so sehr, die der Abfallanlage entstei-
gen.

Ein Zwilling öffnet ein Päckchen aus öltriefendem Zeitungspapier und wir teilen uns dünne Brotfladen, die mit Ei und *za'atar*
beträufelt sind, einer Mischung aus Thymian, Majoran und Ore-
gano.

Dabei blättern sie mit fettigen Fingern durch einen Stapel
Hochglanzmagazine. Was sie mir zeigen wollen, sind die Werbe-
anzeigen für teure Autos. Glänzender Chrom, eine entrückte
Landschaft, Maschine und Natur im Einklang – so etwa stellen sie
sich ihr Ausflugslokal vor: luxuriös und heimatverbunden.

Natürlich interessiert mich brennend, woher die Maschine eigentlich stammt. Aber die Brüder überhören geflissentlich meine
Fragen und wiederholen nur: »Wir haben sie gekauft, für achtzigtausend Dollar, haben sie hierhergeschafft.«

Aber von wo hergeschafft? Und woher hatten sie das Geld? Das Einzige, was ich bis jetzt über ihr Privatleben herausbekommen habe, ist, dass sie aus dem Askar-Flüchtlingslager stammen, dreiundvierzig Jahre alt sind, beide verheiratet und dass ihre Kleiderwahl nicht abgesprochen ist, sondern sich morgens jeder für sich in seinem Haus anzieht – und sie, wenn sie sich treffen, jedes Mal bass erstaunt sind, dass der andere sich für dasselbe Ensemble entschieden hat.

»Chawal al hasman«, brüllen sie nach jedem Satz und klatschen die Hände aufeinander. Wörtlich übersetzt heißt das: Schade um die Zeit, aber sinngemäß bedeutet die hebräische Redewendung: »So wunderbar, da braucht man gar keine Zeit mit Reden drüber zu verschwenden.«

Schließlich knüllt der Bruder mit dem etwas schlankeren Bauch das fettige Zeitungspapier zusammen – und der andere wirft es zum Fenster hinaus. »Praktisch, oder?«, brüllt er.

Ihre Bäuche beginnen wieder zu hibbeln und zu wogen. Aufbruchstimmung. Ob ich mitwolle ins Kaffeehaus nach Shechem. (Das ist der biblische und somit hebräische Name für Nablus.)

Es gibt nichts, was die Philosophie des arabischen *schwai, schwai* so gut verkörpert wie ein Kaffeehaus. In Separees sitzen Männer in Runden vor ihren bunt bemalten Wasserpfeifen, wie zufriedene Säuglinge nuckeln sie den süßen Dampf aus den Schläuchen. Winken ab und an mit einer lahmen Handbewegung einen Jungen heran, der neue Glut auflegt.

Die Brüder rufen ein Taxi, auf dem Weg steigen immer wieder Männer ein, andere aus. Das Kaffeehaus liegt am Stadtrand und scheint ein Geheimtipp zu sein. Es ist voll besetzt. Natürlich bin ich die einzige Frau. Wie selbstverständlich werde ich zwischen den Brüdern platziert, nach meinem Lieblingsgeschmack gefragt und bekomme eine Pfeife mit Minzaroma vor mir aufgebaut.

Mit geschlossenen Augen sitzen die Brüder in stummer Eintracht. Mehr als Rauchringe kann ich ihnen heute nicht mehr entlocken. Aber diese sind beeindruckend.

Abends sammle ich die Geschichte des Flugzeugs aus verschiedenen Foren im Internet zusammen: Als Erstes war die Boeing Soldaten der israelischen Luftwaffe aufgefallen. Sie hatten sich mindestens so sehr wie ich gewundert, dass auf palästinensischem
Autonomiegebiet eine Maschine liegt, die für mindestens einhundertfünfzig Passagiere ausgelegt ist.

Bald fanden sie heraus, dass es sich um eine Boeing 707 handelt, die ihren Jungfernflug am 5. Februar 1962 in Frankreich absol-
viert hatte. Sechzehn Jahre später wechselte sie in den Besitz der
israelischen Luftwaffe. Sie soll eine der ersten zehn Boeings gewesen sein, die während des Jom-Kippur-Kriegs die israelische Luft-
flotte unterstützten. Sie flog mehrere Missionen und brachte dabei Soldaten in das Gebiet des umkämpften Sinai.

Als die Maschine in den späten Achtzigerjahren ausgedient
hatte, kauften Geschäftsmänner aus Galiläa das Flugzeug und
stellten es nahe einem Luftwaffenstützpunkt als Besucherattrak-
tion auf. Ein Restaurant war auch geplant, allerdings gab es Probleme mit der Naturschutzbehörde – und man gab die Geschäfts-
idee auf.

Bald aber erhielten die Israelis einen anonymen Anruf. Er sei
ein Mittelsmann, sagte die Stimme am Telefon. Man wolle das
Flugzeug samt den Plänen für das Restaurant kaufen und das Projekt in Nablus aufbauen.

Im Netz finde ich auch ein Foto: Damals stand das Flugzeug
auf einer Anhöhe neben einem Riesenrad. Scheinbar bereits bei
Nablus. Die Tragflächen hatte es noch.

Ich muss an Mahmoud Darwish denken. Der erste Lyrikband des
palästinensischen Nationaldichters trägt den Titel »Asafir bila
ajniha« (Vögel ohne Flügel). Er hat den Band in jungen Jahren geschrieben, aufgewühlt vom Schicksal seines Volkes nach der Nakba, der Katastrophe der Vertreibung. Der Vogel ist ein Leitmotiv
in seinen Gedichten. Darwish starb vor sieben Jahren, er hat den

Menschen viel Hoffnung gegeben, aber der Traum von der Unabhängigkeit liegt immer noch am Boden wie ein Vogel mit gebrochenen Flügeln.

Kapitel

12

Die guten Samarit(an)er
und die Adoption von Kleopatra

*»Ich ertappte mich dabei, dass ich jeden weitläufigen
Abkömmling dieses seltsamen Volkes gefesselt und bezaubert
anstarrte, gerade wie man ein lebendes Mastodon oder ein
Megatherium anstarren würde, das sich in der grauen
Morgendämmerung der Schöpfung bewegte und die Wunder
jener geheimnisvollen Welt sah, die vor der Sintflut war.«*

MARK TWAIN

BERG GARIZIM, LUFTLINIE VON JERUSALEM: 51,04 KILOMETER

Anstatt den Garizim wie Moses' sechs Stämme
zu Fuß zu erklimmen, leiste ich mir ein Taxi für die rund vierhun-
dert Höhenmeter. Der Wind zerzaust die mageren Bäume an der
Bergflanke und ich bin sowieso schon seit Tagen erkältet.

Aus dem All betrachtet, muss Nablus aussehen wie ein Ho-
nigklecks. Die gelben Flotten fließen ohne Unterlass die Straßen
hinauf und hinunter und kumulieren auf dem riesigen Parkplatz
im Stadtzentrum zu einer zähen Masse. Bisher habe ich noch
keinen Taxifahrer getroffen, der tatsächlich aus Nablus stammt.
Es scheint, als ob alle Bauern der umliegenden Dörfer im Haupt-

beruf für ein paar Schekel Städter durch die Gegend kutschieren.

Der Taxifahrer will mich im Dorf der Samaritaner unter dem
Gipfel absetzen, in Kiryat Luza. Dorthin hat sich die eine Hälfte
der vielleicht winzigsten religiösen Gemeinschaft der Welt während der Ersten Intifada zurückgezogen. Die andere Hälfte der
Gemeinschaft hatte ihr Heil bereits Jahre zuvor in einem Vorort
von Tel Aviv gesucht. Nur zu den Feiertagen ziehen auch sie zu ihren Brüdern auf den Garizim.

Die dreitausendsechshundert Jahre zuvor wohnten sie noch
mitten in Nablus. Irgendwann einmal soll es eine Million von ihnen gegeben haben, aber da sie ihren heiligen Berg nur bis zum
nächsten Sabbat verlassen durften, harrten sie aus – unter byzantinischen Tyrannen und machthungrigen Sultanen, Belagerungen
und Gefechten. Genetische Studien geben Grund zu der Annahme, dass ein guter Teil der Bevölkerung von Nablus von Samaritanern abstammt, die unter Druck zum Islam konvertierten. Dazu
kam das Gebot der Endogamie, der Ehe innerhalb der Gemeinschaft. Welcher Faktor auch immer ausschlaggebend war: Zum
Ende des Ersten Weltkriegs waren es gerade noch einhundertein-
undvierzig Samaritaner.

Dass es auch zu prosperierenden Zeiten nie zur Staatsgründung kam, liegt wohl daran, dass sich ihre Religion entwickelte,
während das Land unter ständigem Militärregime stand: Darin
lösten sich Perser, Griechen, Römer und christliche Byzantiner
ab.

Die damaligen Juden schimpften sie Götzendiener, weil sie alle
Propheten ablehnten, die nach Moses und Josua kamen, sich weder zu Christus noch zu Mohammed bekannten. Dabei waren die
Samaritaner wahrscheinlich sogar einmal mächtiger als die Judäer:
Nachdem die zwölf Stämme Israels aus Ägypten ins Heilige Land
gezogen waren, zerbrach deren Bündnis. Zehn von ihnen ließen
sich in der Region Samarien nieder, hier entstand später das Nord-

reich Israel mit Shechem, dann Samaria als Hauptstadt. Die beiden anderen zogen weiter südlich ins bergige Judäa und machten Jerusalem zur Kapitale. Sie gründeten das Südreich Juda. Nachdem die Assyrer im späten 8. Jahrhundert vor Christus das Nordreich erobert hatten, verbannten sie einen Großteil des israelitischen Volkes ins assyrische Exil. Auf dessen Land siedelten sie Angehörige anderer unterworfener Völker an. Darunter mischte sich der von der Verbannung verschonte Rest der Israeliten. Sie konzentrierten sich im biblischen Shechem, dem heutigen Nablus.

Die Samaritaner jedenfalls sind nach ihrem Selbstverständnis die letzten Nachfahren des Nordreichs.

Verschwiegen wie ein Friedhof sollen sie sein und sich aus jedem Konflikt heraushalten. Letzteres aus praktischen Gründen, um das Volk nicht noch mehr zu schwächen. Aber ausgerechnet dieser Ruf wurde ihnen während der Ersten Intifada zum Verhängnis. Während der Besatzung der Altstadt wurden sie zwar verschont, aber ihr Viertel galt als rechtsfreier Raum, wurde am hellichten Tag zur Schlachtbank.

Die Samaritaner sind gewissermaßen die neutralen Schweizer des Heiligen Landes. Sie leben nicht nur auf dem Berg, sie sitzen dort wie auf einem Zaun. Deswegen haben sie beide Ausweise – den israelischen und den palästinensischen – und dürfen ihre Stimme in beide Wahlurnen werfen. Ihnen stehen auch keine Checkpoints und Mauern im Weg. Das haben sie Yasir Arafat zu verdanken – und dafür wird er bis heute auf dem Garizim hoch geschätzt.

Dass die Samaritaner sich raushalten aus dem Konflikt, liegt daran, dass ihnen Jerusalem völlig egal ist: Während sich Muslime und Juden im Kampf um die Heilige Stadt die Köpfe einschlagen und die Christen kräftig mitmischen, lächeln die Samaritaner nur milde, in der Überzeugung, dass der Berg Garizim die einzig wahre Kultstätte ist und sie die ursprünglichen Gebote Moses' hüten.

Deswegen nennen sie sich selbst die Bewahrer: *schomerim* auf Hebräisch.

All das hatte ich mir bereits angelesen. Aber bevor ich ihr Dorf erkunde, will ich ganz hinauf, um zu sehen, was es mit dem heiligen Berg auf sich hat – und bitte den Taxifahrer weiterzufahren. Sein Zögern verstehe ich erst, als wir an einem elektrischen Tor ankommen, das sich geisterhaft öffnet. Sogleich rollt uns ein Militärjeep mit Soldaten entgegen. Als der Jeep hupt, deutet mein Fahrer auf mich, und sie winken uns durch. Ein paar Serpentinen später stehen wir vor einem weiteren Tor: Über einem Holzbau schlägt eine weiße Flagge wütende Kapriolen im Wind. Erst als sich der Stoff für einen Moment entwirrt, erkenne ich den blauen Davidstern.

Wieder einmal habe ich, ohne es zu bemerken, das Hoheitsgebiet gewechselt. Meine Straßenkarte sieht aus wie ein Fetzen gescheckter Tarnstoff. Aber solange ich keinen Checkpoint passieren muss, erkenne ich die Regierungswechsel aus dem Auto heraus nur, wenn ich zufällig auf den Seitenstreifen schaue: Dort markieren Betonklötze das ›Ärmelende‹ der palästinensischen Polizei. Wahrscheinlich stand da gerade auch einer dieser untersetzten Betonzylinder, in denen sich die Grenzposten hinter schattigen Schießscharten verstecken. Irgendwann wird man blind dafür.

Auf ein paar Hundert Höhenmetern spiegelt sich hier die Machtpyramide der Besatzung wider: Die Samaritaner wohnen in der gemeinsam verwalteten Area B, ihr Heiligtum aber befindet sich in der Area C, unter israelischer Hoheit. Die Straße, die uns hinaufgeführt hat, liegt auf palästinensischem Boden.

Außer dem Häuschen mit der überdachten Veranda gibt es auf der Kuppe des Garizim nichts, was dem Wind Einhalt gebietet. Endzeitstimmung auf dem Berg des Segens. Der Taxifahrer scheint das Gleiche zu fühlen. Vielleicht drückt er mir deswegen noch einen Lappen Brot in die Hand, bevor ich aussteige.

Als ich den Wächter des Gipfels aus seiner Hütte treten sehe, muss ich an Rotkäppchens Wolf denken. Man tausche ihn nur ge-

gen einen jungen Braunbären und denke sich die gefressene Großmutter als kanadischen Holzfäller. Der Mann trägt eine forstgrü-
ne Rangeruniform, eine Pistole im Halfter, eine dicke Wollmütze
und hat sich schon lange nicht mehr rasiert. An seine Beine drängt
sich eine junge Hündin mit blitzweißem Zauselfell. Sie reicht dem
Mann bis an die Hüfte, tapst aber ungelenk wie ein Welpe. Beide
scheinen so froh, Besuch zu bekommen, dass sie mir entgegenlau-
fen.

Vielleicht trägt die harsche Umgebung dazu bei, dass ich mit
Maor sofort Freundschaft schließe und mich in Kleopatra verliebe – so nennt er das Pelzbündel, das er vor ein paar Monaten auf
dem Berg fand, verschreckt und gezeichnet von Fußtritten. (Er
glaubt, sie wurde in den Straßen von Nablus misshandelt.)

Der Optik nach stammt Kleopatra in direkter Linie von einem
Hirtenhund aus den Pyrenäen ab. Vielleicht waren ihre Vorfahren
mit einem französischen Kreuzritter nach Nablus gekommen.
Hatten erst unter den Ayyubiden, dann für Mamluken, Osmanen
oder Ägypter Schafe gehütet, später einem britischen Soldaten ge-
horcht. Hatten Schläge eingesteckt von einem Jordanier und die
Nachfahren dieses Schmelztiegels im Tal um ein Stück Hammel-
knochen angewinselt – um sich schließlich vor den Kugeln und
Steinen der Intifada auf den Berg des Segens zu flüchten. Wie die
Samaritaner.

Der Hund, dem ich in meiner Fantasie diese illustre Ahnenket-
te anhänge, geht nun an der rosafarbenen Leine eines Israeli, dessen Großeltern Einwanderer aus dem Irak waren. Ein verrückter
Ort, denke ich. Die Welt. Wie viele Kulturen und Völker sich bereits zerfleischt haben, um dieses kleine Stückchen davon zu be-
herrschen.

Zurück ins Jetzt. Maor erklärt mir, wieso das ganze Gelände mit
Kameras vermint ist: Ich befinde mich auf einer bedeutenden ar-
chäologischen Ausgrabungsstätte. Vor drei Jahren hat die israeli-

sche Nationalparkbehörde die Verwaltung der Ausgrabung und somit auch des Heiligtums der Samaritaner übernommen. Maors Aufgabe ist es, die Anlage sauber zu halten. »Bevor wir kamen, haben die Leute hier ihren Müll abgelagert«, sagt der Ranger. »Die Araber verstehen nicht, dass wir ein Kulturgut bewahren wollen.«

Bereits dreimal sei die Holzveranda vor seinem Büro von wütenden Palästinensern abgefackelt worden. »Anfangs hatten wir nur Kameras, keinen Zaun. Was die hier oben getrieben haben? Sex und Drogen. Alles auf Film«, sagt Maor.

Seit die Israelis die Pflege der Kultstätte übernommen haben, zahlen Besucher Eintritt und werden auf Schritt und Tritt von elektronischen Augen verfolgt. Der Ranger reicht mir einen Faltplan; ein besonderes Anliegen ist es ihm, mir zu zeigen, wo die Toilette ist. Schließlich lädt er mich auf einen Kaffee ein, falls es mir zwischen den Ruinen zu ungemütlich werde.

Pflichtbewusst drehe ich eine Runde über die Bergkuppe. Werfe einen Blick auf die eingezäunten Fundamente: den Altar, auf dem Abraham – nach Ansicht der Samaritaner – seinen Sohn opfern wollte, eine byzantinische Kirche, hellenistische Wohnhäuser – und die kläglichen Reste des Tempels der Samaritaner. Er wurde im Jahrhundert vor Christus vom König der Hasmonäer bis auf die Grundmauern abgebrannt und nie mehr aufgebaut.

Ehrlich gesagt, kann ich den Kalkbrocken nicht viel abgewinnen. Einerseits liegt das an den hohen Zäunen. Aber auch in den Freiluftmuseen auf israelischer Seite ging es mir ähnlich. Während ich es liebe, in Frankreich oder Italien durch Burgruinen zu stromern und mir vorzustellen, wie das Leben im Mittelalter ausgesehen hat, kann ich mich in Palästina nicht lange aus der Gegenwart lösen. Jeden Tag passiert einfach mehr Geschichtsträchtiges, als dass es die Zeitungen noch erfassen können. (Falls sie es nicht absichtlich ignorieren.)

Erstmals werfe ich einen Blick auf meine Straßenkarte und finde meine Vermutung bestätigt, dass die Landnahme des Gipfelplateaus nicht nur einen kulturellen Hintergrund hat. Mir war das Dorf schon zuvor verdächtig weitläufig vorgekommen: Es geht beinahe nahtlos in die israelische Siedlung Har Bracha über.

Danach steige ich auf eine Aussichtsplattform und versuche zu erkennen, was vis-à-vis auf dem Zwillingsberg vor sich geht, aber das Einzige, was ich sehe, ist das palästinensische Banner, das jemand auf den Erdwall darunter gepinnt hat. So weit bin ich am Vortag schon gewandert; die Straße schleust sich derart behäbig den Ebal hinauf, dass ich auf der Suche nach der Direttissima stundenlang Treppen emporstieg, die wie Katzenleitern Wohnhäuser und Straße verbinden – die kniehohen Stufen spüre ich immer noch in den Schenkeln. Als ich das zehnte Mal in einer Sackgasse gelandet war, gab ich auf. Wie gesagt, die Nablusi sind ein Volk der Taxifahrer.

Anschließend blicke ich durch den Fotoapparat nach links und zoome den Palazzo des reichsten Mannes von Palästina heran, kann aber auch hier nicht viel mehr als die ziegelrote Kuppel erkennen. Ein Wolkenring bauscht sich um die ausladenden Hänge des Garizim wie ein Tüllrock um die Hüften einer aus der Form geratenen Ballerina. Ein Wunder, dass über meinem Kopf überhaupt noch Wolken übrig sind. Sie lassen ihre Last ausgerechnet in dem Moment fallen, als ich den Ewigwährenden Hügel erreiche, den heiligsten Fleck des heiligen Berges. Es handelt sich um eine helle Felsplatte mit tiefen Gramfalten, die kaum aus dem fahlen Gras hervorlugt und so rigide umzäunt ist, als ob die Israelis fürchteten, die Samaritaner lägen doch richtig mit der Annahme, dass dies der Sockel der Welt sei – und sie könne aus den Fugen geraten, wenn man seinen Fuß darauf setze. Unter dem klatschenden Wasserguss flüchte ich zu Maor und Kleopatra in die Hütte.

Der Wächter vom Berg langweilt sich keineswegs an Tagen wie diesen: Maor schreibt ein Buch.

Es handelt von einem Löwenwaisenkind, das auf der Suche nach seiner Identität durch die afrikanische Steppe tapst, sich Gi-

raffen und Hyänen anträgt, bis es beschließt, einfach es selbst zu
sein – aber so weit ist der Ranger noch nicht.

Ich wundere mich kaum, dass der Mann ins Fabulieren gerät:
Er pendelt zwischen den zwei heiligen Orten der Israeliten,
wohnt in Jerusalem und arbeitet in Nablus. Auf dem Garizim
thront er über dem zerrissenen Land. Wenn er nicht schreibt, ver-
blendet er mit seinem Fotoapparat die Kontraste, bis sie zu einem
stimmigen Bild verschmelzen. Auf seinem Rechner zeigt er mir
die Aufnahmen, die er an klaren Tagen macht: Im Osten fließt die
Skyline von Tel Aviv in sanfte Hügel, im Süden wirken die Siedlungen unter Ramallah so weichgezeichnet, dass man sie fast über-
sieht; und weit im Norden verliert sich das einst mit viel Blut er-
oberte Basaltplateau der Golanhöhen in etwas, das ich erst für
eine Wolkenschliere halte. Aber es sind die schneebedeckten
Hänge des Hermon. Hier machen die Israelis ihre Lightversion
des Skiurlaubs. Nur Richtung Westen drängen sich unhöflich die
Masten des Militärstützpunkts ins Bild. Nicht mal Maor schafft
es, sie freundlich aussehen zu lassen.

Nach der Fotoparade und einer dritten Tasse Cowboykaffee erklärt er mir, dass ihn seine Familiengeschichte dazu inspiriert hat,
ein Buch zu schreiben. Er identifiziert sich selbst mit dem kleinen
Löwen, so sehr, dass er ihn sich auf die Schulter hat tätowieren lassen. Als Misrachim aus dem Irak – so werden in Israel Juden mit
orientalischer Abstammung genannt – hatten es seine Großeltern
unter den Aschkenasim, den europäischen Juden, nicht leicht. »Wir
mussten uns an deren Kultur anpassen«, sagt Maor. »Um Anerkennung kämpfen. Waren Juden, aber doch ganz anders.«

Das ist mir nicht neu, aber es ist leicht, den inneren Zwist der
Israelis angesichts des großen Konflikts zu vergessen: Im unausge-
sprochenen Kastensystem der israelischen Gesellschaft stehen
die Misrachim auch heute noch unter den Aschkenasim, wenn
auch über den äthiopischen Juden, den arabischen Israelis und
den Flüchtlingen aus Eritrea oder dem Sudan. Sie verdienen im

Schnitt dreißig Prozent weniger, und in der Regierung sieht man selten ein Gesicht, das orientalische Wurzeln verrät.

Die Großeltern meines Freundes kamen aus dem Jemen, und selbst in der dritten Generation ist seine Herkunft noch Thema in Israel, diesem Staat der Einwanderer und Migranten. Ein Kollege brüstete sich einmal im Scherz, dass Eitan sein erster Misrachi-Freund sei. Ein anderer fand es lustig, ihm mit Photoshop blaue Augen zu verpassen. Unter den jungen Akademikern und Kreativen Tel Avivs klingt das nach liebevoller Witzelei, aber darunter lauern unausgesprochene Spitzen: Die Misrachim sind die Dunklen, die Bauern, die Unkultivierten. Und, so zynisch das ist, Israelis, die sich nicht auf die Shoah berufen können.

»Und die Samaritaner?«, frage ich Maor. »Die wollen die Urjuden sein. Aber eigentlich sind sie Muslime, die sich den ganzen Klimbim ausgedacht haben«, behauptet der Ranger.

»So, nimmst du sie nun?«, fragt Maor, als ich Kleopatra gedankenverloren hinter den Hundeohren zause. »Meine Freundin hat mir ein Ultimatum gestellt: entweder Kleo oder sie.«

Am liebsten möchte ich sie gleich mitnehmen, mein Freund sehnt sich nach einem Hund, und mir gefällt der Gedanke, wenigstens einer Palästinenserin das Meer zu zeigen.

In Tel Aviv gibt es pro Mensch doppelt so viele Hunde wie im Dackelparadies München. Die Bürgersteige gleichen einem Tretminenfeld. Dafür findet man problemlos einen Hundesitter. Allerdings fürchte ich, dass ein Kalb wie Kleo weder in palästinensischen Bussen noch an Checkpoints erwünscht ist.

Vielleicht ist es der heilige Berg, vielleicht sind es meine feuchten Socken – ich beschließe ein Orakel entscheiden zu lassen, ob ich Kleo an den Strand entführe: Wenn mich die Wolken hinunter ins Dorf laufen lassen, hole ich sie irgendwann bei Maor in Jerusalem ab!

Punktgenau vor dem Museum der Samaritanergemeinde erwischt mich ein erster Tropfen. Und ich schicke Maor eine SMS.

So geheimnisvoll sich die Samaritaner geben, so pragmatisch sind sie in der touristischen Vermarktung ihres Kults. Gegenüber dem Museum gibt es ein samaritanisches Restaurant, und das jährliche Opferritual zu Pessach lockt Busladungen von Besuchern auf den Berg: Weiße Gewänder, besudelt mit Lammblut – das macht sich einfach zu gut auf Urlaubsfotos. Auf ihrer Homepage findet man nicht nur die Feiertage als »Upcoming events«, sondern auch eine exakte Buchhaltung über Leben und Tod in der fragilen Gemeinde. Erst seitdem der Hohepriester den Männern erlaubt, Frauen aus der Außenwelt zu heiraten – vorausgesetzt, diese sind bereit zu konvertieren –, erholt sich das Völkchen allmählich. Die letzte Zählung vom 1. Januar 2015 spricht von siebenhundertfünfundfünfzig Individuen.

Das Museum hat die gleiche edelholzgebeizte Ausstrahlung wie der Priester, der mich empfängt. Die Krempe seines tomatenroten Fes steht exakt im Lot zu der Linie, die sich von seiner Nase über die Knopfleiste seines anthrazitfarbenen Kaftans bis zum Marmorboden hinunterziehen lässt. Neben ihm steht eine junge Frau in ähnlich steifer Aufmachung, nur dass sie einen Hidschab trägt – und ein Lächeln. »Willkommen, ich bin keine Samaritanerin, aber ich übersetze für die Gemeinschaft.« Nachdem die Männer bereits im Alter von sieben Jahren beginnen, das alte Aramäisch zu lernen, eine Urform der semitischen Sprachen, außerdem mit Hebräisch und Arabisch aufwachsen, gehe ich davon aus, dass ihnen das Englische ganz nebenbei zufliegt. Aber vielleicht ist ihnen das Gefrage der Touristen einfach zu viel.

Von den strengen Glaubensregeln mal abgesehen – Sabbat auf dem Berg, Fleisch nur vom eigenen Metzger, eiserne Klausur für Frauen während der Menstruation und vierzig Tage nach der Geburt eines Sohnes, doppelt so lange, nachdem ein Mädchen geboren wurde – sind sie so weltfremd nämlich nicht.

Ihre Hochzeiten arrangieren die Männer neuerdings online. Wie soll man auch traditionell auf Brautschau gehen, wenn einen der Herr jeden Samstag zum Beten auf den Garizim beordert? »Versandhausmädchen« nennen ihre arabischen Nachbarn die Frauen, die für die Samaritaner vom Berg aus der Ukraine anreisen, ihre Religion und ihr altes Leben aufgeben. Um einen Mann zu heiraten, der unter strengen Regeln in einem winzigen Dorf lebt, in der Grauzone des Konflikts.

»Es gibt nicht genug Frauen«, sagt Fatima knapp. »Was soll man machen.« Die Muslimin umschifft ein Thema, das die Samaritaner irgendwann nicht mehr ignorieren konnten. Mit der schrumpfenden Glaubensgemeinschaft minimierten sich auch die Optionen an Erbgut. Zeitweise litten fünfzehn Prozent der neugeborenen Samaritaner an Krankheiten wie Muskelschwäche und dem Usher-Syndrom, Taubblindheit.

Fatima führt mich unter dem Tabernakel durch, einem Baldachin aus kunstvoll arrangierten Früchten. Im Museum aus Plastik, zur Sukkot-Feier aus echten Granatäpfeln, Zitronen, Orangen und Avocados. »Das ist praktisch für uns Nachbarn«, sagt Fatima. Die Samaritaner dürfen das Obstdach nicht verspeisen und verschenken es nach der Feier.

Juden feiern das Fest unter einem schlichten Laubdach oder einfach im Partyzelt. Ich lerne, dass die Thora der Samaritaner siebentausend Unterschiede zur jüdischen aufweist und das Original in einem Safe in der Synagoge aufbewahrt wird. »Sie beten wie wir«, sagt Fatima und meint damit aber nur die emporgereckten Hinterteile. Der Männer. Frauen sind vom Beten befreit. Vermutlich weil sie ständig unrein sind.

Außerdem zeigt sie mir ellenlange Ahnenlisten, auf der sich die Gemeindemitglieder bis zu Adam zurückverfolgen können. Der Mann mit dem Fes, der sich wieder in sein Büro zurückgezogen hat, ist der Bruder des aktuellen Hohepriesters. Fatima haucht den Titel mit Hingabe.

Die Gemeinschaft definiert sich nach Klans. Dem jeweils ältesten Mann der Levi-Familie wird das Amt des Hohepriesters

übertragen. Er ist von richterlichen Urteilen bis zur Wahl der Her-
zensdame für alles verantwortlich. Aabed-El ben Asher ben Matz-
liach, das ist sein Name, kann auf einhundertzweiunddreißig Generationen zurückblicken: »Er ist ein Urenkel von Aaron, dem
Bruder des Propheten Moses«, sagt Fatima.

Ein weiterer Unterschied zur jüdischen Thora besteht darin,
dass der Garizim in Letzterer an entscheidender Stelle nicht groß
erwähnt wird. Wissenschaftler versuchen seit einigen Jahren zu
beweisen, dass die Samaritaner Opfer eines historischen Ruf-
mords wurden: Papyrusrollen aus Qumran am Toten Meer und ein
jüngst auf dem Antikenmarkt aufgetauchtes Fragment der Bibel
scheinen ihre Theorie zu bestätigen: Unsere Bibel malt ein Zerr-
bild von den Samaritanern.

Allmählich dämmert mir auch die Bedeutung der Ausgrabun-
gen auf dem Gipfel. Vierhunderttausend Knochenreste von Op-
fertieren wurden rund um das Fundament des zerstörten Tempels
entdeckt. Auf einem Silberring fanden Archäologen die Inschrift:
JHWH. Der Unaussprechbare. Kurzgefasst: In Samarien stand
bereits um 1000 vor Christus ein gigantisches israelitisches Heiligtum. Jerusalem war damals ein Nest mit kaum tausendfünfhun-
dert Einwohnern.

Scheinbar wollten Judas' Priester den Ruhm der eigenen Metropole aufbauschen und ließen keine Gelegenheit aus, die Riva-
len in schlechtes Licht zu tauchen. Der ›barmherzige Samariter‹
galt als eine Ausnahmeerscheinung. Seine gute Tat war schließlich
nur eine rein menschliche: Er half einem ausgeraubten und verletzten Mann. Dass das überhaupt erwähnenswert ist unter all den
Wundertaten in unserer Bibel, lässt ahnen, wie schlecht das Verhältnis zwischen Samaritanern und Juden damals war.

Fatima haucht mir noch weitere Erleuchtungen ins Ohr. Aber
meinen eigentlichen Wunsch kann sie nicht erfüllen. Zu gern hätte ich mit einer der eingeheirateten Frauen gesprochen. Aber diese
seien nicht verfügbar, lässt mir der Bruder des Hohepriesters durch

sein beflissenes muslimisches Sprachrohr ausrichten. Vielleicht, denke ich, haben sie alle gleichzeitig ihre Tage, soll ja vorkommen, wenn Frauen in enger Gemeinschaft leben: das Phänomen der synchronisierten Menstruation. Im Falle der Samaritanerinnen macht es sogar Sinn, denke ich. So können sie sich in der Isolation immerhin miteinander austauschen.

Ich warte nebenan im Café Paradise auf mein Taxi. Der Name ist keine Untertreibung, das Ladenlokal ist bis an die Decke vollgestopft mit hartem Alkohol in der edelsten Form. Bunte Liköre, teure Wodkas, reife Whiskeys. Scheinbar genießen nicht nur die Samaritaner die Vorteile der schwammig regulierten Area B. Auf meine Frage, wer das hier alles trinken soll, sagt der Mann hinter der Theke: »Na, die Muslime aus Nablus, die sind die schlimmsten.«

Während ich diese Zeilen schreibe, lümmelt Kleopatra mit mir auf dem Balkon in Tel Aviv. Wir haben sie tatsächlich zwei Wochen später in Jerusalem abgeholt. Wenn ich Maor ein Foto von ihr schicke, mailt er mir eine seiner weichgezeichneten Landschaften zurück. Dann stelle ich mir vor, wie er allein auf dem Ausguck seines Wolkenschlosses sitzt – und hoffe, die Veranda steht nicht wieder in Flammen.

Kapitel

13

Der Zoo der toten Tiere

»*Ich weiß, die Menschen mögen keine Zoos mehr.
Und keine Religion. Beide sind einem Trugbild, einer
falschen Idee von Freiheit zum Opfer gefallen.*«

YANN MARTEL

QALQILYA, LUFTLINIE VON JERUSALEM: 52,42 KILOMETER

Wenn ich vom Dach meiner Wohnung in Tel
Aviv Richtung Nordwesten schaue, könnte ich bei klarem Wetter
Qalqilya sehen – lägen dazwischen nicht all die Hochhaustürme
und eine hohe Mauer. Es sind nur zwanzig Kilometer zur palästinensischen Stadt hinter der Grünen Linie.

Manchmal bilde ich mir sogar ein, den Bärenkäfig und die Wölfe zu riechen, wenn ich auf dem Dach stehe. Aber das ist natürlich
romantischer Quatsch. Trotzdem fasziniert und erschreckt es
mich jedes Mal aufs Neue, wie winzig dieses zweigeteilte Land ist.
Wie unterschiedlich ein Leben sein kann, wenn nur ein paar Kilometer dazwischenliegen.

Gut zwei Jahre ist es her, dass es mich nach Qalqilya verschlug. In der Stadt sollte es einen Zoo geben, den einzigen Zoo in der West Bank.

Ich war bei einer nächtlichen Internetrecherche darüber gestolpert. Meine Freundin und Lieblingsfotografin Alessandra lebte damals für ein halbes Jahr in Tel Aviv, ich war zu Besuch, und wir wollten auf Geschichtenjagd gehen.

Qalqilya ist bis heute auf drei Seiten vom West-Bank-Sperrwall eingeschlossen, weil Israel vermutet, dass viele Selbstmordattentäter früher von hier nach Tel Aviv zogen. Für die Stadt bedeutet die Mauer den wirtschaftlichen Tod. Qalqilya, das einst als Obstkorb der West Bank galt, ist von seinen Feldern abgeschnitten. Wie kann sich hier ein Tierpark halten?

Es war meine erste Reise in die West Bank. Alessandra hatte zwar ein Auto, aber über die Grüne Linie hatte sie es auch noch nicht geschafft. Sie mag wie die meisten Menschen keine Käfige, und die meisten Checkpoints gleichen engen Gitterschläuchen. Soviel wussten wir. Weil wir keinerlei Infos zum Grenzübergang nach Qalqilya finden konnten, überzeugte ich sie, wenigstens mal hinzufahren und spontan zu entscheiden.

Wir rechneten mit Hinweisschildern auf der Autobahn, mussten aber bald feststellen, dass auf israelischer Seite anscheinend niemand wusste, dass gleich nebenan eine palästinensische Stadt liegt. Groß genug für einen Zoo. An einer Tankstelle schließlich erklärte uns die Kassiererin: »Da ist nichts. Da gibt es nichts zu sehen. Außerdem ist es sehr gefährlich da drüben.« Wo sich der Checkpoint befindet, konnte oder wollte auch sie uns nicht verraten.

Fünf Minuten später stoppte Alessandra das Auto an einem Rondell aus Beeten mit absurd grünem Kunstrasen. Wie sinnlos in der Gegend verteilte Verkehrsinseln. Denn da war kein Verkehr, nur wir – und ein flacher Betonbau, umstellt mit jeder Menge Gitterwerk.

Zwei junge Soldatinnen fläzten sich gelangweilt in ihrem Häuschen, eine flocht sich die Wallemähne zu einem lockeren Zopf, die andere lackierte sich die Nägel. »Wir wollen in den Zoo!« Sie wirkten ebenso erstaunt wie die Frau an der Tankstelle und berieten sich kurz. Eine sagte: »Mit dem Mietauto könnt ihr nicht rüber. Ihr müsst zu Fuß gehen, hier gibt es keine Taxis.« Die andere schob nach: »Naja, es gibt die arabischen. Aber da würde ich nicht einsteigen.«

Während wir auf einer Bank mit Aussicht auf das Plastikgras saßen und uns berieten, kam nun doch ein Auto. Abgesetzt wurde eine Israelin von etwa sechzehn Jahren. Sie trug Hotpants und Trägertop. »Ihr müsst hitchhiken«, sagte sie. »Aber nicht zu Arabern ins Auto steigen!«

Die Israelin wartete auf ein Siedlerauto, wir stiegen ein Stück die Straße hinauf. Wüstenei, garniert mit Stacheldraht. Ein Eselskarren mit zwei Frauen in langen Mänteln und Kopftüchern und einem Berg Gemüse rollte an uns vorbei. Einen Moment überlegten wir, sie zu bitten, uns mitzunehmen, fanden aber dann, dass man dem Esel nicht noch mehr Gewicht zumuten könne.

Nachdem wir uns schon auf eine Wanderung ins Ungewisse eingestellt hatten, tauchte wie aus dem Nichts ein palästinensisches Taxi auf. Die Fahrt nach Qalqilya dauerte gerade mal fünf Minuten.

Die Mauer, vor der das Taxi parkte, hielten wir erst für einen Teil des Sperrwalls. Grauer Beton und jede Menge Stacheldraht. Aber als wir ausgestiegen waren und einen Schritt zurücktraten, sahen wir die Stahlschlaufen einer Achterbahn darüber aufragen, ihr Anstrich erinnerte an das verwaschene Bunt alter Farbfotos. Die Szene hatte etwas Geisterhaftes – bis plötzlich ein einzelnes Wägelchen über die Schienen ratterte, darin wehende Schleier. Frauenkreischen.

Ein Reisebus donnerte hinter uns die Straße entlang, dann noch einer und noch einer. Wir folgten den Bussen. Als wir den

Parkplatz erreichten, hatten sie sich bereits heillos in ein Dutzend
weiterer Busse verkeilt. Schulklassen und mit Kühltaschen be-
packte Familien stiegen aus und ein. Es roch nach geröstetem
Mais.

Der Menschenstrom presste sich in beide Richtungen durch
ein winziges Eingangstor, das von Ständen flankiert war. Wir duck-
ten uns unter rosa Zuckerwattebäuschen und glitzernden Luftballons durch, drückten uns vorbei an Pyramiden von Plastikbechern
mit neongrünen Eisgetränken, kramten im Gerangel aus Ellbogen
und Bäuchen je sieben Schekel (etwa ein Euro fünfzig) für den Eintritt aus den Taschen – atmeten tief durch und sahen uns verdutzt
um.

Unter einem Graffito von Arafat mit lässiger Sonnenbrille
türmten Mütter Chips und Hummus aus Kühltaschen auf Pick-
nicktische. Junge Frauen trugen Make-up, so dick aufgetragen,
dass es an den Mundwinkeln bröckelte. Die Schläuche der mitge-
brachten Wasserpfeifen klemmten mindestens so elegant zwischen ihren manikürten Fingern, wie Marlene Dietrich einst ihre
Zigarettenspitze zu halten pflegte. Alle paar Minuten schepperte
es aus den Lautsprechern. Eine rüde Stimme forderte zum Gebet
auf, aber niemand schien hinzuhören. Der Fahrtwind der klapprigen Kirmesgeschäfte lüftete Hidschabs und streichelte Nacken.
Ein Hauch von Freiheit im eingesperrten Land.

Wenn ich mich an Sami Khader erinnere, kommt es mir vor, als ob
es seine buschigen Augenbrauen waren, die mir mal hüpfend, mal
zu einem strengem Balken erstarrt all die lustigen und traurigen
Geschichten erzählten. Er war der Tierarzt, und er war es, der den
Laden am Laufen hielt.

Wir störten ihn bei einer Besprechung mit der pädagogischen
Leiterin. Khaders Mitarbeiterin sprach nicht viel, was vor allem
daran lag, dass sie das Mundstück ihrer Shisha nicht aus den tief-
rot geschminkten Lippen lassen wollte. »Minze«, sagte Khader

und verzog den Mund. Er bevorzuge eine anregendere Mischung,
sagte er kichernd. An Freitagen gehe er nicht in die Moschee, sondern sitze im Sessel daheim, um zu rauchen. »Da habe ich die besten Ideen!« Was ihm im Dampf der Shisha vorschwebte, wollte er
uns bei einem Rundgang über das Gelände zeigen.

Die Anlage sollte einst ein Ort des Friedens sein, für Palästinenser und Israelis. Vor dreißig Jahren hatte der Bürgermeister
von Qalqilya den Zoo anlegen lassen. Der Safari-Park bei Tel Aviv
und der Bibel-Zoo in Jerusalem hatten Tiere gespendet. »Ein Juwel
in der Krone Palästinas«, hatte es bei der Eröffnung 1986 gehei-
ßen. Anfangs war der Tierpark der Besucherflut kaum Herr geworden.

Der Niedergang des Zoos begann mit der Zweiten Intifada.
Als Granaten und Querschläger auch durch die Gitterstäbe flogen. Als Israel die Mauer baute. Seitdem bringt jede Neuerwer-
bung, jede Futterladung einen Spießrutenlauf durch die Grenz-
kontrollen mit sich. Wenn Khader raus will aus der Stadt, braucht
er Genehmigungen und Geduld. Wenn er zurück will mit Tieren
im Schlepptau, braucht er noch mehr Genehmigungen und noch
mehr Geduld. Der Zoo beschäftigte bei unserem Besuch dreiundvierzig Menschen und ist damit bis heute der größte Arbeitgeber
in einer Stadt von dreiundvierzigtausend Einwohnern.

Als wir durch den Tierpark streiften, versuchte ich mit Khaders Augen zu sehen, die auszublenden schienen, dass der Putz
von den Wänden lappte, der Rost an den Gehegen nagte, das Nil-
pferd seinen Schädel immer wieder in die Ecke des Swimmingpools rammte, in dem die Algen bald das Wasser aufgesaugt hatten
– oder dass die Wölfe auf kahlem Beton kauerten.

Wir lachten mit ihm, als er das Schild übersetzte, das am Gehege der drei mähnenlosen Löwen angebracht war. »Eine spezielle
Rasse, die kein Haupthaar trägt.« Der israelische Zoo hatte ihm
kastrierte Tiere überlassen. »Das kann ich doch den Leuten hier
nicht erzählen!«

Sein Büro wirkte auf uns wie eine Kräuterkammer aus einem Hexenmärchen. In den Regalen türmten sich Knöchelchen und Gefäße mit Insekten und Reptilien. Zwei fingerdicke identische Schlangen kringelten sich in identischen Marmeladengläsern. Die eine sei sehr giftig, die andere gar nicht, sagte Khader – und erzählte von einem Missgeschick, das ihm nun schon mehrmals passiert sei:

Khader hatte die falsche Schlange aus dem Glas genommen, um sie einer Schulklasse zu zeigen. Im Krankenhaus hielt man das Gegenmittel schon für ihn parat. Ob Übertreibung oder nicht, wir waren so beeindruckt, dass wir vergaßen zu protestieren, als er blitzschnell eins der Gläser aufschraubte, um zu demonstrieren, wie sich das mit dem Biss in etwa zugetragen hatte. Er drückte mir die Schlange in die Hand. Da wurde mir klar, einer wie Khader macht sich keine Sorgen wegen eines bisschen Gifts. Sein Reich ist ein kleines Gefängnis im großen.

Khaders Vorfahren stammen aus der alten Hafenstadt Jaffa (Yafo), die Tel Aviv längst geschluckt hat. 1948, während des Unabhängigkeitskriegs, mussten Tausende von Palästinensern ihre Häuser aufgeben. Auch die Khaders flohen und bauten sich in Qalqilya ein neues Leben auf. Bis der Sechstagekrieg sie knapp zwanzig Jahre später erneut zur Flucht zwang: Vater, Mutter, den kleinen Sami und vier Geschwister. Die Hälfte aller Gebäude der Stadt wurde damals zerstört.

Nach der Heirat 1984 zog Sami mit seiner Frau Sara weiter nach Saudi-Arabien, der besseren Löhne wegen. Es waren die Jahre, in denen der Zoo florierte und der Bürgermeister den Lehmbau für ein Museum auf dem Gelände errichten ließ. Er suchte einen Tierarzt und einen Kurator und fand in Khader beides. Ein Jahr vor dem Ausbruch der Zweiten Intifada war Khader zurück in Qalqilya.

Brownie traf es zuerst. In der Nacht, als das Feuer der Gefechte die Gehege erhellte, rannte der Giraffenbulle panisch umher, bis ihn ein eiserner Deckenbalken fällte. »Wenn eine Giraffe am

Boden liegt, stirbt sie«, urteilte damals Khader, der Tierarzt. »Der
Blutdruck im Kopf bewirkt den sofortigen Tod.«

»Ich will den Palästinensern etwas bieten, ihnen Dinge zeigen, die
sie in ihrem Alltag nicht sehen können.« Das sagt heute Khader,
der Präparator. Denn dass die Besucher Brownie noch bewundern
können, ist Khaders Einfallsreichtum zu verdanken und seiner
Zeit in Saudi-Arabien. Damals arbeitete er tagsüber als Veterinär
für eine Geflügelfarm, und des Nachts brachte er sich in der tier-
medizinischen Abteilung der König-Faisal-Universität das Aus-
stopfen bei.

Der Giraffenbulle reckte seinen klumpigen Hals nun aus einem Gitterkäfig ins Freie. Das Maul verzerrt wie nach einem
Schlaganfall. Wo einmal ein Glasauge gesessen haben muss, steckte inzwischen ein grünes Stück Plastik.

Aber Brownie sollte kein Einzelfall bleiben.

Als sein hochschwangeres Weibchen Ruti ihren Partner sterben sah, verlor es das Junge in seinem Leib. Eine Woche lang habe
sie geweint, sagte Khader – und tupfte sich mit dem Finger die üp-
pige Wange hinunter. Dann ging sie, dem Arzt zufolge, an ihrer
Trauer zugrunde.

Er zog mich in einen Kuppelbau aus Lehm und schüttelte den
Kopf über Alessandra, die bereits wieder mit ihrer Kamera ver-
schwunden war. »Wie ein Kind«, sagte er. »Die macht, was sie will.«
Ich folgte ihm gehorsam und lauschte seinen Ausführungen. Als
Khader sagte: »Das ist das Naturkundemuseum«, ahnte ich be-
reits, was mich erwarten würde.

Im Vorraum schmiegte sich Ruti an ihren Fötus. Der Ordnung
halber hatte der Tierarzt ein zweites Giraffenbaby dazugesellt, beziehungsweise seinen Hals, der Körper war scheinbar verloren gegangen.

»Ich bin verrückt«, attestierte der Tierarzt Khader dem Muse-
umskurator Khader. Aber das fand ich plötzlich gar nicht mehr:

Mit dem Tod seiner Schützlinge änderte sich für ihn nur die Art der Fürsorge. Unter den Scheinwerfern vermittelte der rot lasierte Lehmputz eine organische Geborgenheit. Im Spiel von Licht und Schatten schienen die Wände zu pulsieren, machten an Lebendigkeit wett, was den blutleeren Tieren fehlte.

Ich verzieh dem Löwen, dass er sich über das Zebra beugte wie ein Jäger mit heftiger Identitätskrise. Er war ja nicht mehr so beweglich. Sein Zahnfleisch glänzte kaugummirosa lackiert, die Puppenaugen waren aufgeklebt. »Der ist an Altersschwäche gestorben«, seufzte Khader.

Anders als seine Beute: Das Zebra, das seine Läufe von sich streckte, als wäre es erst eingefroren und dann umgekegelt worden. Es hatte während der Zweiten Intifada zu viel Tränengas geschluckt. Ein Schild lehnte am Rücken des Tieres: »Gewöhnliches Zebra«, stand darauf, in Arabisch und auf Englisch.

Ich verzieh Khader, als er mir befahl, den Bären zu umarmen, und wie im Rausch rief: »Tanz mit ihm!« Ich fühlte das Fell unter meinen Fingern, stumpf wie ein durchgesessener Sofabezug, und dachte: »Das ist das Sonderlichste und Wunderbarste, was ich je gesehen habe.«

Nein, Khader war nicht verrückt – oder jedenfalls nicht verrückter als die Verhältnisse um ihn herum. Er salzte, flickte und stopfte gegen das Unvermeidliche an. Ein Hüter und Archivar des Lebens. Jeder Nährstoffengpass führte zu einem Umzug der Ausstellungsstücke, von den Gehegen ins Museum, von den Lebenden zu den Toten.

Wie stand es derzeit? Einhundertfünfzig Tiere mit Puls zu – Khader winkte ab. Zu viel wollte er darüber nicht nachdenken. Um die Statistik zu polieren, ließ er im Außenbereich eine Schar Meerschweinchen fröhlich vor sich hin gedeihen.

Khaders Motto: »Wir machen hier alles aus nichts.« Und seine Fantasie schien ungebrochen. Kürzlich erst hatte er dem Park eine weitere Attraktion hinzugefügt: das Museum for Everything.

Die Weltgeschichte knapp zusammengefasst in Pappmaché: ein Vulkan, aus dem Leitungswasser blubbert und ein kamelgroßer *Tyrannosaurus rex,* der eine Glühbirne im Maul trägt.

Nur eineinhalb Meter trennten den Saurier von den Zeugnissen der jüngsten Geschichte. In einer Vitrine lagen die Granatsplitter, die Khader im Park zusammengeklaubt hatte. »Hier kommt nichts weg«, sagte der Kurator.

Nicht mal, wenn es aussah wie eine gebrochene Regenrinne – das mürbe Präparat einer Würgeschlange. Und wenn nur ein Kopf übrig blieb, so war es doch immerhin ein Kopf. Wie der des Kaninchens, der nun auf einer Astgabel steckte, zu Füßen des steifbeinigen Straußes und des Kängurus mit dem eckigen Buckel.

In Khaders Shisha-Visionen schien alles möglich: Im Nachbarraum hatte er eine pummelige Weltraumrakete aufgebaut, konstruiert aus einem Ölfass und Abwasserrohren. Auf ihren Tragflächen prangte hoffnungsfroh die palästinensische Flagge.

Und hat er nicht recht?, dachte ich wieder. Kann man unsere Welt ehrlicher veranschaulichen? Beute und Greifer. Forschungsrakete und Granate. Poesie und Naturwissenschaft. Leben und Tod.

Sogar die Föten von Bär und Esel und dem Schaf mit zwei Köpfen und zwei Schwänzen schienen Anklang zu finden. Khader hatte sie in Einmachgläsern eingelegt und liebevoll auf Plastikhalmen drapiert. Zwei kleine Mädchen in Sonntagskleidern standen davor: Die Augen weit aufgerissen, hielten sie sich an den Händen, konnten sich aber doch nicht lösen. Nur das braune Häufchen daneben ignorierten sie. »Ein nach altägyptischer Art mumifizierter Pferdeembryo«, erklärte Khader.

Draußen traf ich Alessandra wieder, die einen Mann im Schlepptau hatte. Vor Brustmuskeln platzte ihm fast das T-Shirt. »Hat Sie jemand belästigt?«, wollte er von uns wissen. Dann erkannte er Khader und drehte ab. Als er im Gedränge verschwunden war, sagte der Tierarzt: »Ich will nicht über Politik sprechen, aber seit die Hamas in der Stadt ist, geht es dem Zoo besser. Diese Leute kümmern sich.« Samstag ist Familientag im Tierpark. Alleinstehende Männer haben keinen Einlass, damit die Frauen sich frei bewegen können. Der Muskelprotz schien dafür zuständig, diese Regel zu überwachen.

Alessandra zerrte uns weiter zu den Freigehegen. »Guck mal«, sagte sie entsetzt. Der Star von Qalqilya war ein lebendiger Braunbär. Ein engmaschiges Gitter trennte Tier und Mensch. Sein Pelz wirkte fahl, fast gelb. Die Augen verkrochen sich tief in sein Mondgesicht. Immer wieder griff er nach der blauen Plastikplane, die an der Käfigdecke im Wind tanzte. Ließ sich fallen, bevor er es richtig versucht hatte. Khader bemerkte unser Grauen nicht.

»Er hat seine eigene Frau zur Hälfte gefressen«, sagte der Arzt. »Weil sie nicht wollte!« Er klatschte sich auf die Schenkel: »Sie wollte keinen Sex – Frauen!« Dann klingelte sein Telefon, und er musste sich von der eigenen Frau beschimpfen lassen, weil er nicht zum Essen nach Hause gekommen war. »Frauen!«, rief Khader erneut.

Die Reste des Weibchens hatte er nicht ausgestopft. Aber in seiner Werkstatt wartete noch viel Arbeit auf den Präparator. Er lotste uns ins Schattenreich des Zoos, schloss den bunten Trubel der Besucher hinter einem rostigen Metalltor weg. Kommentierte den monströsen Knochenknubbel eines Nilpferdkopfs, der auf dem Weg im Staub lag: »Vor drei Jahren gestorben«, und führte uns in seine Ambulanz, die gleichzeitig als Atelier diente.

Hier hingen die Beile und Messer, mit deren Hilfe er die Tiere für die Dauerausstellung vorbereitete. Darunter schimmerte matt der Stahl eines Operationstischs, mächtig genug für einen Elefanten. Feierlich öffnete Khader den ersten Kühlraum: Salatköpfe, Gurken. Bevor er die Tür zur zweiten Kammer entriegelte, bat er uns zurückzutreten.

Eisnebel zischte in den Muff des Raumes – rechts häuften sich gefrorene Fische für den Bären. Umgerechnet dreihundert Euro gab der Zoo täglich für Futter aus; viel Geld für eine Stadt ohne Wirtschaft. Links leckte gefrorenes Blut über den Boden. Im Schummerlicht ließen sich organische Formen in den Regalfächern ausmachen, in Sackleinen verborgen. Bis zu zehn Jahre konservierte Khader seine Kadaver hier, den Rohstoff für das Naturkundemuseum.

Draußen versammelten sich die letzten Besucher vor dem Bärenkäfig, bevor sie wieder in die Busse stiegen. Familienväter triezten das Tier mit glitzernden Bonbonpapierchen. Söhne johlten, Töchter kicherten entzückt. Der Braune fiepste, statt zu knurren. Als er sich unvermittelt aufrichtete und seinen Schatten über die Menschen warf, vermittelte er einen Moment lang eine Ahnung von dem mächtigen Tier, das er sein könnte. Doch eins war uns klar: Sein größter Auftritt stand ihm noch bevor.

Zum Abschied verriet Khader, dass er gestern eine neue Vision in seiner Shisha-Wolke schweben sah: Eine echte Attraktion! Er wolle ein Ozeaneum bauen – und es mit Fischen füllen. »Denn«, sagte er: »Weit ist das Meer ja nicht.«

Als wir durch den Gittergang am Checkpoint zurück nach Israel liefen, drehte sich Alessandra zu mir um, wollte etwas sagen – und ließ es dann bleiben. Ich glaube, wir dachten beide dasselbe.

Kapitel

14

Kopfkino in Jenin

*»Mythos ist viel wichtiger und wahrer als Geschichte.
Geschichte ist nur Journalismus und es ist bekannt, wie sehr man
sich darauf verlassen kann.«*

JOSEPH CAMPBELL

JENIN, LUFTLINIE VON JERUSALEM: 77,68 KILOMETER

Als ich im Sammeltaxi aus Nablus durchs Fenster schaue, sehe ich mich satt – im positiven Sinne. Das Land wird immer flacher und weiter, die Felder haben plötzlich Platz, sich auszudehnen. Wind und Regen peitschen wilde Muster in die grünen Weizenhalme. Obstbäume stehen auf beiden Seiten der Straße Spalier. Aprikosen, Feigen und Mandeln werden hier von den Fellachen, den Bauern, angebaut. Jenin stand einmal für Ein Jenin: Gartenquell. Später nannte man die nördlichste Stadt im Westjordanland »The City of Bombs«. Arafat taufte sie Jeningrad.

Obwohl der Minibus bis auf den letzten Platz gefüllt ist, spricht niemand. Nicht mal der Fahrer sagt ein Wort. Nicht mal, als die Passagiere beginnen, in ihren Taschen zu kramen, um dem

Mann auf dem Vordersitz das Geld zu geben, von wo es in die
Hand des Fahrers wandert.

Die *servees*-Fahrer sind wahre Multitasking-Talente und eigentlich
immer am Quatschen: Sie schaffen es, in halsbrecherischem Tempo die Kurven zu managen, dabei ins Handy zu brüllen, Wechselgeld rauszugeben, sich offenstehende Beträge zu merken und
nebenbei den Musiksender zu wechseln. In den gelben Groß-
raumtaxis, die mit den großen Reisebussen das öffentliche Verkehrssystem für die palästinensische Bevölkerung des Westjordanlands bilden, kommt man sich normalerweise schnell nah. Das
fängt an der Station an, wo im Geknatter der laufenden Motoren
nur Durchfragen hilft, wenn man die richtige Linie erwischen will.
Denn die Sammeltaxis sind nicht gekennzeichnet. Wahrscheinlich muss man in diesem Land aufgewachsen sein, um aus den mo-
notonen, sich überlagernden Mantras der Taxischreier – mit möglichst wenig Lippenbewegung und ohne Luftholen herausgepresst
wie aus einem Blasebalg – sein Reiseziel herauszufiltern: »...usna-
blusnablusnablusnailchalilchalilchalilhaarihaarihaarihaarahramal-
lahramallahramallahra...«

Hat man sein *servees* dann gefunden, wird man zu seinem Sitz
dirigiert und wartet, je nach Beliebtheit des Ziels, bis genug Gäste
eingestiegen sind. Nach spätestens einer Stunde beginnt der Fahrer mit den Wartenden zu diskutieren. Wenn alle mit einer Fahr-
preiserhöhung einverstanden sind, fährt der Wagen auch halbleer.

Als ich vor ein paar Tagen von Bethlehem nach Ramallah unterwegs war, nutzte der Mann neben mir die wilde Auseinandersetzung für einen Gesprächseinstieg. Er hieß Beder, arbeitete fürs
palästinensische Fernsehen und war gerade dabei, Englisch zu lernen. Unsere Konversation beinhaltete nicht viele Worte, dafür viel
Herz. Als das *servees* im üblichen Nachstau des Checkpoints von
Qalandiya im Stadtzentrum feststeckte, bat er den Fahrer anzuhalten, nahm mich bei der Hand und rannte mit mir durch den

Markt. Er wollte mir den schnellsten Weg zum Sammeltaxi nach Nablus zeigen. Ich war ziemlich irritiert, als er mich durch eine Ladentür in ein kleines Geschäft zog, dem Verkäufer zunickte, um mir dann die Hintertür ins Treppenhaus aufzuhalten. Wollte er mich in seine Wohnung bringen? Was war das für ein Typ? Aber dann erwies sich das Treppenhaus als Geheimzugang zu einer *servees*-Station, vom abgasschwangeren Zwischengeschoss des Gebäudes kurvten die Minibusse über eine enge Rampe in den Stadtverkehr hinunter. Er drückte mich in den richtigen Wagen, kaufte einem kleinen Jungen einen Kaffee im Pappbecher ab, steckte ihn mir durchs Fenster zu und bezahlte den Fahrer.

Diesmal saß ich neben einem deutschen Lehrer, Jan, der an Schulen in Gaza und der West Bank Trickfilm-Animation unterrichtete und gerade die Gebärdensprache lernte. Jan erzählte mir, dass sich in Palästina eine eigene Taubstummensprache entwickelt habe. Er kreuzte die Unterarme, als ob sie in Handschellen lägen. »Rat mal.« »Gefängnis?« »Fast – Mittwoch.« Mittwochs besuchen die Frauen ihre Männer in den Gefängnissen.« Jan machte ein Geste, als ob er eine schwere Last auf den Schultern trüge. »Jerusalem«, löste er auf, bevor ich was sagen konnte. »Die Gebärde stammt von einem berühmten Bild. Du hast es sicher schon gesehen. Poster davon hängen in fast jeder Wohnung.« Tatsächlich wusste ich, wovon er sprach. Es ist eines der bekanntesten palästinensischen Werke, von Sliman Mansour in den Siebzigerjahren gemalt: Ein alter Mann, der die Stadtkulisse von Jerusalem buckelt wie ein Lastenträger. Das Original nennt sich »Jamal Al-Muhammil«. Kamel der Schweren Bürden. Es symbolisiert den Kampf für einen unabhängigen Staat, mit Ost-Jerusalem als Hauptstadt.

Ob es an unserem Ziel, an Jenin, liegt, dass heute alle aus dem Fenster starren? Die Passagiere, ausschließlich Männer, scheinen in düstere Gedanken versunken. Ihre Gesichter kommen mir abgehärmt und hart vor, aber vielleicht projiziere ich nur in sie hinein, was ich bereits über den Ort weiß, in den wir fahren. Jenin ist eine kleine Bauernstadt mit vierzigtausend Einwohnern, aber die Legenden, die in ihrem Namen anklingen, haben sie in meiner Vorstellung zu einer Märchenstadt anschwellen lassen, kein Disneymärchen, sondern eher eines von der düsteren tschechischen Sorte.

Ich muss an einen Witz denken, den mir Sharif Kanaana in seinem Büro in Ramallah erzählt hatte: »Während der Zweiten Intifada spaziert eine Frau über die Straßen von Ramallah, den Hidschab nur lose ums Haar gelegt. Da sprechen sie ein paar Burschen an: ›Bedeck dich, es sind Männer anwesend.‹ ›Ach, haben sie die Ausgangssperre über Jenin endlich aufgehoben?‹«

Die Stichelei bezieht sich auf die Kämpfer von Jenin, die im April 2002, als die israelische Armee mit fünfzig Panzern in die Stadt einrückte, erbittert zurückschlugen, während man in Ramallah den Soldaten eher mit passivem Protest begegnete. Vorausgegangen war eine Serie von Selbstmordattentaten mit Toten und Verletzten in Netanya, Tel Aviv und Haifa. Die Männer mit den Sprengstoffgürteln um den Bauch sollen aus Jenin in den Westen gezogen sein. Dreiundzwanzig Attentate will Israel ins Flüchtlingslager Jenin verfolgen können. Hier fand die Schlacht von Jenin statt. Sie war ein einschneidender Moment der Zweiten Intifada. Für beide Seiten.

Die Kämpfer hatten das Lager mit fünfzig Bombenfallen in Privathäusern präpariert und sich selbst an strategischen Punkten in Häusern platziert, bereit, das Feuer zu eröffnen. Rund zweihundert bewaffnete militante Palästinenser der Gruppen Hamas, Tansim, El-Aqsa-Brigaden und Islamischer Dschihad sollten damals ihre Basis im Lager gehabt haben. Damit hatten die Israelis nicht gerechnet.

Die Operation Schutzschild artete in einen elftägigen Irrsinn aus. Weil die israelische Armee sowohl Journalisten als auch humanitären Hilfsorganisationen den Zugang zum Camp verwehrte, gab es kaum unparteiische Zeugen. Das nutzten einige palästinensische Politiker und gaben Ungeheuerlichkeiten an die ausländischen Medien weiter: Sie sprachen von Tausenden Toten, Massengräbern. Das Wort Genozid machte die Runde. Die Journalisten klammerten sich an die einseitigen Quellen, und bald las man vom Massaker von Jenin.

Als die Welt schon in Trauer lag um all die Zivilisten, die in ihren Häusern von Panzern und den monströsen D9-Planierraupen zerdrückt worden sein sollten, erschien endlich ein neutraler Bericht der UN. Dass es doch kein Kriegsverbrechen gewesen sei, hieß es, sondern ein Krieg von normalbrutaler Dimension – wenn es so etwas gibt. Als gesichert gilt heute, dass dreiundzwanzig israelische Soldaten und mindestens zweiundfünfzig Palästinenser getötet wurden. Teile des Flüchtlingslagers waren am Ende völlig zerstört.

Als ich aussteige, krempelt sich mein Regenschirm um, und drei Busfahrer unter dem Wellblechschutz kämpfen aussichtslose zehn Minuten gegen den Wind, um das unwillige Gerippe wieder in Form zu bringen. In der Stadt der Bauern und Selbstmordattentäter – respektive Märtyrer – ist man vor allem eins: Gentleman. Einer der drei springt vor mir über die Inseln im schlammbraunen Tümpel der *servees*-Station, um mir den trockensten Weg zur Hauptstraße zu weisen.

Hier am Jerusalem Square habe ich ein zweifaches Déjà-vu: In dem knappen Ausschnitt meines zusammengefalteten Regenschirmdachs sehe ich ein Gebäude im Bauhausstil. Man könnte meinen, ich sei aus Versehen zurück nach Tel Aviv gefahren. Im zweiten Moment erkenne ich die Fassade, ich wusste, dass sie mich hier irgendwo erwartet. Es ist eine der Mythen von Jenin: das Kino.

Die Geschichte des Kinos ist eine Fitzcarraldo-Story. Vom Deutschen, der keine Oper im Dschungel, sondern ein Kino in Je-

nin baute. Eigentlich hat er es nur wieder aufgemöbelt. Der Doku-
mentarfilmer Marcus Vetter hatte den Traum, das einstmals einzige Kino Palästinas, zerfallen und mit Spinnweben verhangen seit
der Ersten Intifada, zu reanimieren. Und machte einen Film darüber. Seine unbestechliche Logik: Eine Stadt, in der es ein Kino
gibt, ist eine Stadt, in der es sich zu leben lohnt.

Das Projekt wurde abwechselnd verklärt – als romantischste
Form der Entwicklungshilfe: Pink-Floyd-Sänger Roger Waters
spendete die Lichtanlage, und auch das Auswärtige Amt der Bun-
desrepublik Deutschland, Air Berlin und viele private Unterstüt-
zer wollten Teil dieses Märchens sein – oder verrissen: als selbst-
herrliche Inszenierung eines Deutschen, der nix verstanden hat.
Das Kassenhäuschen, das sich unter den Stelen verbirgt, die den
Vorbau des Kinos stützen, ist leer. Die Männer, die sonst vor den
kleinen Lebensmittelgeschäften nebenan sitzen, sind vor dem Regen geflüchtet.

Ich selbst fliehe ins Cinema Guesthouse gleich um die Ecke,
eine restaurierte osmanische Stadtvilla, im Rahmen der Renovie-
rungsarbeiten am Kino vor sechs Jahren für die freiwilligen Helfer
mit Schlafsälen versehen. Die handbemalten Fliesen auf dem Boden, die bunten Glasfenster, die weiß gekalkten Bögen der Kuppeldecke lassen erahnen, dass hier einmal eine wohlhabende Familie gewohnt hat. Nur eine Rauchwolke hinter dem hohen
altmodischen Tresen ganz hinten im Saal verrät, dass ich nicht alleine bin. Mit übereinandergeschlagenen Beinen sitzt in einem
Sessel versunken ein Mann mit grauem Haar und lässt, scheinbar
tief in Gedanken, eine Zigarette zwischen seinen Fingern herun-
terbrennen.

Die Palästinenser sind leidenschaftliche Indoor-Raucher: Der
Metzger qualmt beim Ausweiden eines Lamms, der Zuckerbäcker
hat eine Kippe zwischen den Lippen, während er Pistazien streut.
Mich würde es nicht wundern, wenn selbst die Zahnärzte sich von

der Assistentin die Zigarette reichen lassen, bevor sie nach dem Bohrer verlangen. Es gibt nur ein plausibles Argument gegen eine Zigarette im Mund: Es steckt schon der Schlauch einer Wasserpfeife darin.

Schwer vorzustellen, dass hier vor nicht allzu langer Zeit einmal eine Schwadron emsiger junger Gutmenschen gewerkelt, gekocht, diskutiert und herumgehangen hat. Weil die muslimischen Nachbarn pikiert auf das fröhliche Durcheinander aus kurzhosigen Mittzwanzigern sahen, sind überall im Haus Schilder mit Verhaltensregeln angebracht: Alkohol nur im Haus. Kein Sonnenbaden auf der Dachterrasse, auch kein Yoga, auch nicht im Garten, Rauchen für Frauen nur im Haus.

Der Mann hinter dem Tresen steckt sich eine neue Zigarette an und führt mich in mein Zimmer in der zweiten Etage, in den Frauenschlafsaal, den ich mal wieder ganz für mich allein habe.

Mit seiner Frau umsorgt er die Gäste, Fatima verkauft auch die Tickets drüben im Kino. Das Programm liegt an der Rezeption aus. Zwei Vorstellungen gibt es heute: Um siebzehn Uhr »Annabelle«, ein Horrorstreifen, in dem eine Vintage-Puppe zum Leben erwacht, um zwanzig Uhr »Dead Snow 2«, ein Horrorstreifen mit schlachtenden Nazi-Zombies.

Ich kann mich nicht entscheiden, was ich weniger verlockend finde. Aber auch die nächsten Tage sind durchweg mit Splatterfilmen besetzt. Kein Arthouse, keine arabischen Independent-Filme. Der Mann lächelt fein, als er meine Enttäuschung sieht: »Das ist der Geschmack unseres Publikums.«

Durch die offene Tür sehe ich, dass es immer noch in Strömen regnet, aber fürs Kino bin ich sowieso zu früh dran. Es ist einer dieser seltenen Momente auf Reisen, wo sich mal nichts von selbst zu ergeben scheint.

Das Problem ist, dass ich das Gefühl habe, die Stadt schon zu kennen. Vielleicht war es ein Fehler, dass ich mir die vier großen

Legenden, die das kleine Jenin in der Wahrnehmung der Welt ausmachen, schon als Film angeschaut habe. Ich hatte sie mir in den
letzten Nächten in Nablus eine nach der anderen auf dem Laptop
reingezogen. Weil Nablus bei Nacht für Frauen nicht viel zu bieten hat.

»Jenin Jenin« (Regie: Alex Bakri), die Schlacht im Camp, wie sie
die Palästinenser in Erinnerung haben. »Cinema Jenin« (Regie:
Marcus Vetter), die Auferstehung des Kinos. »Das Herz von Jenin«
(Regie: Marcus Vetter und Leon Geller). Letzterer Film erzählt die
Geschichte von Ismael, dessen elfjähriger Sohn Ahmed 2005 mit
einer Spielzeugwaffe in der Hand von israelischen Soldaten erschossen wird. Der daraufhin großmütig entscheidet, die Organe
seines Sohnes sollen israelischen Kindern gespendet werden. Bei
den Dreharbeiten war Vetter mit Ismael durch Jenin gelaufen und
hatte das verfallene Kino entdeckt.

Man sagt, in Jenin finde seit einigen Jahren eine kulturelle Intifada
statt, in ihrem Mittelpunkt stehe das Freedom Theatre. Seine Geschichte kenne ich aus »Arna's Children«. Arna Mer-Khamis war
eine Jüdin, die in jungen Jahren mit dem Palmach, einer von der jüdischen Untergrundorganisation Hagana 1941 gegründeten parami-
litärischen Gruppe, für die Gründung Israels kämpfte, später aber
einen Palästinenser heiratete und sich im Flüchtlingslager von Jenin
für die Kinder einsetzte und schließlich begann, mit ihnen Theater
zu spielen. Ihr Sohn Juliano, selbst Schauspieler, schloss sich ihr an
und machte die Truppe später weltweit bekannt.

Er erzählt in dem Film vom rastlosen Engagement seiner Mutter, wie die Israelin zu einer Mutter aller Kinder des Flüchtlingslagers von Jenin wurde. Und wie die meisten dieser Kinder nur ein
paar Jahre später in der Schlacht von Jenin starben oder sich in Israel in die Luft sprengten.

Danach baute Juliano Mer-Khamis das Theater wieder auf, gemeinsam mit Zakaria Zubeidi, ausgerechnet mit dem ehemaligen

Führer der Al-Aqsa-Brigaden von Jenin, und zwei israelischen Künstlern. Im Gegensatz zum Cinema Jenin hatte das Freedom Theatre von Anfang an klare politische Intentionen. Die Truppe versteht sich als Nukleus eines neuen intellektuellen Widerstands. Juliano Mer-Khamis wurde vor vier Jahren vor dem Theater erschossen. Der Mann, der sich als einhundert Prozent Palästinenser und einhundert Prozent Israeli beschrieb, hatte viele Feinde. Aber das Theater gibt es noch, gerade (Frühjahr 2015) tourt es erstmals durch Großbritannien, mit einem Stück über die Belagerung der Geburtskirche in Bethlehem, nachdem palästinensische Kämpfer sich darin verbarrikadiert hatten.

All diese Bilder flimmern mir jetzt wieder durch den Kopf. Ich fühle mich, als wäre eben »The End« auf der Leinwand erschienen. Nach einem Film, der so ergreifend oder verstörend war, dass man ausgelaugt sitzen bleibt, bis der letzte Name im Abspann vorbeigezogen ist, bis zum letzten Ton der Titelmelodie. Wenn man seinen Nachbarn kaum in die Augen schauen will, weil die Gefühle der letzten neunzig Minuten einem ins Gesicht geschrieben stehen und es ein bisschen peinlich ist. Schließlich hatte das auf der Leinwand ja nichts mit dem eigenen Leben zu tun. Alles kommt mir heftiger, konzentrierter vor, im Guten wie im Schlechten. Das Gefühl bleibt mir den ganzen Tag.

Ich leihe mir an der Rezeption einen heilen Schirm und wandere durch die Stadt. Vom Jerusalem Square die Hauptstraße hoch zum Markt. Es ist kein enger Souk wie in Hebron oder Nablus, sondern ein Großmarkt unter freiem Himmel. Zwischen den festen Ständen erkennt man die Verkäufer kaum, so hoch haben sie die Orangen, Melonen, Auberginen um sich aufgestapelt. Die Früchte sind riesig, prall und wirken in der feuchten Luft wie frisch lackiert.

Die Jeniner scheinen wirklich nicht gern zu reden: Von der Ladefläche der mobilen Stände, die von Männern wie riesige Schubkarren kreuz und quer durch den Markt geschoben werden, knattern kleine Rekorder mit Mikrofon, die in brutaler Lautstärke ihre Ware anpreisen. Marktschreier aus der Konserve. Stimmbandschonend, aber nervenzerfetzend. Ohne Pause der gleiche Text, in der immer gleichen Modulation: »Ein Kilo, zehn Schekel.«

In der Altstadt hinter dem Marktplatz haben die Verkäufer ihre Läden schon hinter türkis lackierten Toren verschlossen. Der Regen. Die engen Gassen winden sich eine Anhöhe hinauf und hinunter, eingeklammert von niedrigen Hauswänden aus rötlichen, grob behauenen Steinen.

In eine Fassade ist ein Relief gemeißelt, Palmen über einer Hügellandschaft. Das nächste Haus passt nicht mehr in die Reihe, aber auch hier hat sich ein Künstler an der grauen Betonfassade ausgelassen, ein Panorama in grünstichigem Blau und blaustichigem Grün, mit ausladenden Nadelbäumen und einem Bach. Fast wie eine alpenländische Lüftlmalerei. Ich laufe weiter und entdecke immer mehr Wandbilder: Paläste und Moscheen. Friedliche Szenen ohne Menschen. Verwaschen und zerbröckelt. Sie müssen aus einer Zeit stammen, als die Verbundenheit mit der Heimat noch nicht an der Zahl derer gemessen wurde, die sich für sie opfern. In den konservativen Städten der West Bank bestimmen normalerweise die Märtyrer das Stadtbild.

Dabei gibt es zwei Sorten: die mit Waffe und die ohne. Dschihadisten, die im Kampf oder mit einer Bombe um den Bauch gestorben sind, außerdem die unzähligen Gefängnisinsassen auf Lebenszeit. Und die anderen, die zur falschen Zeit am falschen Ort waren, darunter Frauen und Kinder.

Und es gibt einen, der verehrt wird wie ein Märtyrer, dabei sitzt er wahrscheinlich gerade putzmunter vor seinem Häuschen, auf der anderen Seite der Stadt auf dem Hügel über dem Flüchtlingslager.

Gerade hatte ich mich noch gewundert über diesen idyllischen Reigen in Acrylfarbe, ausgerechnet in Jenin – da platzt er ins Bild.

Die kindliche Blumenbordüre kann die Brutalität eines Gewehr-
laufs nicht abmildern. Auch nicht das jungenhafte Gesicht, aus
dem zwei offene Augen mit verwundertem, fast träumerischem
Blick durch das Zielfernrohr schauen. Hinter ihm steht ein Bärti-
ger mit umgehängtem Gewehr, der aus der Ferne auf den jungen
Mann blickt, mit Wohlwollen im Gesicht.

Zakaria Zubeidi war einer der Teenager aus der Gründungs-
truppe des Freedom Theatre. Ich kenne sein Gesicht aus »Arna's
Children«. Juliano Mer-Khamis trifft ihn in der Doku wieder, da
ist er bereits Führer der Al-Aqsa-Brigaden, sein Gesicht ist ge-
sprenkelt mit schwarzen Pockennarben, den Spuren einer Fehl-
zündung beim Bombenbasteln – und er verteidigt das Flüchtlingslager von Jenin. Auf der Mauer ist sein Gesicht glatt und hell wie
ein Heiligenbild der katholischen Kirche.

Wenn man sich die Biografie des gerade mal Vierzigjährigen an-
schaut, hat man das Gefühl, ein Drehbuchschreiber hätte sie sich
analog zum klassischen Konzept der Heldenreise Hollywoods
ausgedacht.

Sein Vater war Englischlehrer, durfte aber als Fatah-Mitglied
nicht mehr unterrichten, arbeitete stattdessen in einer israelischen Eisengießerei und engagierte sich schließlich als Friedens-
aktivist, starb früh an Krebs. Seine Mutter zog ihn und sieben Geschwister alleine auf. Zakaria wurde von Arna aufgegabelt und
spielte im Stone Theatre, wie es damals hieß. Arna ermutigte die
Kinder, ihre Wut auf das Leben auf der Bühne rauszulassen. Viele
Israelis kamen als regelmäßige Helfer dazu, und Zakarias Mutter
bot der Truppe das Dach ihres Hauses als Bühne an.

Mit dreizehn ließ er die Wut das erste Mal auch an Soldaten
aus, seine Steine wurden mit Schüssen beantwortet. Nach sechs
Monaten Krankenhaus konnte er sein Bein wieder bewegen. Mit
fünfzehn landete er das erste Mal im Gefängnis. Dort mauserte er
sich zum Sprecher der anderen Kinder. Kurz nach seiner Freilas-

sung schmiss er das erste Mal Molotowcocktails und landete wieder im Gefängnis, diesmal für viereinhalb Jahre. Er lernte Hebräisch und schloss sich der Fatah an.

Als er freigelassen wurde, war gerade das Oslo-Abkommen unterschrieben worden, und so arbeitete er für die Sicherheitskräfte der Palästinensischen Autonomiebehörde, verließ sie aber nach einem Jahr: »Ich musste Kollegen das Lesen beibringen. Sie hatten ihre Positionen durch Vetternwirtschaft und Korruption erlangt.«

Wie viele Palästinenser schlich er sich schwarz zum Arbeiten nach Israel ein, organisierte Renovierungen alter Häuser in Tel Aviv und Haifa. Als er erwischt wurde, brachte man ihn zurück nach Jenin. Er begann, Autos zu stehlen. Wurde wieder erwischt, saß wieder ein und fuhr danach Laster, bis er den Job verlor. Die Zweite Intifada hatte begonnen, der Verkehr zwischen West Bank und Israel war eingefroren worden.

Ein Freund wurde erschossen, Zakaria lernte, Bomben herzustellen. Dann wurde seine Mutter bei einer Razzia im Lager erschossen. Kurz darauf traf auch seinen Bruder eine Kugel. Zakaria fühlte sich von seinen israelischen Freunden betrogen, die im Haus seiner Mutter mit ihm Theater gespielt hatten und sich nun nicht mehr meldeten. Er schloss sich den Al-Aqsa-Brigaden an, dem bewaffneten Flügel der Fatah, und galt bald als der mächtigste Mann Jenins. In einem Zeitungsinterview 2004 sagte er: »Ich habe die Führung in der Stadt inne. Die Polizei? Stört nur den Verkehr. Wenn's ein Problem gibt, kommen die Leute zu mir. Wenn ich einen Dieb erwische, lasse ich ihn die Beute zurückgeben, und vielleicht überzeuge ich ihn, den Brigaden beizutreten, dann hilft er uns andere Diebe dingfest zu machen.« Im selben Jahr erklärte er sich für ein Selbstmordattentat in Tel Aviv verantwortlich.

Bald stand er ganz oben auf Israels Abschussliste von Staatsfeinden, vier Versuchen entkam er. 2007 schließlich verkündete Israel eine Amnestie für Milizen der Brigaden, sollten sie ihre Waffen ablegen, und Zakaria nahm das Angebot an. Juliano

Mer-Khamis bot ihm an, als Direktor beim Freedom Theatre einzusteigen. Auf die Frage, wieso er das Kämpfen aufgegeben habe,
sagte er: »Wegen des Konflikts zwischen Fatah und Hamas. Wir
können Israel nicht besiegen. Mein Ziel war es, eine Botschaft an
die Welt zu senden. Zu Arafats Zeiten hatten wir einen Plan, eine
Strategie, bekamen Handlungsanweisungen, jetzt gibt's niemanden mehr, der klare Ziele vorgibt.« Er wolle sich nun dem kulturellen Widerstand widmen.

  Zakaria Zubeidi, Frau und zwei Kinder, Bombenbastler, Licht-
gestalt, Schattenkrieger, eine lebende Legende, hat es geschafft,
die Ikone des Widerstands zu bleiben und gleichzeitig von westlichen Politikern ernst genommen zu werden. Seit Zubeidis Sinnes-
wandel wird Jenin als Laborversuch für einen funktionierenden
Palästinenserstaat gesehen.

Schließlich löse ich mich von dem Bild und wandere durch die Altstadt zurück. Im Gästehaus hatte man mir empfohlen, eine Frau-
enkooperative zu besuchen. Ich war nicht besonders interessiert,
muss ich zugeben. In der West Bank wimmelt es von Frauenko-
operativen, und mit Sicherheit ist das eine wunderbare Sache. Ich
habe Frauenzentren in Hebron besucht, in Flüchtlingslagern, in
einem Dorf bei Nablus. Meist geht es darum, unterprivilegierten
Frauen Zugang zu Bildung zu ermöglichen, alte Handwerkstradi-
tionen aufleben zu lassen und die Produkte über soziale Projekte
und an interessierte Touristinnen zu verkaufen.

  Die Besuche liefen bisher immer nach dem gleichen Muster
ab. Man trinkt Tee, lächelt sich um die Wette an und tauscht Komplimente aus, bekommt Stickereien in allen möglichen Formen
präsentiert und kauft schließlich einen Schlüsselanhänger. Meist
übersetzt irgendjemand, der jede Frage und jede Antwort schon
tausendmal gehört hat und eine imaginäre PR-Broschüre herun-
terrattert. Man nickt höflich und sagt: »Das ist eine tolle Sache«,
dann schreibt man seine E-Mail-Adresse auf, denn vielleicht kann

man ja weitervernetzen in seinem Heimatland. Aber eine E-Mail wird man niemals bekommen.

Ich bin mir nicht sicher, ob diese Zentren irgendeinen Einfluss auf die Rolle der Frau im patriarchalen Palästina haben. Denn auch hier bleiben die Frauen unter sich. Mädchen, die von Frauen Klöppeln lernen, das kommt mir nicht sehr innovativ vor. Aber irgendwie erhoffe ich mir ein bisschen heile Welt in einem Tee mit viel Zucker, und auch gegen ein Wettlächeln habe ich nichts einzuwenden.

Das Zentrum befindet sich in einem verwucherten Hinterhof, um den ein paar alte, schöne Steinbauten stehen. Wegen des Regens seien heute keine Frauen gekommen, erklärt Hyam Abu Zahra en Ahmad, die Leiterin. Sie sitzt stolz hinter einem monumentalen Schreibtisch aus dunklem Holz. Sie legt Wert auf den vollen Namen, denn sie ist, wie ich erfahre, die Mutter einer weiteren Legendengestalt von Jenin. Ihr Sohn war es, der die Idee mit dem Zentrum hatte, und nun führt sie, die Mutter, sein Erbe weiter. Imad Abu Zahra war ein Journalist, der für palästinensische und israelische Agenturen fotografierte, der seine Mutter so sehr respektierte, dass er sich nur auf Knien mit ihr unterhielt, der eine eigene Zeitung über Jenin herausbrachte, der sich für ein Stipendium an einer israelischen Uni beworben hatte und der während der Schlacht von Jenin in seiner Presseweste erschossen wurde, als er mit einer Kamera auf einen Panzer zielte.

Hier gibt es keine Schlüsselanhänger zu kaufen, dafür ein riesiges besticktes Leintuch, das Jerusalem zeigt, mit vielen Halbmonden auf den Dächern, und einem Kreuz. Hinter der Stadt fällt eine Friedenstaube von den Dächern, Blut spritzt von ihren Federn, sie wird von einer Riesenschlange attackiert, die mit zwei Köpfen aus dem Pflaster vor den Mauern der alten Stadt bricht, den Felsendom würgt, ihre Schwanzspitze ragt aus einem Davidstern am Boden.

Ich sehe nur ein Gegenmittel, um dieses Fortsetzungsdrama in meinem Kopf zu beenden: »Dead Snow 2«, die schlachtenden Nazis. Aber als ich, zurück im Gästehaus, eine Stunde vor Vorstellungsbeginn nach den Tickets frage, sagt der Mann hinter der Rezeption, dass das Kino heute wegen fehlender Nachfrage leider keine Vorstellungen gebe.

Er geht nach Hause, und wieder bin ich alleine in einem Gästehaus. Ein Palast, der knarzt und brummt, während ich an der riesigen Tafel im Speisesaal darauf warte, dass sich mein Kopf ausschaltet. Ich habe vergessen, mir etwas zu essen zu besorgen, und krame mich durch die Küchenzeile. Ein Päckchen Reis steht da noch und eine Armada von Gewürzen, zurückgelassen wahrscheinlich noch von den freiwilligen Helfern Vetters. Eingetrocknete Sojasoße mit japanischer Aufschrift, ein letzter Tropfen Worcestersoße, steirisches Kürbiskernöl, indisches Massala.

Von den Geräuschen der osmanischen Villa abgesehen, ist es so still im Stadtzentrum von Jenin, dass ich mir kaum vorstellen kann, dass hier einmal Schüsse und Explosionen durch die Nacht brachen. Aus den Lautsprechern der Minarette von Jenin soll im April 2002, als die Panzer einrückten, den ganzen Tag lang zum Kampf aufgerufen worden sein: »An alle Palästinenser, Hamas, Fatah, Dschihad. Wehrt euch gegen die Armee. Wir sind in Gefahr!«

Frühmorgens erwache ich in meinem Stockbett nicht vom Gesang eines Muezzins, sondern von einem ganzen Chor, ihre Rufe schwappen in Wellen aus den umliegenden Tälern.

Kapitel

15

Warteschleife auf Lebenszeit

Über das Paradies: »*Es gibt einen Baum, in dessen Schatten ein Reiter hundert Jahre lang dahinreiten kann, ohne je den äußeren Rand des Schattens zu erreichen.*«

»SAHIH MUSLIM«, BUCH 40, NUMMER 6784

JENIN, LUFTLINIE VON JERUSALEM: 77,68 KILOMETER

Der Papagei ist schmutzigblau mit gelber Brust – und schwer; er krallt sich mit knotigen Fingern um mein Handgelenk, als ob unter ihm ein Dschungelfluss tosen würde. Dabei sind da nur die sandfarbenen, glattpolierten Pflastersteine in einem der unzähligen Durchgänge der Altstadt von Jenin. Er könnte jetzt einfach nach draußen flattern, macht er aber nicht.

Suad knipst ein Foto von uns. Es ist schwer zu sagen, wer darauf erschrockener aussieht, der Vogel oder ich. Suad arbeitet in einer Tierhandlung. Vögelchen in allen Formaten sitzen in kleinen Käfigen, das Gepiepse stapelt sich bis an die Decke des Geschäfts. Schlangen und Vögel – sonst gibt es nichts bei Suad. »Erde und Himmel«, erklärt er das Angebot.

Suad hat, anders als sein Papagei, einen kleinen Flügelschlag gemacht, auch wenn der unbedeutend scheint. Denn er lebt immer noch in der Stadt, in der er aufgewachsen ist. Er ist nur vom Westen in den Osten umgezogen. Suad stammt aus Jenin. Das würde er selbst aber so nie sagen. Denn das Flüchtlingslager, in dem er aufgewachsen ist, liegt zwar mitten in der Stadt, ist faktisch sein Geburtsort, und auf der Karte sieht es aus wie ein Stadtviertel – aber die fünfzehntausend Bewohner werden nicht zu den Einwohnern von Jenin gezählt.

Im Westjordanland sind siebenhundertfünfzigtausend Menschen als Flüchtlinge registriert, etwa einhundertfünfzigtausend davon leben in neunzehn Flüchtlingslagern, die sich meist mitten in den größeren Städten befinden. Das Lager ist ein Nichtort, eine Übergangslösung, nun schon seit fünfundsechzig Jahren. Suad ist einer von Millionen Palästinensern, die den Flüchtlingsstatus von ihren Großeltern geerbt haben. Und es ist die Art von Erbe, die man nicht ablehnen kann. Suads Heimat ist das Lager nicht, genauso wenig wie die kleine Wohnung hinter dem Laden. Seine Heimat ist Haifa, eine Stadt, die er nie gesehen hat.

Mir kommt das widersinnig vor.

Eine gute Freundin von mir ist vor zehn Jahren aus Afghanistan geflohen, die eigene Wohnung in München war das Wichtigste für sie. Keine Notunterkunft mehr und kein Stigma. Weitermachen statt warten. Die Familie meines Vaters ist 1956 aus Ungarn geflohen, auch sie sind durch Auffanglager gezogen – wenn auch wesentlich wohlwollender behandelt damals – mit dem Ziel, das alte Leben hinter sich zu lassen. Weder mein Vater noch ich würden uns als Flüchtlinge bezeichnen, schon gar nicht mein Neffe.

»Aber bei uns ist das anders«, sagt Suad. »Wir wollen ja zurück. Wenn ich sage, dass ich aus Jenin bin oder aus dem Lager, hat meine Familie umsonst gewartet. Dann leugne ich doch die Nakba.«

Die Flüchtlinge und ihre Nachfahren sind zu einem lebendigen Mahnmal geworden, ihre Insignie könnte man wie die Kefije
und den Olivenbaum auf die palästinensische Flagge drucken:
    In die meisten Lager führt ein Rundbogen-Tor, auf dem die
Skulptur eines schmiedeeisernen altmodischen Hausschlüssels
liegt. Manchmal sieht man diesen Schlüssel auch auf Verkehrsinseln. Die vertriebenen und geflohenen Palästinenser von 1948,
sagt man, haben ihre Wohnungsschlüssel mitgenommen, zu den
Häusern in Yafo (Jaffa) oder Haifa und all den Dörfern drumherum. Der Schlüssel steht für die Nakba, den Tag der Katastrophe
– und für die Forderung nach dem Recht auf Rückkehr.
    Der Schlüssel begegnet einem überall, auf Graffiti, in Souve-
nirshops, auf Stickereien in den Wohnzimmern, er ist zum Natio-
nalsymbol Palästinas geworden – wie der kleine Handala.
    Handala ist die berühmteste Comicfigur Palästinas, ein zehnjäh-
riger Junge, dessen Gesicht man nicht kennt, denn er steht immer
mit dem Rücken zum Betrachter. Man sieht nur seine verschränkten Hände. Er hat ein paar Stoppeln auf dem Kopf, trägt abgerisse-
ne Kleidung und ist barfuß. Er ist kein Akteur, er ist ein Beobachter. Handala wurde Mitte der Siebzigerjahre im Libanon geboren.
Dort war sein Erschaffer, Naji Salim Al-Ali, als Zehnjähriger mit seinen Eltern in einem Flüchtlingslager gelandet. Al-Ali wurde 1987 in
London ermordet, das Verbrechen niemals aufgeklärt. Aber Handala steht immer noch genauso verloren herum. Auf einem Graffito an
einer Wand, auf einem Posterdruck in einer Schule. Al-Ali erklärte:
»Seine Hände hat er auf dem Rücken als Zeichen der Ablehnung der
amerikanischen Lösungen, die uns präsentiert wurden. Er wird immer zehn Jahre alt bleiben, und erst erwachsen werden, wenn er seine Heimat wieder zurückbekommt.«
    Suad hat nicht nur den Schlüssel von seinen Großeltern erhal-
ten, ihm wurde auch der Flüchtlingsstatus offiziell vererbt.
    Dafür ist die UNRWA (United Nations Relief and Works
Agency for Palestine Refugees in the Far East) zuständig, die ein-

zige UN-Flüchtlingsinstitution, die ihre Arbeit ausschließlich einer einzigen Volksgruppe zukommen lässt, und zudem die einzige UN-Einrichtung, die Nachkommen von ursprünglichen Flüchtlingen ebenfalls als Flüchtlinge designiert. Die Idee dahinter war, dass das Recht auf Rückkehr in die Heimat aufrechterhalten bleibt und die palästinensische Identität somit geschützt wird – wenn auch nur auf dem Papier.

Die UNRWA ist ein Sondermodell der internationalen Flüchtlingshilfe, zugeschnitten auf ein Sondermodell von Flüchtlingen. Allerdings ging es um eine temporäre Lösung, niemand hatte damit gerechnet, dass die Flüchtlinge noch in der vierten Generation auf diese Rückkehr warten würden.

Die Straße zum Camp führt durchs Zentrum von Jenin und steht völlig unter Wasser, sie ist gesäumt von kleinen Ständen, an denen Arbeiter verkohlte Kebabspieße essen. Und Schulkinder Süßigkeiten und Chips kaufen, manche teilen sich zu fünft einen Regenschirm, andere lassen sich stoisch durchweichen.

Kleine Städte, sagt man, seien die palästinensischen Lager inzwischen. Weil es feste Bauten gibt und Straßen, Geschäfte und Schulen. Aber als ich hinter dem Al Shifa Hospital links abbiege ins schale Grau, erkenne ich höchstens das Abziehbild einer palästinensischen Stadt.

Vor fast fünfundsechzig Jahren hat die UNO das Land für einhundert Jahre gepachtet, um den Flüchtlingen Unterkunft zu geben. Nachdem sich abzeichnete, dass der Bedarf an den Diensten der UNRWA nicht nachlassen würde, hat die Generalversammlung das Mandat der Organisation regelmäßig verlängert. Über die Jahre wurde die UNRWA zu einem Selbstläufer. Mittlerweile übernimmt die Organisation klassische Regierungsaufgaben wie Gesundheitsversorgung, Bildung, Stadtplanung und Sozialhilfe. Inzwischen kann der Flüchtlingsstatus sogar per Adoption an Per-

sonen weitergegeben werden, die bislang keinen Anspruch auf
Unterstützungsleistungen der UNRWA hatten.

Nach Schätzung der Vereinten Nationen hatten 1948 etwa sie-
benhunderttausend Palästinenser ihre Heimat verloren, dazu kamen nach dem Sechstagekrieg noch mal etwa dreihunderttausend.
Von 1967 bis 2013 wuchs die Zahl der Palästinenser in Gaza und der
West Bank rasant, von vierhundertfünfzigtausend auf fast viereinhalb Millionen. Es ist eine Gesellschaft der Kinder, vierzig Prozent sind unter fünfzehn Jahre alt. Heute definiert die UNRWA einen Großteil des palästinensischen Volkes als Flüchtlinge, weil der
Flüchtlingsstatus in väterlicher Linie vererbt wird. Rund fünf Millionen palästinensische Flüchtlinge und Binnenflüchtlinge sind be-
rechtigt, UNRWA-Leistungen entgegenzunehmen, während ihre
Zahl insgesamt auf sieben Millionen geschätzt wird. Nicht wenige
Stimmen werfen den Palästinensern vor, sie versuchten, wie die or-
thodoxen Juden, mit einer Bevölkerungsexplosion zu ihrem Recht
zu kommen, und die UNRWA unterstütze das.

Die Straßen sind eng und ohne Namen. Die Häuser fensterlos.
Keine Pflanzen, dafür Feuertonnen vor Lagerräumen, die wie Ga-
ragen aussehen. Um die Tonnen sitzen Männer und halten sich die
Finger warm. In den Räumen stapeln sich Gemüse oder Klei-
dungsballen. In einem der Löcher gackern zerrupfte Hühner in
Käfigen, während sie in die nahe Zukunft sehen: Auf einem rostigen Gestell hängt mit gespreizten Flügeln eine nackte Schwester
ohne Kopf. Auf dem Tisch dahinter braust ein junger Mann drei
weitere Bälge mit einem Flammenwerfer ab, um die letzten Feder-
flusen zu entfernen.

Ich fühle mich wie ein Eindringling aus einer anderen Welt und
ernte misstrauische Blicke – statt einer Einladung zum Tee, wie
ich gehofft hatte. Ich will schon aufgeben, als ich plötzlich stutze.
In einem Verhau aus Übergangslösungen, rostigen Blechdächern
und verschmiertem Beton blitzen die hellen rohen Steinquader ei-

nes kleinen Häuschens. Wie die Rinde eines uralten Baumes, der nach und nach von Parasitenpflanzen umwachsen wurde. So einen Baum habe ich mal in einem Dschungel in Uganda gesehen. Es war kaum noch zu erkennen, wie die Stammpflanze aussah. Ein junger Mann in Anzughose und durchweichten Lederslippern steht in der Pfütze unter dem Vordach.

»Das ist der alte Bahnhof für die Züge nach Haifa«, erklärt er mir. »Willst du das Paradies sehen?«

Er zieht mich durch einen Hauseingang aufs Flachdach hinauf. »Dahinten, da liegt die Heimat, da ist das Meer, Platz zum Atmen.«

Ich sehe nicht viel, was am Wetter liegt, aber allmählich begreife ich das große Dilemma. Haifa ist nur dreißig Kilometer entfernt. Das Lager, längst zu einem Stadtviertel gewachsen, ist Klein-Haifa. Die Bewohner stammen fast alle aus den fünfundsechzig palästinensischen Dörfern um die nun israelische Stadt. »Die Israelis haben sich die schönsten Plätze genommen«, sagt Montaser.

Montaser ist fünfundzwanzig Jahre alt, er kennt Haifa wie Suad nur aus der Ferne. »Egal, wen du hier fragst. Jeder Fünfjährige wird dir sagen, dass er aus Haifa kommt, nicht aus Jenin.« Montaser nennt es das Achtundvierziger-Land. Palästina, wie es seine Großeltern kannten.

Seine Familie war erst nach Jordanien geflohen, dort wurde er in einem Flüchtlingslager geboren, am Nakba-Tag, am Tag der Vertreibung, an den die Palästinenser jedes Jahr mit Demonstrationen erinnern, die oft zu Straßenkämpfen mit den Soldaten ausarten. »Deswegen haben mich meine Eltern Montaser genannt, es bedeutet Sieger.« Aber dann erfuhr der Großvater vom Camp in Jenin, und sie siedelten von einer Notlösung in die nächste um. Ins Lager, das sich, wie an einen Rettungsring aus der Vergangenheit, an den alten Bahnhof klammert.

Später lese ich, dass das Gebäude mal zu einer Station der Jezreel Valley Railway gehörte, die Haifa mit der größeren Hedschas-Bahn verband. Diese wiederum rollte von Damaskus nach Medina, allerdings nur von 1908 bis 1920. Ursprüngliche Idee war es, den Pilgern auf der Hadsch die vierzigtägige Wanderung durch die Wildnis über das Hedschas-Gebirge abzunehmen.

Damit Montaser auch seinen eigenen Kindern beibringen kann, dass die Heimat nicht so fern ist, dass es lohnt zu warten, hat er sich von einem Freund ein Steinchen mitbringen lassen aus dem Paradies. Aus Haifa. Es hat einen Ehrenplatz in dem Regal über seinem Bett.

»Würdest du das Lager denn nicht mal dann verlassen, wenn du genug Geld hättest, um dir anderswo ein Leben aufzubauen?«

»Ich weiß nicht. Die meisten bleiben. Manche haben sich ein Haus direkt neben dem Lager gebaut«, sagt Montaser.

Es kommt mir wie ein Leben im Wartezimmer vor. Aber vielleicht ist es ja genau das. Ein Patient, der schon den ganzen Tag für seinen Termin ausgeharrt hat, wird zwar mit jeder Minute wütender, aber er wird auch nicht mehr aufgeben, sondern weiter warten, bis er endlich drankommt.

In den überfüllten Flüchtlingslagern ist die Arbeitslosigkeit hoch, die Bildungssituation schlecht, die Stimmung trist. Und ihre Architektur spiegelt das wider. Die Häuser stehen so eng, dass sie sich selbst Schatten spenden. Aber etwas an der Optik zu verbessern, Bäume zu pflanzen, sich von der Notdürftigkeit wegzubewegen würde bedeuten, sich in der Situation einzurichten, das Provisorium aufzugeben, sich daheim zu fühlen. Wieso sollte man sich die Haare kämmen, wenn man gerade einen kollektiven Hungerstreik durchführt?

Auf dem Rückweg komme ich am offiziellen Eingang des Camps raus, hier steht auf einem Rondell mitten in der Straße: »Al-Hisan«.

Kantig, fünf Meter hoch, stolz, bunt – ein Pferd. Thomas Kipp-
ler, ein Künstler aus Stuttgart, hat die Skulptur 2003 mit Teenagern
aus dem Lager zusammengeschustert. Auch das Pferd entspricht
keiner Norm, ist nicht idealisiert dargestellt. Es ist den Ruinen
des Camps entstiegen, nach der Schlacht von Jenin. Es ist aus zer-
bombtem Schrott zusammengeflickt. Auf einem Puzzleteil steht
rot auf weiß »Ambulance«. Ein Lumpenpferd, das den Geist des
Lagers verkörpert. In der arabischen Poesie steht das Pferd seit jeher für Stärke und Sturheit. Später hat man es darüber hinaus mit
dem Himmel der Märtyrer verbunden. »Al-Hisan« aber sollte vor
allem für den Wiederaufbau Jenins stehen. Ironischerweise wurden bei diesem Wiederaufbau auch einige Straßen endlich etwas
verbreitert. Damit Panzer zukünftig besser durchpassen.

Kapitel

16

Klanwirtschaft
im Niemandsland

»*Vermutlich war ihnen nicht bewußt, was sie da taten. Eines
schönen Morgens war jedenfalls das Dorf Barta'a geteilt.*«

DAVID GROSSMANN

OST-BARTA'A, LUFTLINIE VON JERUSALEM: 79,55 KILOMETER

Der Verkehrspolizist von Barta'a hat einen aussichtslosen Job. Er soll den Fluss der Autos mit den gelben Kennzeichen verlangsamen, den israelischen. Aber man hätte genauso
gut eine der vielen Schaufensterpuppen aus dem Ort hinstellen
können – die Fahrer sind im Shoppingrausch: Der Schutzmann interessiert sie nicht, ebenso wenig wie die unsichtbare Grenze,
über die sie gerade rollen.

Wenn man von der Route 65 Richtung Afula aus dem israelischen Kernland kommt, warnt zwar ein Schild, dass es für israelische Bürger verboten sei, Autos zur Reparatur einzuführen. Aber
über andere Dienstleistungen sagt es nichts. Barta'a ist ein Drive-
in – für Chinaware, Hundefutter, Tischdecken, Hochzeitskleider.

Die Zeitung Haaretz bezeichnet Barta'a als eine Art Duty-free-Zone für Israelis.

Ein kümmerlicher Olivenbaum sitzt auf der Insel mitten im Rondell zwischen den Autos, die reinfahren, und denen, die rausfahren, und jedes Kind hier weiß, er markiert exakt die Grüne Linie, die Grenze zu einer anderen Welt. Eine andere Welt, in der Spielzeug weniger kostet – und in der andere Gesetze gelten. Der einzige Hinweis für Fremde ist der Steinbrocken dahinter, grob und lieblos behauen, als ob der Steinmetz klarmachen wollte, dass hier etwas schiefgegangen ist: »Geteiltes Barta'a«, steht da. »Am 3. April 1948 unterzeichneten Jordanien und Israel die Vereinbarung von Rhodos, in der Barta'a in einen Ostteil unter jordanischer Herrschaft und einen Westteil getrennt wurde, der zu Israel gehört. Das Wadi markiert die Grüne Linie.«

Das Wadi Elmia, das im Winter Wasser vom Bergland bis zum Mittelmeer führt, verläuft rechts und links des Olivenbaums. Hier, im Zentrum des Dorfes, sumpft der Rest davon in einem betonierten Graben als Müllpfütze vor sich hin.

Keine physische Barriere trennt die einen von den anderen, schreibt Privilegien fest und Lebensläufe, sondern ein Kreisverkehr – der auf den Außenstehenden, auf mich, wie das pulsierende Herz dieser Winzstadt wirkt. Die nicht reich aussieht und nicht arm, hier im Zentrum ein bisschen wie Ramallah en miniature. Bunt zusammengewürfelte, schlichte Häuser mit maximal zwei Stockwerken, die zur Straße hin alle eine Auslage haben. Vor deren Ladentüren halbe Puppen baumeln, die steifen Plastikbeine in bunten Leggings, Pyramiden aufgebaut sind mit staubigen Kartons, darin Kriegsspielzeug, made in China, ramschige Partydeko – alles, was man nicht braucht, wie meine Freundin Alessandra sagt, als sie die Beschreibung auf einer Soldatenpuppe vorliest: »Für eine bessere Eltern-Kind-Beziehung, mehr Selbstvertrauen und Mut«.

Im Geschäft nebenan gibt's handgestopfte Filterzigaretten aus immer dem gleichen Tabak, aber in unterschiedlich bedruckten

186

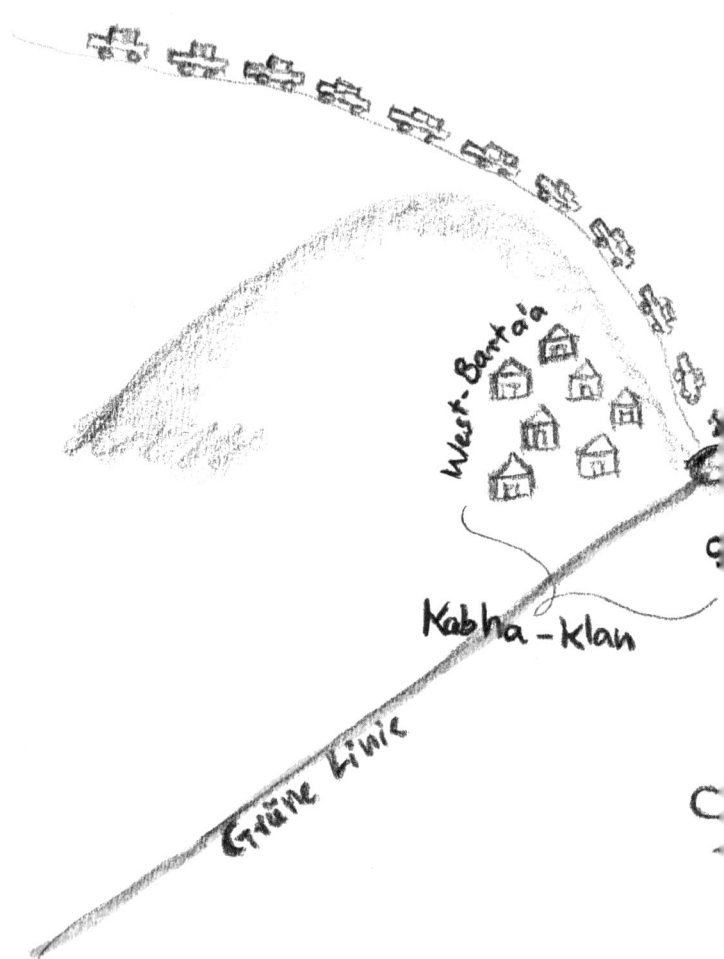

West-Barta'a

Kabha-klan

Grüne Linie

rael

Kinder vergnügungspark

"Duty-Free"

Hamzeh

a'q

mzone

km

Speerwall

Checkpoint

Jenin

Packungen. Am beliebtesten ist die Marke Obama, die mit einem
Zehn-Schekel-Stück auf der Packung wirbt, weil sie nur knapp
zwei Euro kostet. Der Verkäufer will mir unbedingt eine Schachtel
schenken. Wenige Minuten später werden wir vom Gemüsehänd-
ler auf eine Portion Taboulé eingeladen. Flanierende Fremde sind
in Barta'a höchst willkommen.

Eigentlich wollte ich mir das Wirtschaftswunder von Barta'a
bereits anschauen, als ich in Jenin war. Aber am Checkpoint Reihan dürfen nur Einwohner durch – und Arbeiter mit Sondergenehmigung. Also bin ich mit Alessandra zusammen von Tel Aviv
aus mit dem Auto Richtung Norden gefahren.

Ost-Barta'a gehört zu den Dörfern, die in der Saumzone der
West Bank liegen, in dem Streifen, der sich zwischen der Grünen
Linie und dem Sperrwall befindet. Israel bezeichnet den Streifen
als Pufferzone. In Barta'a ist sie etwa drei Kilometer breit. Dass der
Verlauf des Walls, der hier ein Zaun ist, großzügig von der Grünen
Linie abweicht, wird von den Palästinensern als Landnahme ausgelegt, von den Israelis als Schutz der israelischen Grenzorte – und der
Siedler. Außerdem argumentiert Israel mit der Topografie: Der Wall
könne nicht im Tal stehen, denn dann befänden sich patrouillieren-
de Soldaten strategisch in der schlechteren Position. Israelis dürfen
sich in der Saumzone frei bewegen, Palästinenser nur mit Nachweis
eines festen Wohnsitzes, Ackergrunds oder eines Geschäfts.

Etwa sechzigtausend Palästinenser leben seit dem Mauerbau
in solchen Enklaven, aber die seltsame Geschichte der Menschen
von Barta'a begann schon fünfzig Jahre zuvor: Bereits als die Grüne Linie gezogen wurde, orientierte man sich an der Geografie
und nicht an den Menschen. In Barta'a teilt sie den Kabha-Klan,
dem fast alle Einwohner von Ost und West angehören. Dreitausendsechshundert Kabhas auf der einen Seite, viertausendsieben-
hundert Kabhas auf der anderen. Deswegen gibt es für einen Ort
zwei Bürgermeister, zwei Feuerwachen, zwei Friedhöfe, zwei Ge-
setzeslagen, zwei Identitäten.

Hamzeh Kabha gehört per Geburt auf die Ostseite. Wir sitzen bei ihm auf der Terrasse. Er erweitert sie gerade, wir mussten über eine Leiter hochklettern. Hamzeh ist – unter anderem – Bauunternehmer, und endlich war mal Zeit fürs Haus der eigenen Familie. Vor sechs Jahren ist er aus Deutschland zurückgekommen. »Und da haben wir genug drinnen rumgesessen«, findet der Vierundfünfzigjährige. Er spricht sehr gut Deutsch, nur das harte *ch* und die blumigen Redewendungen entlarven seine Herkunft. 1982 zog er nach Freiburg. »Damals gingen viele als Gastarbeiter nach Deutschland. Ich kenne vielleicht vierzig Leute aus dem Dorf.«

Hamzeh scheint in Barta'a eine illustre Persönlichkeit zu sein: »Ihr seid Journalisten? Dann müsst ihr Hamzeh kennenlernen«, riet uns ein Schrotthändler am Dorfeingang.

Über die unsichtbare Grüne Linie sind wir im Fluss der israelischen Autos einfach drübergefahren. Auch Hamzeh darf sie in beide Richtungen passieren, weil er als Geschäftsmann mit einem gewissen Jahresumsatz eine Sondergenehmigung hat – sein Bruder Mohammed allerdings ist illegal, wenn er sich auf der Westseite aufhält. Er saß schon mal sieben Monate im Gefängnis, musste umgerechnet zweitausend Euro Strafe zahlen, weil eine israelische Kontrolle ihn in einem Restaurant westlich des Olivenbaums erwischte. Hamzehs Frau Jasmin wiederum stammt von drüben. »Es gibt viele gemischte Paare in Barta'a«, erklärt er. Das klingt merkwürdig – zwar hat Jasmin blaue Augen und einen hellen Porzellanteint, Hamzeh ist dunkler mit braunen Knopfaugen – doch sind sie verwandt. Cousin und Cousine. Offiziell ist Hamzeh Palästinenser, Jasmin arabische Israelin.

Ihre Ehe wurde von den Familien arrangiert, als Hamzeh schon sechzehn Jahre in Deutschland lebte. In Freiburg hat er Deutsch gelernt, in Karlsruhe Elektrotechnik studiert und später einen guten Job im Marketing einer IT-Firma gefunden.

Die Vorzüge des Westens scheinen in Jasmins Augen vor allem eine Geschmacksfrage zu sein, wie bei der Sache mit dem Hochzeitskleid. »Ich wollte es in Israel kaufen, etwas Edleres, nicht so viel Gerüsche.« Aber für das Kleid war Hamzehs Familie zuständig – und die war entsetzt. »Ich sollte mit ihnen nach Jenin, um das Kleid auszusuchen.« Die Jeniner Brautmodeläden waren damals noch nicht nach Ost-Barta'a umgezogen, um vom Drive-in zu profitieren. Heute kann Jasmin über den Streit lachen, damals war es ihre erste Auseinandersetzung mit dem Leben auf der anderen Seite.

Damit ihre Kinder den israelischen Ausweis und die damit verbundenen Privilegien behalten dürfen, sind sie mit Jasmin in einer Zweitwohnung in West-Barta'a angemeldet. »Erst wohnten wir auf dem Papier bei meinen Großeltern«, erklärt Jasmin. »Aber dann kam eine Kontrolle und hat gesehen, dass es zu eng für mich und die fünf Kinder ist.«

Ihre Kinder besuchen die Schule in West-Barta'a. Wenn Hamzeh Zeit hat, bringt er sie mit seinem teuren Jeep in die Schule. Illegal, er darf im Westen nicht mit seinem Auto fahren. »Es ist schon immer Angst dabei. Manchmal steht da die Polizei, und dann hoffe ich, sie sprechen mich nicht an. Wenn sie was sagen, muss ich mich rausreden. Dann heißt es entweder: ›Hau ab‹ oder ›Komm mit‹. Es ist schon komisch, bis vor fünfzehn Jahren konnte man mit einer Schrottkarre mit palästinensischem Kennzeichen bis nach Tel Aviv fahren.«

Wenn Hamzeh mit seiner Familie dagegen Richtung Osten fahren will, zum Beispiel nach Jenin, muss er den Checkpoint Reihan passieren. Dort wiederum sind die israelischen Ausweise der Kinder ein Problem.

»Letztes Mal fragte ich den Offizier: Wieso schreibt ihr das nicht auf, wieso muss ich jedes Mal nachweisen, dass das meine Kinder sind?«

»Jedes Mal?«, fragte der Offizier zurück. »Vielleicht jedes fünfte Mal zieht ihr mich raus«, sagt Hamzeh. »Eben«, sagte der Offizier.

Wenn er das so genau wisse, sei es Absicht, sei es Schikane, sagt Hamzeh. »Irgendwann brauch ich eine Lösung, aber das Einzige, was mir einfällt, ist, die Ausweise der Kinder zu zerreißen, damit sie offiziell Palästinenser sind.«

Alessandra und ich können uns das nicht vorstellen. Diesen Alltag, den Hamzeh »frei und doch unfrei nennt«. Er sagt, Barta'a sei eine Grauzone, in der weder die palästinensischen Behörden noch Israel so richtig Einfluss hätten. Deswegen hätten viele Geschäftsleute ihre Läden aus den palästinensischen Städten Nablus oder Jenin nach Barta'a verlagert und passierten nun täglich den Checkpoint. Deswegen seien viele Autos gar nicht angemeldet und hätten gefälschte israelische Kennzeichen. Nicht alle Läden zahlten ihre Steuer ans palästinensische Finanzamt und könnten die Preise entsprechend drücken.

Hamzeh zeigt auf die blaue Fassade gegenüber. »Das ist mein Elternhaus, dort saß ich als Kind mit meinem Vater im Schatten des Chinabaums, wir konnten nach West-Barta'a gucken, all die Häuser dazwischen gab's damals noch nicht.«

Damals, das war vor den Intifadas. Als Ost-Barta'a noch kaum eigene Geschäfte hatte. Als man mit dem »Vor-der-Linie-Bus«, wie man ihn nannte, die dreißig Kilometer nach Jenin zum Einkaufen fuhr oder wie Hamzeh ins nächste Gymnasium.

Hamzeh zeigt auf ein anderes Haus. »Das gehört meinem Onkel. Als ich klein war, befand sich dort nur eine Steinplatte, auf der wir die Gerste mahlten. Ein Pferd zog eine Holzlatte über den Stein, immer im Kreis, und wir Kinder sprangen darauf rum.«

Ich frage Hamzeh, wie er den Aufschwung von Ost-Barta'a beurteile. »Klar tut's der Wirtschaft gut, aber das ist nur ein Aspekt. Wir sind ein kleines Dorf mit kleinkarierten Ansichten. Wenn vor ein paar Jahren jemand wie du im T-Shirt hier rumgelaufen wäre, hätte man gesagt: ›Bedeck dich.‹« Ich zupple geniert an meinen Ärmeln rum. Tatsächlich hatte ich angenommen, im halbisraelischen Barta'a sei es okay, sich sommerlicher zu kleiden.

Seine Tochter Rania grinst. Der Sechzehnjährigen geht es wie ihrer Mutter: »Ich kaufe lieber in Israel Kleidung. Da gibt's schönere Sachen. Im Internet bestellen ist schwer in Palästina, hier gibt's ja nicht mal eine richtige Post.«

Ich frage Rania, wo es ihr besser gefalle, im Osten oder im Westen. »Hier ist meine Familie, aber man sieht schon, wie soll ich sagen ...«, sie guckt verlegen zum Vater und ringt sich dann doch durch, »... dass es hier etwas unordentlicher ist.« Rania ist groß und fraulich, trägt die Haare verschleiert über ihren H&M-Klamotten und wirkt sehr besonnen für einen Teenager. Ihre ersten zehn Lebensjahre hat sie in Karlsruhe verbracht. Sie wächst in drei Kulturkreisen auf.

Dass sich die Lebenssituation im palästinensischen Teil nur oberflächlich verbessert hat, hat Hamzeh am eigenen Leib erfahren. »Es geht um Konsum. Um Dienstleistung. Wenn die Israelis wollten, dass wir eine echte Wirtschaft entwickeln, dann dürften wir ein Zementwerk bauen, eine Kälberfarm haben. Aber Israel will, dass wir von dort importieren. Wir können zwar auch aus dem Ausland Rohstoffe einführen, aber dann zahlen wir Zoll an Israel.«

Die Plastikverarbeitungsfabrik, die er vor zwei Jahren am Ortseingang gebaut hatte, wurde von Bulldozern niedergewalzt, weil Hamzeh keine Genehmigung besaß. »So machen wir das hier: bauen als Wettstreit gegen die Zeit. Wenn plötzlich zwanzig neue Häuser dastehen, können die Israelis sie nicht einfach abreißen, das bekäme ihnen in der Weltöffentlichkeit nicht gut.« Dabei gehört Hamzeh zu den Privilegierten. Er führt mit seinem Bruder die einzige Tankstelle im Ort. Bei den zwanzigtausend israelischen Autos, die sich an vielen Tagen durch Barta'a drängen, muss sie eine Goldgrube sein.

Hamzeh bestellt manchmal Arbeiter für Bauprojekte aus dem Westjordanland hinter dem Sperrwall. Allerdings muss er oft Wochen warten, bis sie eine Genehmigung erhalten. »Ich zahle hier für einen Arbeiter dreißig, vierzig Prozent mehr als für einen aus Jenin. Für uns ist hier alles teurer, für die Israelis ist es günstiger.«

Während Jasmin kocht, erzählt sie, dass sie sich in Deutschland durchaus angepasst hätten. Sie war zwar verschleiert, ist mit ihren Kindern aber zum Beispiel zum Turnen gegangen. »Jetzt, wo wir hier sind, macht Rania keinen Sport mehr.« Sie seufzt. »Hier wird nur gegessen«, sagt Rania und seufzt auch.

Eine Woche nach der Hochzeit zog Jasmin nach Karlsruhe. Erst war sie sehr traurig, dann gefiel es ihr in Deutschland. Wenn sie die Kleinen in den Kindergarten gebracht hatte, machte sie lange Spaziergänge im Park. In Barta'a ist es laut und staubig, seit die Autos aus Israel kommen.

»Wieso seid ihr denn zurück?«, will Alessandra wissen. »Wegen der Kinder, sie sollen bei ihrer Familie aufwachsen.«

Familie ist alles in Barta'a. Und es scheint, als ob die Teilung die Kabhas nur näher zusammengebracht hat. Man hilft sich. Man heiratet. Aber man redet auch nicht nur gut übereinander. So wie das in Familien eben ist.

Die Bürgermeister stehen in engem Kontakt. Allein, weil fünfhundert Leute, die wie Jasmin in West-Barta'a gemeldet sind, eigentlich in Ost-Barta'a leben. Im Amt von Ghassan Kabha im Ostteil hängt die palästinensische Flagge über dem Schreibtisch. Bei Raed Kabha im Westteil steht die israelische Flagge in einer Ecke hinter der Tür. Der Ostbürgermeister ist eigentlich der Leiter des Amtes für Jugend und Sport in Nablus. Die Bürgermeisterei ist für ihn ein Ehrenamt. Ghassan wurde nicht gewählt, sondern von der Fatah ernannt, Raed verwaltet noch zwei Nachbardörfer in Israel. Bei Bauprojekten im Westen hilft Ost-Barta'a mit Geld aus, West-Barta'a lässt bei Gängelungen von israelischer Seite seinen Einfluss spielen. Die Müllabfuhr im Westen soll bald vom Osten übernommen werden, das ist günstiger. Und wie das in Dörfern so ist, sind die beiden für alles zuständig, was den Alltag der Einwohner betrifft. Bei jedem Streit, jedem Diebstahl klingelt ihr Telefon. In

Barta'a regelt man diese Dinge lieber in der Familie, statt zur israelischen Polizei zu gehen. »Wir haben unsere Geheimpolizei: die
Frauen und Kinder«, erklärt Hamzeh. »In der israelischen Büro-
kratie dauert alles ewig. Wenn bei uns jemand was klaut, weiß man
in vierundzwanzig Stunden, wer es war und an wen er verkauft
hat.« Man setze sich zusammen, finde eine Lösung, entschuldige
sich. Und meistens sei es damit gut.

Er ruft seinen Bruder Mohammed an, damit er uns mit dem All-
radwagen abholt, Hamzeh will uns die alte Quelle im Wadi zeigen,
auf dessen Hängen sich vor einhundertfünfzig Jahren ihre Vorfahren niedergelassen hatten. Über eine Schotterpiste fahren wir auf
der Ostseite aus dem Ort heraus. Es ist die Strecke, die Hamzeh
und seine Geschwister als Kinder jeden Tag vor der Schule mit
dem Esel zurücklegten, um frisches Trinkwasser zu holen. »Nach
der Sage hat hier die Ziege eines Beduinen Wasser gefunden und
er wurde sesshaft«, erklärt Hamzeh. »Früher gab es hier einige
Schmuggelpfade. Da wurden Waren ausgetauscht, die man auf der
anderen Seite nicht bekam. Das war wie bei euch, als es Bananen
nur im Westen gab.«

Die Geschichte des geteilten Dorfes hatte ich in einem alten
Zeitungsartikel von David Grossmann entdeckt: »Das Rad des Todes dreht sich«. Der israelische Schriftsteller zog kurz nach Beginn der Ersten Intifada durchs Westjordanland, um herauszufinden, ob es für die Palästinenser zwischen Widerstand und Selbstaufgabe einen dritten Weg gäbe. Damals war Ost-Barta'a noch
kein Einkaufszentrum, sondern ein ärmliches Bauerndorf mit
staubigen Straßen ohne Autos.

Grossmann ließ sich erzählen, wie es 1956 zwischen israelischen und jordanischen Truppen zu Gefechten kam und eine
›richtige‹ Grenze gebaut wurde. Ein Kanal ausgehoben wurde, der
das Wasser von der Quelle auf der israelischen Seite des Dorfes ins
Zentrum auf der jordanischen Seite leiten sollte. Wie die Kinder

im israelischen Teil sich einen Spaß daraus machten, ins Wasser zu pinkeln, um ihre Freunde auf der anderen Seite zu ärgern. Frauen Papierschiffchen mit Briefen in den jordanischen Teil zu ihren Freunden schickten. Wie Väter auf den Berg kletterten und auf die andere Seite rüberbrüllten, um zu verkünden, dass ein Kind geboren worden sei.

Auch Hamzeh kann sich noch erinnern, wie er im Wadi unter einem Johannisbrotbaum saß und sie die Hochzeit von Verwandten auf der israelischen Seite in Sichtweite mitfeierten. »Wir klatschten, tanzten und aßen hundert Meter neben ihnen.«

Das war 1967, kurz vor dem Sechstagekrieg und der Besetzung des Westjordanlands durch Israel. Was für viele Palästinenser eine weitere Vertreibung bedeutete, war für die Bewohner von Barta'a die lang ersehnte Zusammenführung. »Es war ein großes Fest, eine Tante aus West-Barta'a übernachtete zehn Tage im Haus unserer Familie«, erzählt Hamzeh. Er ging damals in die erste Klasse. Er war zu jung, um wahrzunehmen, dass sich einige Familien kaum wiedererkannten.

So jedenfalls erzählten es die Dorfbewohner David Grossmann, als er Barta'a kurz vor der zweiten Teilung besuchte: Im Osten trug man altmodische Kleidung, im Westen hatte man sich der Lebensweise der Israelis angepasst. »Unser Barta'a, das israelische, war reicher und aktiver«, sagte einer der westlichen Dorfbewohner zum Schriftsteller. »Was sahen wir: ein schmutziges Dorf, schäbig angezogene Leute in zwanzig Jahre alten Kleidern. Und alle hatten sie Bärte, bis zu zwei Meter lang. Wir lassen uns keinen Bart wachsen, wenn wir älter werden. Als Kinder spielten wir das Spiel ›Wer kann die meisten Bärte bei den Dafawin zählen‹. Dafawin, so hänseln wir die Leute, die in der Dafa leben, im Westjordanland.« Gleichzeitig fühlten die israelischen Barta'er, dass sie von den Israelis als Araber abgelehnt wurden und von den Nachbarn als Israelis. Mit den Restriktionen nach der Ersten Intifada durften die Dorfbewohner sich offiziell wieder nur aus der Ferne grüßen. Nach der Zweiten Intifada wurde es noch schwieriger, eine Genehmigung für einen Besuch bei den Verwandten auf der anderen Seite zu erhalten.

Das Wadi verwandelt sich schon kurz hinter dem Ortskern in eine zugewucherte Felsenschlucht. Am Ende der Straße überragt eine Gruppe Dattelpalmen die untersetzten Steineichen und Dornbüsche. Davor steht bereits ein anderer Jeep. Im Schatten der Krone eines mächtigen Johannisbrotbaums picknickt eine Familie aus dem Ort.

»Die Palmen hat die Kooperative gepflanzt«, erklärt Hamzeh. Denn auch das unterscheidet Ost-Barta'a von den meisten Dörfern der West Bank. In den Siebzigerjahren haben sich einhundertfünfzig Familien zusammengetan, um erst eine Wasserleitung von der Quelle zum Dorf zu legen und später selbst Strom über Dieselmotoren zu generieren. Der Strom wird inzwischen von Israel gekauft, aber immer noch verwaltet die Kooperative Wasser und Elektrizität selbst, statt die Verantwortung an die palästinensische Regierung abzugeben. Hamzehs Vater war damals Sekretär der Bürgerinitiative. Sein Bruder Mohammed ist gerade in den neuen Vorstand gewählt worden.

»Bei uns funktioniert viel über Kommunikation, unsere Stärke ist der Zusammenhalt«, erklärt Hamzeh. »Noch sind wir ein friedliches Dorf, hier gibt's kaum Kriminalität.« In diesem Sinne verkauft die Kooperative Strom und Wasser an die Ladenbesitzer von auswärts teurer, der Gewinn fließt in die Gemeinde.

Hamzeh will weiterfahren, aber der Jeep hat einen Platten. Er telefoniert kurz, und nach ein paar Minuten kommt ein Freund in einem klapprigen VW über die Staubpiste geholpert. Mit schlechtem Gewissen lassen wir Mohammed mit seinem Platten stehen und uns von Hamzeh ins nächste Gefährt dirigieren. Der Freund, ein Feuerwehrmann, treibt sein Auto über die Schlaglöcher und Felsbrocken, als ob es um unser Leben ginge. Ein lauter Schlag, und wir haben das Gefühl, gleich bricht der Boden durch. »Keine

Sorge, das Auto ist nicht angemeldet«, scherzt Hamzeh. Alessandra klammert sich am Haltegriff über dem Fenster fest.

Wir fahren auf die Bergflanke hinauf. Dort sitzt das Geld der Kooperative – in Form eines bunten Vergnügungsparks: Schaukeln, Rutschen, ein Karussell. Und sogar ein paar elektrisch betriebene Fahrgeschäfte. Das Toilettenhäuschen hat schon Türen, aber noch keine Wand. »Baustopp. Abrissbefehl«, erklärt Hamzeh. »Aber wir waren schlau, haben auch ein paar Bäume dazwischen gepflanzt. Die Israelis begründeten das Bauverbot in der Area C oft mit Naturschutz. Dabei leeren sie selbst ihre Mülllaster bei uns aus.« Die Kooperative prozessiert gerade gegen Israel, so lange ist der Bau zwar eingefroren, aber die Kinder aus dem Dorf können hier trotzdem schon spielen.

»Ganz schön weit draußen«, findet Alessandra. »Im Ort ist alles verbaut, außerdem ist es mit all den Autos laut und gefährlich«, sagt Hamzeh.

Ich blicke übers Wadi und versuche die Grenze auszumachen. Von hier oben erkennt man die Zweiteilung nicht. In der Ferne durchstoßen die Türme eines Kraftwerks die Dunstdecke. Daneben liegt der luxuriöse israelische Küstenort Caesarea, in dem auch Benjamin Netanjahu lebt. Und dahinter spiegelt das Mittelmeer.

Als wir auf dem Heimweg kurz hinter dem Olivenbaum, bereits auf israelischem Boden, in einen Textilladen reingucken, lässt sich dort gerade ein israelisches Paar beraten. Sie diskutieren über erdfarbene Leinenbezüge für ihr Sofa.

Der Verkäufer trägt ein schickes Polohemd. Seine Ware hat der Achtundzwanzigjährige auf den Geschmack der Kundschaft abgestimmt. Auf der einen Seite des Geschäfts sind grob strukturierte Stoffe in gedeckten Farben ausgestellt: Landhausstil für jüdische Israelis. Auf der anderen Seite glänzen silbrige Blumenmuster auf sattem Violett und Rot. »Das mögen die arabischen Kunden«, sagt Shaher. Bis auf ein paar Bahnen aus der Türkei kommen die meisten Textilien aus China. Shaher lebt in Nablus, auch dort hat seine Familie ein Textilgeschäft. »Aber hier verdiene ich viel mehr, drüben sind's etwa viertausend Dollar im Jahr, hier vielleicht zwanzigtausend.«

Yossi und Sigal, die israelische Kundschaft, sind aus dem nahen Hadera für einen kurzen Shoppingtrip gekommen. Beide sind blondlockig, tragen Jeans und T-Shirts. In Barta'a fallen sie auf. »Für mich ist das ein kleines Abenteuer hier«, sagt Yossi gut gelaunt. »Wir kommen aber nur her, wenn die Lage ruhig ist. Über den Kreisverkehr wage ich mich nicht, das ist ja dann arabisches Land. Ich glaube, da ist auch ein Checkpoint.« Sigal dagegen wirkt angespannt. »Ich habe immer etwas Angst hier.«

Kapitel

17

Absturz und Adlernest

» Wieso wollen Sie auf den Mount Everest klettern?« –
» Weil es ihn gibt.«

GEORGE MALLORY

RAMALLAH, LUFTLINIE VON JERUSALEM: 14,47 KILOMETER

Wenn Sportkletterer reisen, sehen sie entweder Landschaft, die ihnen Indifferentes entlockt: »Nett, bisschen flach.« Oder Felswände, die mal dringend jemand mit Bohrhaken versehen müsste. Auch wenn das in den wenigsten Fällen in die Tat umgesetzt wird. Es ist nicht nur eine Heidenarbeit, sondern bedeutet in den meisten Regionen dieser Erde eine Papierschlacht mit Landbesitzern und Naturschutzbehörden und bringt zudem nur den anonymen Dank des Klettervolks, das die mit viel Schweiß und Geld präparierten Routen gratis begehen kann. Trotzdem, dank einer Handvoll hochmotivierter Pioniere hat sich das Freeclimbing im ländlichen China etabliert, im indischen Hampi, im Dschungel von Laos und auch in Israels Nachbarland Jordanien.

Ich gehöre nicht mehr zu den Süchtigen, die ihre ganze Frei-
zeit zwischen Kalkbrocken und Granitklumpen verbringen, aber
in den Fingerkuppen juckt es mich noch immer, wenn ich Fels
sehe. Und ganz ist die Hornhaut darüber auch noch nicht verschwunden. Das interessanteste Klettergebiet der israelischen
Szene hatte ich bisher aus ethischen Gründen ignoriert. Ein Fara
liegt zwar in einem Naturschutzgebiet hinter der Grünen Linie,
der Zugang erfolgt aber über eine israelische Siedlung, und dort
zahlt man Eintritt. Eine Siedlung wollte ich nicht finanzieren.

So kam es dazu, dass ich eines Tages »Rock Climbing« und
»West Bank« googelte und auf Tim und Will stieß, zwei Amerikaner, die die Kletterkultur nach Palästina bringen wollen (http://
wadiclimbing.com).

Im Sommer traf ich die beiden das erste Mal. Sie schlugen das
Wadi Rababa als Treffpunkt vor, um ein paar kurze Touren zu klet-
tern. Das ist ein enges Tal, das direkt hinter der Cinemathek von
Jerusalem liegt.

Tausende von Jahren wurden die löchrigen Felsen dort als
Grabstätte benutzt: Archäologen fanden Gruften von Kreuzfah-
rern und reichen Pilgern. Bis 1967 war es Teil der entmilitarisier-
ten Zone zwischen Jordanien und Israel. Heute gehört es zur palästinensischen Nachbarschaft Abu Tur. Dass man hier nur noch
selten Familien picknicken sieht und kaum jemand die Kletter-
touren in Anspruch nimmt, liegt an der Spannung, die über dem
Wadi liegt. Während die israelischen Behörden versuchen, das pit-
toreske Tal als Touristendestination attraktiv zu machen, lodert
auch hier der Konflikt zwischen den Palästinensern Ost-Jerusalems und Siedlern.

Unser Kraxelnachmittag kam mir vor wie ein Assessment Center: Scheinbar wollten die Amerikaner nicht nur meine Fertigkei-
ten mit Sicherungsgerät und Seil überprüfen, sondern auch meine
politische Einstellung. Und das auf einigermaßen neutralem Bo-

den. Schließlich hatte ich erzählt, dass ich nicht nur wegen meiner Arbeit nach Tel Aviv gezogen sei, sondern auch wegen meines israelischen Freundes.

Die Routen im Wadi Rababa gelten als die Wiege des israelischen Klettersports, sie wurden schon in den Siebzigerjahren eingerichtet, sind kurz, nett und entsprechend abgegriffen und poliert – allerdings nicht zugänglich für Palästinenser ohne israelischen Ausweis.

Deswegen haben die zwei rührigen jungen Amerikaner inzwischen nicht nur ein Social Business für den Bau einer Kletterhalle in Ramallah angeleiert, sondern auch zwei Felsriegel im Westjordanland in monatelanger Arbeit aus dem Sitzgurt heraus mit glänzenden Stahllaschen versehen.

Ihre anfängliche Zurückhaltung verstand ich erst, als sie mir von den rüden Anfragen israelischer Kletterer erzählten. »Die haben doch schon Ein Fara«, sagte Will. »Unsere Touren sollen in palästinensischer Hand bleiben.«

Offenbar hatte ich den Gesinnungstest bestanden. Ein paar Monate später luden die beiden mich ein, sie auf einem ihrer ersten Kletterkurse zu begleiten, als Lehrerin zu assistieren und in ihrem Gästebett in Ramallah zu übernachten.

Ich witterte nicht nur eine schöne Geschichte, sondern vor allem wollte ich mir selbst endlich mal wieder die Finger lang ziehen. Rauen Fels spüren und den Kitzel, mich aus eigener Kraft nach oben zu arbeiten.

Während meiner Studentenzeit hatte ich jedes Wochenende und die langen Semesterferien in den Wäldern des Frankenjura verbracht, in Italien oder Südfrankreich zwischen Kalkwänden und Zweimannzelt. Abends trank man fränkisches Bier oder französischen Rotwein unterm Sternenhimmel. Deswegen erschien es mir nur logisch, meinen ersten Klettertrip in der West Bank mit dem ersten Weinfest der neuen Kellerei von Taybeh zu verbinden.

Das Dorf liegt zwischen Jerusalem und Ramallah und gilt als die letzte christliche Enklave in der West Bank. Sultan Saladin hatte ihm den Namen Al-Taybeh gegeben, weil er hier auf seinem Zug gegen die Kreuzfahrer so köstlich, *taybeh,* empfangen wurde. Zuvor hieß das Dorf nach seiner Erwähnung in der Bibel Ephra(im), was in arabischen Ohren wie Afra klingt: Staubiger Ort. Umgangssprachlich auch benutzt für eine unattraktive Frau.

Dass Taybeh schon lange nicht mehr mit trockenem Staub und mangelnder Anziehung in Verbindung gebracht wird – ja ganz im Gegenteil –, ist der Familie Khoury zu verdanken, die hier seit Mitte der Neunzigerjahre nach bayerischem Reinheitsgebot süffiges Bier braut. Die langhalsigen Flaschen mit dem eleganten Etikett kennt man inzwischen sogar in Japan. Der Markenname lag auf der Hand: Taybeh. Köstlich.

Als Münchnerin hatte ich natürlich schon vom Oktoberfest in Taybeh gehört, allerdings war es im letzten Jahr wegen der Trauer um die Opfer von Gaza ausgefallen.

Dafür hat das Familienunternehmen vor ein paar Monaten die erste Kollektion an eigenen Weinen zugekorkt. Sie werden unter der Marke Nadim verkauft, was auf Arabisch so viel wie Trinkkumpan bedeutet und praktischerweise wiederum der Vorname des Firmengründers ist. An diesem Wochenende wollen die Khourys ihr Sortiment das erste Mal der Öffentlichkeit vorstellen.

Mit meinem Klettergurt und den engen Gummischuhen im Rucksack fahre ich also mal wieder von Jerusalem Richtung Checkpoint Qalandiya und lasse mich von dort von einem Taxifahrer nach Taybeh kutschieren.

Ich weiß nicht, was ich erwartet habe – sicher keine urige Kellerei wie man sie in der Provence finden könnte. Trotzdem bin ich erstaunt, als das Taxi nach ein paar Runden durch die engen, aber äußerst gepflegten Dorfstraßen vor einer protzigen Hotelfassade mit Panoramafenstern hält. Eine Fassade, die sich auf einem Pariser Boulevard nicht schämen müsste. Nur dass sich in den Glasscheiben keine Flaneure spiegeln, sondern der letzte kupferne Gruß der Sonne über den Weinreben im Tal.

Ich gebe zu, fast fühle ich mich betrogen. Mit der Arroganz des Reisenden, auf der Suche nach Authentizität – was auch immer das sein mag in diesem Splitterhaufen der Kulturen –, wollte ich mich im Lokalkolorit suhlen, mit christlichen Bauern und ein paar lockeren Muslimen Wein aus Tonkrügen leeren – stattdessen wuchte ich nun meinen Rucksack umständlich zwischen schwarz beschlipsten Portiers hindurch in die Lobby des gerade erst eröffneten Golden Taybeh Hotel. Die fabrikneuen Gärtanks stehen direkt in der Eingangshalle unter den achtzig Gästezimmern. Sie gehören zum kühlen Interieur.

Das Einzige, was mich daran erinnert, in einem winzigen Dorf in der West Bank und nicht im Foyer eines beliebigen Vier-Sterne-Hotels zu stehen, sind die allgegenwärtigen Neonröhren. In ihrem Licht nehmen die sorgfältig geschminkten Frauengesichter und der gesund gebräunte Teint der Männer den üblichen leichenfahlen Grünton an. Ich weiß nicht, woran es liegt, aber im Nahen Osten mag man kein warmes Licht. Vielleicht kitten sich viele Frauen deswegen jede Kontur aus dem Gesicht, wenn sie Make-up tragen. Sogar die Minarette der Moscheen sind in einem dermaßen unangenehmen Neongrün angestrahlt, dass man denken könnte, die Muezzins fürchteten sich vor Tiefffliegern.

Nachdem ich an der Rezeption erst Eintritt zahle und man mir dafür ein Armband umbindet, erstehe ich noch ein leeres Weinglas und einen Essensgutschein, bugsiere meinen gut durchgetragenen Rucksack auf den cremefarbenen Velours einer Sitzinsel und versuche, mich an die Umgebung zu gewöhnen. Es ist gewissermaßen ein Rückkulturschock.

Auf dem Couchtisch stehen nicht die üblichen Schälchen mit Hummus und Falafelbällchen, sondern Platten mit rohen Karotten-, Kohlrabi- und Sellerieschnitzen. Die Dichte an echten Blondinen ist so hoch, dass ich nur vermuten kann, alle westlichen Mitarbeiter von Hilfsorganisationen und Konsulaten haben sich hier heute verabredet. Dazwischen ein paar wichtig aussehende Palästinenser im Anzug und eine Clique edel gekleideter junger Pärchen aus Ramallah, die ununterbrochen Selfies von sich machen. Palästinensische Schickeria. Die meisten trinken statt des teuren Weins allerdings das gratis ausgeschenkte Taybeh-Bier aus dem Plastikbecher.

In geschlossenen Grüppchen stehen sie eng beieinander. Zu den getragenen Klängen einer traditionellen Klampfe lasse ich mir Sauvignon Blanc in mein Glas füllen. Eine trotzige Reaktion auf die Blicke, die meine abgewetzten Turnschuhe mustern.

Der Wein schmeckt sehr gut. Nur trinkt es sich alleine nicht so schön. Also hole ich mir erst eine fettige Pizzaschnitte. Und ein Glas später stopfe ich noch einen Nutella-Crêpe hinterher, gegen das Außenseitergefühl. Aufgeben will ich noch nicht, der Abend ist zu jung. Damit habe ich allerdings alle interessanten Programmpunkte ausgeschöpft. Nach einem halben Glas hurtig geleertem Shiraz – das in Tel Aviv auch nicht viel mehr gekostet hätte – setzt sich eine burschikose Brillenträgerin neben mich, ebenfalls semmelblond. Bereits ordentlich beschwipst, klärt sie mich über die erstaunliche Ansammlung an nordisch wirkenden Frauen auf: »Wir sind Schwesternschülerinnen aus Dänemark und machen zwei Wochen lang eine Rundfahrt durch die Krankenhäuser.«

Ich frage sie nach ihren Eindrücken aus, aber ihre schwere Zunge stolpert über ihren kantigen Akzent. Ich klinge sicher auch nicht besser. Das Einzige, was ich über das Gesundheitssystem herausbekomme: dass sich in einem Krankenhaus meist alle Fachabteilungen befinden, damit die Patienten, wenn sie es denn mal halbwegs pünktlich durch den Checkpoint geschafft haben, wenigstens sämtliche Leiden in einem Rutsch angehen können.

Für die Schülerinnen war das *vinfest* ein willkommener Anlass, sich auf ihrer Reise herauszuputzen. »Aber ich dachte nicht, dass das hier alles so teuer ist«, sagt die Dänin.

Die Krankenschwestern und ich beschließen bald, dass aus dem Abend nicht mehr viel herauszuholen ist, und teilen uns ein *servees* nach Ramallah. In Palästina ist es leicht, abstinent zu leben, deshalb sitze ich das erste Mal mit Schwips im Sammeltaxi – und bereue es zutiefst. Pizza und Nutella-Crêpe wetteifern darum, wer sich in der Kurve nach oben bewegen darf. Palästinensische Taxifahrer scheinen auf den Wegen über Land gutmachen zu wollen, was sie täglich im Stau um die Checkpoints an Zeit verlieren. Während die Krankenschwester fröhlich auf mich einplappert – in Erinnerung bleibt mir nur: »und dann hab ich dem kleinen Jungen in Nablus mein Geld zurückgeklaut!« –, sehe ich mein Leben in einem Computerspiel-Game-Over enden: Der Fahrer zieht das Lenkrad vor jedem entgegenkommenden Auto und in jeder Kurve so scharf zur Seite, als versuchte er, imaginäre Bonuspunkte von der Straße zu sammeln.

Die Wohnung von Will und Tim liegt direkt über dem Al Manara Square, gegenüber der Polizeiwache von Ramallah.

Die Amerikaner sehen noch genauso aus, wie ich sie vom Sommer in Erinnerung hatte: weiche Gesichter wie Schuljungen, beide groß und sportlich. Tim etwas mehr, Will gleicht das mit einem blonden Schnurrbart aus. Sie tragen die gleichen Outdoor-Klamotten, geräumige Khakis und ultrafunktionelle Kapuzenpullis.

Ihre Wohnung ist eine echte Kletterer-WG: Poster der Szenehelden und -heldinnen in den steilen Überhängen von Südfrankreich oder Amerika. Über einer Tür ein Griffbrett aus Kunstharz, um die Finger an knifflige Klimmzüge zu gewöhnen. Ein Foto zeigt die zwei in Herrenrunde beim Zigarreschmauchen. Auf einem anderen treiben sie mit ihren Freundinnen rücklings im Toten Meer. Zwei nagelneue Sitzsäcke puffen gemütlich in der Ecke. Nur die blassrosa Sofagarnitur mit den verspielten Troddeln und der überladenen Zierleiste erinnert noch an die palästinensischen Vormieter.

Mit viel Kräutertee nüchtern sie mich aus und zeigen mir dabei ein Skizzenbuch mit kindlichen Bleistiftzeichnungen: So soll die Kletterhalle in Ramallah mal aussehen. Ein amerikanischer Investor ist schon gefunden, jetzt geht es nur noch darum, Nachfrage zu schaffen. Die beiden wollen sich ihre Klientel gewissermaßen selbst heranziehen, um das Ganze dann in palästinensische Hände abzugeben. Gerade haben sie eine Umfrage durchgeführt, zu Freizeitaktivitäten und der Bereitschaft, dafür Geld auszugeben. Fünfzehn Dollar soll ein Klettertrip pro Tag kosten: Ausrüstung, Transport und Unterricht inklusive. Nach dem ersten Kurs gibt es einen kleinen Test und ein Zertifikat, auf Folgetrips fünfzig Prozent Rabatt. Dazu eine gespendete Wollmütze eines Sportartikelherstellers. »Günstiger geht's wirklich nicht«, findet Tim. »Wir wollen keine weitere NGO gründen, sondern ein nachhaltiges Geschäftsmodell.«

Sie lassen mich in ihrem Materiallager schlafen, in einem Metallregal stapeln sich Seile, Helme und Karabinerschlingen. Im Schrank daneben stehen ordentlich dreiundzwanzig Paar Kletterschuhe – mühsam eingeflogenes, wertvolles Gummi. In Tel Aviv kosten die Dinger doppelt so viel wie in Europa oder Amerika, diese leidvolle Erfahrung hatte ich bereits selbst gemacht. Auf meinem Bett liegen zwei Crashpads: dicke Matten, die einen Sturz aus geringer Höhe abfedern.

Das Bukett von Kletterschuhen, wettergeprüftem Nylon und Kalkpuder in der Nase erinnert mich an alte Zeiten und ich schlafe sofort ein.

Zum Frühstück hievt Will mehrere Plastikbeutel vom Ausmaß großfamiliengerechter Kartoffelsäcke vom Küchenschrank: dreierlei Müslisorten, Flocken, Trockenfrüchte, Cashew- und Walnüsse, Chia-Samen. Schnipselt Bananen und Äpfel und gießt die Mischung in drei Näpfen mit Mandelmilch auf. »Das essen wir jeden Morgen. Der Mann im Nussladen wundert sich schon gar nicht mehr.« In Ramallah schössen zwar die Muckibuden aus dem Bo-

den, aber Palästinenser hinken in Sachen Ernährungsphilosophie
ein bisschen hinterher, findet der Amerikaner: »Wie die Fitness-
gurus bei uns in den Fünfzigerjahren.«

Tim bereitet derweil drei Gourmetsandwiches mit Avocado,
Ei und Tapenade zu. Ich bin beeindruckt von so viel Aktionismus
am frühen Tag. Aber dann entdecke ich den Sportstundenplan an
der Wand und mich wundert gar nichts mehr. Genau ist aufgelistet, wann es zum Yoga (das Studio befindet sich in der Nachbar-
wohnung) und zum Lauftraining geht. Die beiden machen alles
zusammen, wie es scheint.

Ab zehn vor neun wird an der Tür geklopft. Ausgemacht war
halb neun. Die Ersten sind Gregoire, ein junger Franzose mit be-
eindruckendem Moustache, und die Italienerin Camilla. Beide arbeiten für internationale Hilfsorganisationen. Wenig später tru-
delt die Belgierin Edmée ein. Sie muss mit ihren ein Meter neunzig
die meisten Männer im Land überragen. Seit acht Jahren lebt sie
in Palästina, derzeit arbeitet sie für einen lokalen Fernsehsender.
Mischa, ein Russe mit lustigem Lockenkopf und dem unglaublichen Nachnamen Kalaschnikow, hockt sich schüchtern auf den
Boden. Furchtbar müde aussehend, lässt sich Hamed in einen
Sitzsack fallen. Er kommt aus Ost-Jerusalem und hat schon zwei
Stunden Checkpoint-Schlange hinter sich.

Auf Mariam aus Ramallah warten wir eine geschlagene Stunde,
während die anderen Palästinenser eintrudeln: Rashid und ein
Kumpel, die erst mal fragen, in welcher Richtung Mekka liege, um
ihr Morgengebet nachzuholen; Viktor, der eher nach Heavy Metal
als nach Friseurmeister aussieht; die zarte Bisan aus Hebron; Faris,
der Bodybuilder – und Sari, der ein Poloshirt mit Krokodil trägt
und so blond und blauäugig ist, dass ich ihn erst für einen Schweden halte. Er will die fesche Bisan in seinen Zweisitzer packen und
mit dem Sportschlitten statt dem Sammeltaxi ins Klettergebiet
fahren. Will und Tim diskutieren leise. »Die reichen Palästinenser
können so snobbig sein«, flüstert Tim. Ihnen ist wichtig, dass sich

ihre kleine Kulturrevolution nicht zur exklusiven Bespaßung der High Society entwickelt. Will passt den Schülern Hüftgurte an und erklärt geduldig immer wieder, dass die Kletterschuhe höllisch eng und unbequem sein müssen.

Als Mariam die Tür aufschmettert, mit wippendem Pferdeschwanz und baumelnden Ohrringen ins Wohnzimmer hüpft, ist niemand verstimmt: Alle wissen, dass sie eine Nachtschicht als Kellnerin im La Grotta hinter sich hat, der Hipster-Bar Ramallahs. »Es gilt generell als unhöflicher, auf jemanden nicht zu warten, als den anderen den Tag zu beschneiden«, erklärt Will. Die durchorganisierten Amis halten sich wirklich gut in Sachen interkulturelle Kompetenz.

Nachdem alle einen Wisch zum potenziellen Risiko der Veranstaltung unterschrieben haben, geht es endlich los. »Yalla!«, sagt Tim etwas erschöpft. »Auf geht's!«

Im Frühjahr sehen die Hügel im Zentrum der West Bank aus, als ob sich die Natur noch nicht entschieden hätte, was sie dieses Jahr sein will: Steinwüste oder Blumenwiese. Flache runde Felsen schwimmen im saftigen Grün des Winterregens wie die Tupfen auf dem Fell eines Leoparden. Die soll es hier übrigens auch mal gegeben haben.

Wir fahren nach Ein Qiniya. Das ist ein kleiner Ort, der gerade hinter den letzten Satelliten von Ramallah im Nordwesten der Stadt liegt – und sich deshalb in der Area B befindet, in der Grauzone zwischen den Hoheitsgebieten. Die Amerikaner hatten bei der Stadtverwaltung angefragt – und problemlos die Erlaubnis erhalten, dort Kletterrouten einzurichten.

Unser Abenteuerspielplatz ist ein ockerfarbener Felsriegel, der etwa zwanzig Meter hoch und ein paar Schwimmbadbahnen breit über einem Olivenhain mit einigen Zitronenbäumen trutzt. Knapp darunter bröselt die Ruine eines Steinhäuschens vor sich hin. »Da wollen wir vielleicht eine Hütte draus machen«, sagt Will.

Nachdem Seile und Rucksäcke trocken über einen Bach manö-
vriert worden sind, steigen wir durch Dornen und Steinbrocken
zum Wandfuß hoch. Gerade als wir ihn erreichen, wandelt sich
der Lehmton des Felsens in stumpfes Karminrot: Ein schwarzer
Vorhang hat sich vor die Sonne geschoben.

Das weite Tal unter uns wirkt plötzlich bedrohlich, die Häuser
der Trabantenstadt auf der anderen Seite weit entfernt und der beeindruckende Neubau, ein dunkel verspiegeltes Krankenhaus, erinnert mich an den Zettel, den wir in der WG nicht wirklich gelesen, aber freudig unterschrieben haben. Beim Sportklettern, sagt
man, ist der einzige Risikofaktor menschliches Versagen. Falsch
gebundene Knoten, schlecht gewartete Seile, unverantwortlich
präparierte Touren. Ich frage mich das erste Mal, ob die zwei Amis
die Bohrhaken wirklich so lehrbuchgerecht im Gestein versenkt
haben, wie sie behaupten. Auch die Felswand selbst kommt mir
auf einmal nicht mehr kompakt, sondern ziemlich brüchig vor.

Doch die zwei Kletterlehrer sind sich nicht nur ihrer Verantwortung bewusst, sondern sie sind auch gute Animateure. »Yalla!
Das Gewitter zieht vorbei. Jetzt machen wir uns erst mal warm«,
ruft Tim. Außer Faris hüpfen alle brav im Kreis auf der Stelle und
schwingen die Arme. Der Bodybuilder sieht sich die Turnübungen
zunächst bei einer Zigarette von der Seite an.

Während der Rest der Gruppe Knoten übt, soll ich mit Will
drei der zwölf Touren vorbereiten, die einfach genug für den Kurs
scheinen. Beim Sportklettern beginnt man als Anfänger normalerweise im Toprope. Das heißt, das Seil hängt schon weit oben im
Umlenkhaken, der Kletterer kann straff an ein Ende genommen
werden, und statt zu stürzen, setzt er sich einfach in den Gurt,
wenn er nicht mehr mag. So gewöhnen sich Anfänger an den Fels,
ohne an die Absicherung denken zu müssen oder einen unangenehmen Fall ins Seil zu riskieren.

Irgendjemand allerdings muss vorsteigen, alle paar Meter eine
Karabinerschlinge in den Haken hängen und das Seil einklinken.

Ich begreife schnell, dass ich das bin. Die Amis wollen mir den Spaß nicht vorenthalten und außerdem herausbekommen, ob sie mit der Bewertung des Schwierigkeitsgrads richtig liegen.

Die ausgesuchten Routen sind Platten, im Szenejargon: etwas geneigt, dafür relativ strukturlos. Eine gute Spielwiese für einen Anfängerkurs.

Der Fels ist die ersten Meter noch bröselig und mit Unkraut bewachsen, aber meine Sorge war unberechtigt: Die entscheidenden Schuppen, Löchlein und Leisten im Kalk fühlen sich in meinen Fingern fest an, der Gummi unter meinen zusammengequetschten Zehen klebt auch auf den kleinsten Tritten – die Jungs haben die Tour mühevoll von Staub befreit. Nach gut fünfzehn Metern erreiche ich den letzten Haken. Dazu muss ich mich auf ein grasbewachsenes Plateau wuchten. »Deswegen heißt die Tour Adlernest«, ruft Will von unten. Kaum habe ich mich gesichert, lässt er mich schon am Seil hinuntersausen und scheucht mich in die nächste Route.

Als ich nach der dritten Begehung wieder auf dem sandigen Boden stehe, sind die Muskeln in meinen Unteramen so geschwollen und bleischwer, dass sie mich direkt zum Erdmittelpunkt zu ziehen scheinen – mein Kopf dagegen fliegt. Es ist das Gefühl, das man nach einer erfolgreichen Prüfung hat, wenn man so fokussiert an etwas gearbeitet hat, dass man alles andere vergisst. Dazu kommt das Adrenalin und ein gewaltiger Endorphinschub. Kurz: Glück. »Good job«, sagt Will.

Am liebsten möchte ich mich nun mit einem Bier in die Sonne legen. Denn das Wolkenungetüm hat sich tatsächlich verzogen.

Aber jetzt beginnt der wirklich anstrengende Teil des Tages: stundenlang mit Nackenkrampf auf kämpfende Hintern starren. Und, sobald diese schlaff im Gurt hängen, Tipps und Anfeuerungsfloskeln nach oben brüllen. Dabei die Mimik auf den Gesichtern entziffern: Begeisterung oder Angst? Überforderung oder geht da noch was?

In Frankreich ruft man als Sicherer ein »Allez!«, in Spanien: »Venga!«, in Deutschland: »Auf geht's!« Auf Polnisch flucht man eher:»Kurwa!« Eine arabische Parole müssen wir nicht mehr erfinden. »Yalla, yalla!« etabliert sich schnell zum Schlachtruf im Kampf um die ersten kleinen Gipfel Palästinas.

Friseur Viktor mit der Mosher-Mähne hat sich inzwischen die Fingerkuppen mit Pflasterstreifen bandagiert. »Sonst brennt mir das Seifenwasser morgen in den Händen!«

Bisan spielt mit der Zunge an ihrem Unterlippenpiercing, während sie konzentriert vom Boden aus die Route studiert.

Sari traut sich ans scharfe Ende des Seils – und legt an der Schlüsselstelle einen so weiten Sturz hin, dass es mich am anderen Ende ebenfalls ein paar Meter vom Boden lupft. »Jetzt bist du ein echter Kletterer!«, tröstet ihn Will – und Sari möchte gleich noch mal in die Tour einsteigen.

Am Nachmittag gesellen sich vier schmale Jungen zur Gruppe. Ihre Haut hat die Farbe gebrannten Umbras. Sie tragen zerrissene Jeans und haben die Kapuzen ihrer Pullover tief in die Stirn gezogen – und setzen sich eng aneinandergedrängt auf einen Felsen. Es sind Beduinenkinder aus dem Tal, die schon letztes Wochenende vorbeigeschaut haben, wie die Amis erzählen. Ich frage mich, ob sie auch gekommen wären, wenn nur Palästinenser am Fels wären, wenn das hier nicht eine augenscheinlich multikulturelle Veranstaltung wäre. Überschwänglich werden sie nur von den Westlern begrüßt.

Die Amerikaner sprechen zwar ganz gut Arabisch, aber den Dialekt der Beduinen verstehen sie nicht. Das macht nichts. Es ist klar, die Hirtenjungs brennen darauf zu zeigen, was sie können. »Der kleinste, Nisr, ist unglaublich«, sagt Tim. Er sei die schwerste Anfängertour bereits geklettert, ohne einmal das Seil zu belasten. In seinen groben Stiefeln und ohne ein Zeichen von Angst. »Kein Wunder«, sagt Rashid missmutig. Er müht sich immer noch mit dem Einstieg in die zweite Tour. »Nisr bedeutet Adler. Der fliegt einfach da hoch.«

Nisr zieht die Kapuze vom Kopf und will Rashid den Ein-
stiegszug mal eben ungesichert zeigen, aber ein Steinchen löst sich
unter seinem Fuß. Alle halten den Atem an, als er rücklings aus der
Wand stürzt. Aber geschickt wie eine Katze rollt er über die Böschung ab und steht gleich wieder auf den Füßen. »Die sind selbst
Bergziegen, diese Beduinen!«, sagt Rashid und befreit sich aus
dem Hüftgurt. Zeit fürs Gebet.

Rashid geht heute nicht nur psychisch und körperlich an seine
Grenzen, sondern auch moralisch. Als er eben die hübsche Bisan
in ihrer knallengen Leggings sicherte, konnte er den Kopf nicht
heben. »Bitte«, sagte er, »das lässt sich nicht mit meinem Glauben
vereinen, dass ich Frauen so sehe.«

Zerkratzt, mit kreideverschmierten Gesichtern und rauen
Händen geht es in der Dämmerung zurück nach Ramallah. Als wir
abends durch die Stadt laufen, um Tim Eiscreme zu besorgen,
werden die zwei an jeder Ecke gegrüßt. *Habibi* hier, *habibi* da. Am
Arafat Square sagt Tim: »Hier sind wir vor ein paar Wochen fast
erledigt worden.« Ich stutze, aber er meint nur die große Schnee-
ballschlacht, die während des Wintersturms Kinder und Erwachsene aus den Häusern lockte.

Als wir an unserem Eis schlecken, fast italienisch im Geschmack, aber so klebrig, dass man abbeißen muss, frage ich mich,
ob es Ramallah mal wie dem Städtchen Arco am Gardasee ergehen
könnte. Einst ein verschlafenes Bauernnest, gilt es heute als Klet-
termekka. Von Frühling bis Herbst schieben sich bunt gekleidete
Menschen über das Kopfsteinpflaster, ergattern günstige Seile
und Rucksäcke in einem der Dutzend Fachgeschäfte und bestellen im Restaurant den Climbers' Salad mit Putenstreifen.

Am nächsten Tag führen Will und Tim eine reine Frauengrup-
pe, vier palästinensische Mädels, vier Ausländerinnen. Wir klettern in Yabrud, diesmal im Nordosten, wieder in der Area B. »An
Freitagen meiden wir das Gebiet«, sagt Will. »Die Hauptstraße
markiert dann die Frontlinie zwischen Flüchtlingscamp und Sied-

lung.« Die Amerikaner fürchten außerdem, dass der Fels mal als Steinbruch entdeckt werden könnte: von palästinensischer oder israelischer Seite.

Mir gefällt Yabrud fast noch besser als Ein Qiniya. Durch den steilen Fels, mausgrau und löchrig, wie ich ihn aus Europa kenne, führen zwanzig Touren. Von oben hat man einen weiten Blick übers Land. Einfach nur Natur und Felder, keine Militärcamps, keine Wachtürme, keine Mauer.

Als ich abends im Sammeltaxi Richtung Checkpoint sitze, glüht mein Gesicht von der Sonne und ich habe immer noch den Geruch des wilden Salbeis am Wandfuß in der Nase. Warmer Fels unter den Fingern, das ist für mich der Inbegriff von Freiheit. Nicht an den nächsten Tag denken, im Jetzt sein.

Aber es dauert nicht lange, bis mich die Realität wieder einholt – eine Wirklichkeit, die mich zwar selbst nicht betrifft, aber umso mehr mitnimmt. Der Mann auf dem Sitz neben mir will wie ich nach Jerusalem. »Ich habe fünfunddreißig Jahre dort gearbeitet, aber es geht nicht mehr, die schnüren uns die Luft ab, die Israelis. Jetzt bin ich mit meinem Geschäft nach Ramallah umgezogen – und unglücklich.«

Als wir den Checkpoint erreichen, fragt er: »Musst du aussteigen? Ich kann sitzen bleiben.« Er hat einen blauen Ausweis. Gute Frage, bisher bin ich immer zu Fuß durch den Gitterschlauch von Qalandiya gelaufen, weil die Fahrer keine Erlaubnis hatten, durchzufahren. Diesmal habe ich scheinbar einen mit Lizenz erwischt. Aber da die anderen Passagiere den Bus verlassen, schließe ich mich an. Wahrscheinlich dürfte ich als Ausländerin sitzen bleiben, aber das käme mir unsolidarisch vor. Also reihe ich mich in die Schlange ein.

Kapitel

18

Ein eigenwilliges Orakeltier

»Die Stabilität der Geografie und die Kontinuität des Landes –
sie sind vollständig aus meinem und dem Leben aller
Palästinenser verschwunden. (...) Folglich ist das palästinensische
Leben zerstreut, diskontinuierlich und gekennzeichnet durch die
artifiziellen und aufgezwungenen Anordnungen eines
unterbrochenen oder beschränkten Raumes, durch Dislokation
und die unsynchronisierten Rhythmen einer gestörten Zeit. (...)
Denn wo es keine geradlinigen Verbindungen von zu Hause
zum Geburtsort, zur Schule, zur Reife gibt, sind alle
Ereignisse Zufälle, ist aller Fortschritt eine
Abschweifung und jedes Heim Exil.«

EDWARD SAID

QALANDIYA, LUFTLINIE VON JERUSALEM: 10,40 KILOMETER

Rechts eine Betonwand. Links Maschendraht-
zaun, dahinter die Fahrspur für die Busse. Zwei Männer mit den
Käppis und kugelsicheren Westen einer privaten Sicherheitsfirma
stehen breitbeinig auf dem Asphalt. Eine Hand ruht auf dem Lauf
des Maschinengewehrs, das ihnen über die Schulter hängt, in der
anderen halten sie Pappbecher mit Kaffee.

Während wir Wartenden, Frauen und Männer, bepackt mit Plastiktüten, eine Ordensschwester mit Handtasche und ich mit meinem Rucksack, im Gänsemarsch vorwärts tippeln, rauschen aus einem Mikrofon verzerrte Anordnungen für die Busse und Taxis. Als einer der Fahrer aussteigt, auf die Soldaten zugeht und heftig zu diskutieren beginnt, lassen sie die Kaffeebecher fallen und greifen ihre Gewehre mit beiden Händen, um ihn zurückzudrängen.

Die Vorstellung, dass diese Szene keine Momentaufnahme ist, sondern sich x-mal am Tag wiederholt, macht mich ganz klein. Seltsam, wie diese künstliche Situation, in die ich mich freiwillig begeben habe, meine Körperhaltung verändert. Ich merke, wie meine Schultern wie bei den anderen Wartenden nach vorne fallen. Dass ich dem Blick der Soldaten ausweiche wie sie dem meinen. Dass man sich auch auf unserer Seite des Zaunes nicht ansieht, liegt daran, dass sogar die Augen an der Schwanzspitze der Schlange die zwei Lampen fixieren, die über dem Käfig angebracht sind. In dem befindet sich das mannshohe Drehkreuz – das diesen Namen keineswegs verdient: Meist leuchtet das rote Licht. Dann blockiert es, wenn sich der Vorderste dagegenlehnt.

Sobald die grüne Lampe hektisch blinkt, geht ein Ruck durch die Wartenden. Manchmal schluckt der Checkpoint zwei Menschen, manchmal drei, dann wieder arretiert das Tor so abrupt, dass dem Unglücklichen in der Schleuse ein Hieb vor die Brust verpasst wird, der Metallfächer ihn einen Moment gefangen hält. Auf einem Fleckchen Staub, das gerade seinen zwei Füßen Platz gewährt.

Ein eigenwilliges Orakeltier, das Hirn dahinter sehen wir nicht.

Erst seit 2001 steht der Name Qalandiya für den Hauptkontrollpunkt zwischen dem nördlichen Westjordanland und Jerusalem. Palästinenser, die aus medizinischen oder religiösen Gründen, wegen Arbeit oder Ausbildung nach Ost-Jerusalem und Israel müssen, benötigen eine Sondergenehmigung.

Früher einmal war Qalandiya ein kleines Dorf neben der Hauptstraße zwischen Ramallah und Jerusalem. Immer noch leben dort tausend Menschen. 1949 wurde Qalandiya aber auch zum Synonym für das benachbarte Flüchtlingslager. Elftausend Palästinenser wohnen dort heute dauerhaft.

Dass in Qalandiya auch mal ein Flughafen stand, wissen nur noch die Alten. In den Dreißigerjahren als Militärterminal für die Briten gebaut, in den Fünfzigern von den Jordaniern übernommen und als Jerusalem Airport für Zivilisten geöffnet, 1969 wiederum von den Israelis für Inlandflüge genutzt, galt er den Palästinensern aber nicht lange als Tor zur Welt.

Welch bittere Ironie, dass die Wartenden, die sich nichts sehnlicher als Bewegungsfreiheit wünschen, sich durch Strukturen zwingen lassen müssen, die manchmal tatsächlich an einen Abflugterminal erinnern. Auf den Schildern mit den Sicherheitsanweisungen prangt ein hoffnungsfrohes: »Wir wünschen einen sicheren und angenehmen Transit.« Und in sehr kleiner Schrift darunter: »Mögest Du in Frieden gehen und zurückkommen.«

Das andere schiefe Bild, das mir in den Sinn kommt, wenn ich versuche, den Checkpoint zu beschreiben, sind diese Fließbänder, die man aus kritischen Fernsehdokus zur Nahrungsmittelproduktion kennt: wo die männlichen von den weiblichen Küken getrennt werden – und dann geschreddert. Vielleicht ein drastischer Vergleich. Aber die Architektur aus Zäunen, Mauern, Schleusen drängt ihn mir auf.

Ich muss daran denken, wie ich vor einiger Zeit ein Interview mit einem Zeitforscher führen sollte. Wie so oft war ich heillos zu spät dran. Hetzte mit dem Fahrrad durch einen Münchner Vorort und klingelte völlig verschwitzt und außer Atem an seiner Tür. »Entschuldigen Sie bitte«, keuchte ich. »Wieso denn«, sagte der Zeitforscher. »Ich liebe das Warten. Genauso wie Wiederholung und Langsamkeit können das sehr produktive Phasen sein.«

In dem Interview ging es selbstverständlich um Entschleunigung, ein Lieblingsthema deutscher Medien. Das entspannende Resümee: Wenn man Zeit spart, spart man Erfahrungen, spart man Gelegenheiten. Nur zu gern würde ich den weisen alten Herrn hierherbeamen und fragen, was jetzt gerade mit der Zeit passiert, der meinigen, den Minuten und Stunden dieser Soldaten – und vor allem der Lebenszeit der Palästinenser.

Schließlich werde ich selbst in die Barriere aus Metallstangen gedrückt. Während ich das millimeterweite Spiel der Drehtür ausreize, wird einem Mann der Ausgang auf die andere Seite verweigert, er hebt hilflos den Plastikbeutel. Gemüse. Wen er wohl besuchen wollte? Es soll Familien geben, die sich seit Jahren nicht gesehen haben. Erst mit dem Alter wächst die Chance auf eine Reisegenehmigung. Die Statistik ist gnädig, sie sagt, dass Familienväter eher keine Selbstmordattentäter sind.

Eine vielleicht Vierzigjährige mit Hidschab und langem Mantel muss im grell beleuchteten Schleusenhäuschen ihre feinen Lederstiefel ausziehen. In Nylonstrümpfen steht sie nun auf dem dreckfeuchten Boden. Der Detektor piepst trotzdem. Sie weicht zurück, zieht ihren Gürtel aus dem Mantel. Pieps. Pieps. Schlüpft aus dem Mantel. Pieps. Schließlich geht sie trotzdem weiter. Die Frau richtet Mantel und Schuhe und drückt stolz ihr Kreuz durch, als sie ihren Ausweis ans Sicherheitsglas presst.

Die Szene erinnert mich an eine Lesung der palästinensischen Schriftstellerin und Friedensaktivistin Sumaya Farhat-Naser in München. Vor einem ergrauten und sehr israelfeindlichen Publikum hatte sie erzählt, wie sie eines Tages mit einem in Hamburg frisch installierten Kniegelenk versuchte, den Checkpoint zwischen Bethlehem und Jerusalem zu passieren. Die Erlaubnis hatte sie Wochen zuvor beantragt, in der Handtasche hatte sie die Bestätigung des Krankenhauses, dass sich Titan in ihrem Körper befindet. Bisher konnte sie damit problemlos Flughafenkontrollen und auch den Checkpoint in Qalandiya passieren. Aber diesmal war es anders. Die befehlshabende Soldatin verlangte eine gesonderte Identitätskarte für ihr piepsendes Knie. Sie müsse diese bei der Militärbehörde beantragen. Die palästinensische Christin erzählte das ziemlich lustig in gutem Deutsch. Sogar die stets sehr betroffen guckenden Zuhörer lachten.

Später las ich die Szene in ihrem Buch »Im Schatten des Feigenbaums« nach: »Ich atmete tief durch, hielt einen Moment inne und sagte in aller Ruhe zur Soldatin: ›Ich könnte also durchgehen, ohne mein Knie, stimmt's?‹ Sie nickte. Dann fragte ich: ›Haben Sie einen Abstellplatz für ein Knie? Ich hole es dann auf dem Rückweg wieder ab.‹ Da lachten alle Soldaten und ich lachte mit. Mit erhobenem Kopf schaute ich die Soldaten an und sagte mir: Ihr macht nicht uns, sondern euch selbst kaputt. Eure Menschlichkeit verschwindet, meine jedoch wird größer, gewinnt Oberhand und rettet mich.«

Mir fällt ein, wie ich mit meinem Freund von Jordanien über die Grenze bei Eilat zurück nach Israel fuhr. Für einen Wochenendtrip in unserem eigenen Auto hatten die Jordanier einfach die Nummernschilder ausgewechselt. »Der netteste Grenzübergang der Welt«, hatte ich gedacht, als mir die Jordanier auf dem Hinweg zweimal Kaffee anboten, auch die Israelis wirkten sehr entspannt. (Die Allenby Bridge beziehungsweise King Hussein Bridge bei Jericho wäre für mich der nähere Grenzübergang gewesen, aber er ist für Israelis gesperrt, während Palästinenser nicht über Eilat nach Jordanien reisen dürfen.)

Bei dem Trip ging es nicht nur darum, die alte Felsenstadt Petra zu besichtigen, sondern vor allem wollte ich mein Touristenvisum erneuern, das alle drei Monate ablief. Ich hatte von Ausländern gehört, die auf diese Weise ihren Aufenthalt in Israel zehn Jahre lang immer wieder verlängert hatten. Auf dem Rückweg war ich trotzdem ziemlich nervös. Immerhin war ich in den eineinhalb Jahren ständig hin- und hergereist.

Bevor wir durch die Passkontrolle mussten, wurde die Karre durchsucht, und aus einem Haufen unseres üblichen Automülls zog der israelische Beamte eine monströse Machete mit schartigem Blatt. Ich hatte das Messer noch nie gesehen. »Was ist das?«, fragte er mit hochgezogenen Brauen. »Ein Souvenir aus Thailand«, sagte mein Freund. »Wieso bewahren Sie das Ding im Kofferraum auf?« »Ich dachte, dort sei es praktischer als zu Hause.« Ich weiß noch, dass ich meinen Freund entsetzt anguckte – und damit rechnete, sofort nach Jordanien abgeschoben zu werden. Doch der Beamte grinste, kam eigens aus seinem Häuschen heraus, um ihm auf der israelischen Seite das Messer zurückzugeben. »Nicht von der Polizei erwischen lassen. Shalom!« (Ich bekam mein Visum trotzdem nur für einen Monat verlängert.)

Endlich gibt das Metall unter dem Druck meiner Hände nach. Ich wuchte meinen Rucksack auf das Transportband unter der Röntgenmaschine und passiere problemlos den Metalldetektor. Hinter Sicherheitsglas sitzen zwei junge Soldatinnen. Vor der Kabine steht die Ordensfrau, sie drückt mit einer Hand ihren aufgeschlagenen französischen Reisepass an das Fenster, die andere hat sie in die Hüfte gestemmt. Ein feines Lächeln spielt um ihren Mund. Die Soldatinnen hacken wild auf der Tastatur ihres Computers herum. Ich frage mich, was sie so hektisch in der Akte dieser Ordensschwester suchen. Schließlich nickt die eine. »Haben wir es jetzt?«, fragt die Schwester in ausgesucht höflichem Ton.

Auch ich halte meinen Ausweis schon parat. Über die Bindung gebrochen wie ein zerliebtes Taschenbuch: Unglücklicherweise nämlich klebt mein israelisches Touristenvisum auf der Doppelseite unter einem afghanischen, das ich nie benutzt habe. Das war zwar den Grenzbeamten am Flughafen bisher nur eine strenge Nachfrage wert, aber in der straffen Taktung dieser Sortiermaschine fürchte ich, mit dem afghanischen Visum ein Zahnrad zum Knirschen zu bringen.

Als auch mein Name in den Computer getippt wird, ärgere ich mich doch, dass ich aus dem Bus ausgestiegen bin. Am separaten Fußgänger-Checkpoint wurde bisher immer nur ein flüchtiger Blick auf Passfoto und Visum geworfen. Nun sorge ich mich über einen weiteren Vermerk in meiner israelischen Verwaltungsakte: verdächtig viele Ein- und Ausreisen, jedes Mal eine andere Erklärung, mal als Touristin, mal als Journalistin, mal als Lebensgefährtin. Ich sehe in Gedanken ein Filmchen laufen: wie die bockige Sachbearbeiterin im Innenministerium ein Fax erhält und meinen Antrag auf ein Partnerschaftsvisum endgültig zerreißt. Grund: Kam aus Ramallah im Schlepptau von hochverdächtiger Nonne und piepsender Palästinenserin.

Schließlich bin ich durch. Aber noch lange nicht aus dem Verdauungstrakt des Ungeheuers geschissen. Ich habe die Wahl zwischen zwei schummrig beleuchteten Gängen, irgendwo steht »Emergency Exit«. Allmählich bin ich so wirr im Kopf, dass ich rufen will: Ja, das ist ein Notfall! Ein kleiner Junge überholt mich und winkt mir grinsend, erleichtert folge ich ihm ins Freie.

Das Prozedere am Checkpoint gehört zum Alltag der Palästinenser wie der Stau an einer Dauerbaustelle. Inzwischen gibt es sogar eine gemeinnützige App namens Shoazma, die von Tüftlern in Ramallah entwickelt wurde, um die aktuelle Durchschnittswartezeit beim Transit in Qalandiya zu berechnen. Wer mit eingeschalteter App den Checkpoint passiert, füttert diskret Daten zu.

Ein paar Busse stehen auf dem Parkplatz, meiner ist weg. Als ich in einen anderen steige und beim Fahrer bezahlen will, ruft einer der Passagiere, ein alter Mann mit Schnurrbart: »Aber nein, ich erkenne dich, du hast doch schon vorher im Bus gezahlt!« Mein Ticket finde ich nicht mehr. Aber der Fahrer gibt mir trotzdem das Geld zurück. Checkpoint-Solidarität.

Kapitel

19

Margeriten und Märtyrer

»Von allen Ländern mit öder Landschaft muss Palästina, glaube ich, der Gipfel sein. Die Berge sind kahl, sie haben stumpfe Farben, sie zeigen wenig malerische Formen. Die Täler sind hässliche Wüsten, von einer schwachen Vegetation gesäumt, die einen sorgenvollen und verzagten Ausdruck an sich hat.(...) Es ist ein hoffnungsloses, ödes, verzweifeltes Land. Palästina sitzt in Sack und Asche. Über ihm brütet der Bann eines Fluches, der seine Felder hat verdorren lassen und seine Tatkraft gefesselt hat.«

MARK TWAIN

EIN SAMIYA, LUFTLINIE VON JERUSALEM: 26,99 KILOMETER

Als Mark Twain, hundert Jahre vor dem Sechstagekrieg, die biblischen Orte des Heiligen Landes abklapperte, in gerade mal drei Wochen, zu Fuß und auf dem Pferderücken, schilderte er die Landschaft Palästinas in den trostlosesten Worten. Einerseits lag das daran, dass der Querdenker die religiöse Verklärung seiner christlichen Landsleute ins Lächerliche ziehen wollte, auf der anderen Seite hatte er sich die denkbar schlechteste Wanderzeit ausgesucht: Er landete Anfang Oktober im Hafen von Yafo (Jaffa).

Das Hinterland sah mit Sicherheit aus, wie er es in »Die Arglo-
sen im Ausland« beschrieb: monotone aschgraue Hügel über ver-
dorrten Tälern. Alles Lebendige verbrannt vom langen Sommer,
unvorstellbar, dass der Winterregen frische Farben in die Ödnis
malen würde.

Ich will ihm ja nicht ins Wort reden. Aber wäre er doch einfach
im Frühling losgewandert! Dann sieht das Land zwischen Ramallah
und Jordantal nämlich aus wie ein Osternest: Saftig grün umkränzt,
alle paar Schritte findet man bunte Gelege von Wiesenblumen.
Knallrote Anemonen, zartrosa Malven, strahlende Margeriten und
allerlei Winzblütiges in Gelb und Blau dazwischen. Die Erde unter
den Olivenbäumen ist so satt und rot, wie es sich die Bauern nach
den langen Regenfällen des Winters wünschen. Es duftet nach
Thymian, Salbei – und Leben.

Während das Unmittelbare eine Brillanz hat, als wäre eben erst
ein Staubwedel drübergeflogen, verschwimmt die Ferne: Die palästinensischen Dörfer schaukeln wie Flotten von Geisterbooten
auf den Hügelkämmen. Die Burgen der israelischen Siedler sieht
man auch – aber sie scheinen so unwirklich im Dunst des heißen
Nachmittags, dass man sie für den Moment gut verdrängen kann.

In diesem Setting kommt es mir wie ein Sakrileg vor, dass Anwar Krieg spielen möchte. Er hat einen sehr seltenen Beruf in diesem Land. Der Sechsundvierzigjährige mit dem Teddybärgesicht,
das die meiste Zeit im Schatten eines Schirmkäppis mit Ohrense-
geln liegt, ist Wanderführer.

Eigentlich wollte ich ja alleine durchs Hinterland ziehen. Aber
man riet mir davon ab. Die Orientierung sei nicht einfach, Wandern gilt nicht gerade als traditionelle Freizeitbeschäftigung, in
den Dörfern gibt es keine Gästehäuser – und auch das Couchsurfen hat sich noch nicht durchgesetzt. Also bin ich im achtköpfigen
Touristentrupp unterwegs.

Auf den Spuren von Abraham. Aber das ist eher symbolische
Verbrämung. Weil der Stammvater der gemeinsame Nenner zwi-

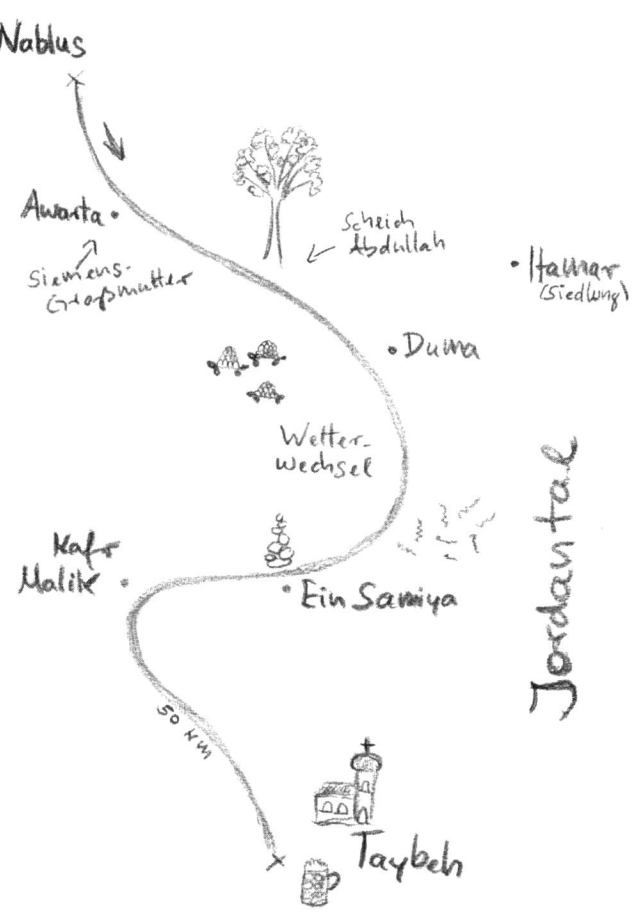

schen Muslimen, Juden und Christen ist, hat sich William Ury vor acht Jahren die Initiative Abraham Path ausgedacht. Eintausend-zweihundert Kilometer Gastfreundschaft und Austausch, von der mesopotamischen Stadt Harran in der Türkei über Syrien, Jorda-nien, Israel und die Palästinensischen Autonomiegebiete – grob entlang der Orte, die der Patriarch vor viertausend Jahren besucht haben soll. »Was auch immer uns trennen mag, was uns verbindet, ist stärker«, hofft Ury, Experte für Konfliktforschung in Harvard. Nicht umsonst trage Abraham im Arabischen den Beinamen Al-Khalil, der Freund.

Dass die palästinensische Teilstrecke bisher am besten entwi-ckelt ist, lokale Organisationen in die Initiative einsteigen, sieht Ury als Zeichen, dass die Lage in der West Bank sich entspannt hat. Der größte Teil der geplanten Strecke ist wegen der politi-schen Situation in vielen Ländern noch nicht erwanderbar. Unser Trip wird vom Siraj Center organisiert, das seinen Sitz in Bethle-hem hat. Allerdings ist unsere Gruppe die einzige, die in diesem Frühjahr im Westjordanland zustande gekommen ist. Zu wenig Nachfrage. Dabei haben wir im Gegensatz zu Abraham keine mehrjährige Tour de Force vor uns, sondern nur schlappe fünfzig Kilometer.

Anwar will also Steine werfen, immerhin nicht auf Siedler und Sol-daten, sondern auf ein stummes Männchen aus Kalkbrocken. Un-ter uns liegt die felsige Schlucht, der die alte Quelle von Ein Sami-ya entspringt. Der Trampelpfad, der uns hinaufgeführt hat, ist zugewuchert, früher schleppten hier die Bäuerinnen zweimal täg-lich Wasser über den Berg in die umliegenden Dörfer. Heute erle-digt das ein Pumpsystem. Es ist der dritte Tag unserer Wanderung – und irgendwie fühlen sich alle verpflichtet, Anwar zu helfen, sein Steinmännchen zu erledigen.

Schon bei der Lagebesprechung vor ein paar Tagen in einem al-ten Kaffeehaus in Nablus hat er uns zu verstehen gegeben, dass die

Wut in seiner Brust zwar auf kleine Flamme gedreht sei, wenn er wandere, aber mit Sicherheit niemals erlösche.

Als Nächstes versucht sich Savraj, die junge Britin. Seit drei Tagen muss sie Model spielen in jedem Dorf, durch das wir kommen. Ihre Eltern stammen aus Indien, und die palästinensischen Mädchen finden, sie sehe aus wie ein Bollywood-Star. Fotogen lächeln kann sie, der Wurfarm allerdings ist etwas schwach. Ihr Geschoss erschlägt nur ein Alpenveilchen.

Die zwei amerikanischen Lehrerinnen, Kim und Marla, beide mit einem Fulbright-Stipendium für drei Monate in der West Bank, versuchen es mit einer anderen Taktik: Sie zerschmettern große Brocken und hoffen auf einen Kollateralschaden. Keine Chance. Noch mal ein britischer Angriff von Martin, der mit seiner Frau Monika Bildungsurlaub in Palästina macht. Die beiden haben uns anderen gut dreißig Lebensjahre voraus, aber das haben wir schon fast vergessen.

Schließlich trägt Kolumbien den Sieg davon: Der blondlockige Nicolas hat auf einen tiefen Bowlingwurf gesetzt. Dass er seit Monaten an seiner Doktorarbeit in Soziologie hockt, verrät die Wucht seines Treffers nicht. Seine Frau Julia sitzt derweil dekorativ und demonstrativ pazifistisch auf einem Felsen und schaut in die Ferne. Dahinten schimmert hell unser Tagesziel, das Städtchen Kafr Malik.

Ein Jahr lang haben Anwar und seine Kollegen das Land durchwandert, um die schönsten Strecken zu entdecken, abseits der großen Straßen – und der israelischen Checkpoints. Machbar auch für Senioren, die nicht so fit sind wie Martin und Monika. Haben Familien gefunden, die Lust auf Austausch haben und ein bisschen Zuverdienst und Wanderern aus aller Welt eine Matratze und eine Mahlzeit bieten.

Vor diesen Übernachtungen hatte ich mich gefürchtet. Mir vorgestellt, sie würden als sorgsam präparierte Hochglanzversion meine Erlebnisse verwässern. Es war die Angst des Entdeckers vor dem bereits Entdeckten. Vor dem Moment, in dem der Ethnologe bemerkt, dass auf der afrikanischen Tanzmaske ein Aufkleber pappt: Made in China. Der Tourist am einsamen Strand registriert, dass der Sand importiert und durchgesiebt wurde. Dass diese unglaubliche, bedingungslose palästinensische Gastfreundschaft, die ich bisher erlebt habe, vielleicht doch nur eine perfekt durchexerzierte PR-Kampagne von Kim Jong-unschen Ausmaßen ist. Aber ich hatte mich umsonst gesorgt.

In Awarta, einem Siebentausend-Seelen-Dorf acht Kilometer südlich von Nablus, erwartete uns die erste Gastgeberin. Die Gruppe war leicht verstimmt, statt einer Wanderung hatte Anwar uns zwei Stunden durch Nablus geführt und dann in ein Taxi gesetzt. »Schleichweg um den Checkpoint«, hatte er erklärt. Der Abend war noch jung und wir fühlten uns etwas albern, als wir in unseren blitzblanken Wanderschuhen im alten Dorfkern ausstiegen. »Schwai, schwai«, »Schritt für Schritt«, hatte Anwar gesagt und uns allein gelassen.

»Um Ahmad«, wie Anwar sie ansprach, »Mutter Ahmads«, sah keineswegs aus wie eine Dörflerin, ihr markant geschnittenes Gesicht hatte die Vierzigjährige mit viel Rouge und Kajal in Szene gesetzt, der Hidschab war rosa, das Kleid darunter mit lila Blüten bedruckt. Sie bedauerte uns ausgiebig und zwang uns in ihre plüschige Sofagarnitur: Anwar hatte ihr erzählt, wir seien sehr müde und müssten uns ausruhen.

Mit flatterndem Gewand wühlte sie aus einem Schränkchen ein Sortiment Kopftücher und schenkte jeder Frau einen der bunten Vorhänge. Brav legten wir sie um unser Haar.

Nach einer Vorstellungsrunde, wir durften Um Ahmad bei ihrem Vornamen Nela nennen, stiegen wir mit ihrem zwanzigjährigen Sohn aufs Flachdach ihres Hauses. Es überragte die anderen im Dorf um eine Etage.

Wenn man aufs ländliche Palästina blickt, könnte man fast seekrank werden: Bis zum Horizont wogt es und wellt es sich. Sogar die Dächer der Häuser unter uns wölbten sich im sanften Schwung. Scheinbar in perfekter Mimese die Landschaftsformen aufgreifend, aber vor allem, damit der Regen abläuft. Die unverputzten Steinquader im Mauerwerk leuchteten in der sinkenden Sonne im gleichen Goldton wie der Tee, den wir in Gläsern in der Hand hielten. Nablus glitzerte illuster hinter uns. Taybeh lag irgendwo im Süden. Es roch nach verbranntem Müll.

Plötzlich dröhnte eine Stimme aus dem Minarett auf dem Nachbargrundstück. Jemand hatte das Mikro gekapert: Statt des melodischen *Allahu akbar* des Abendgebets ertönte ein trunken klingender Kampfruf. »Ein Mann kommt heute frei – nach sieben Jahren Gefängnis«, erklärte Ahmad. Wenige Minuten später kurvte ein Auto mit Lautsprecheranlage um den Dorfplatz. Arabischer Pop wummerte aus den Boxen. Und schließlich knallte ein Feuerwerk: Es verglomm bescheiden in den letzten Sonnenstrahlen.

Als wir uns später, satt von Linsenreis mit Joghurt, im Sofaplüsch fläzten, erkundigten wir uns nach all den Menschen auf den Fotos, die zwischen Stickereien und Urkunden an der Wand hingen. Es stellte sich heraus, dass auch der Onkel von Ahmad schon lange in einem israelischen Gefängnis einsaß. »Er ist Journalist«, sagte Ahmad, als ob das schon genug erklärte. Auch Um Ahmad hing an der Wand, die Quaste des Doktorhuts baumelte in ein junges Gesicht. Wie viele Frauen ihrer Generation hatte sie auf Lehramt studiert – aber nie an einer Schule gearbeitet, es gab zu wenig Stellen. Ein anderes Foto zeigte ihren verstorbenen Mann. Wir trauten uns nicht zu fragen, wieso er nicht mehr lebte. Und ahnten es bereits.

Während die zwei Ehepaare bei Nachbarn untergebracht wurden, bekamen wir vier Frauen das rosa gestrichene Mädchenzimmer von Um Ahmads erwachsenen Töchtern. Zwei auf dem Bett, zwei auf Matratzen am Boden.

Aber bevor wir uns hinlegten, klopfte es an der Tür: Die Großmutter wollte uns ihre Aufwartung machen. Eine Erscheinung in einem bodenlangen schwarzen Samtkleid, besetzt mit Hunderten von Glassteinen, die den Stoff überdauerten. So klar glänzten sie auf dem mürben Samt, wie ihre Augen sich jung von der Haut ihres Gesichts abhoben.

Auf ihren Brüsten lag ein eiförmiges Amulett mit Porträts vorne und hinten: Zwei der sechzehn Kinder, die sie zur Welt gebracht hatte, sind während der Intifadas umgekommen. Ein Sohn in der Ersten, der andere in der Zweiten. »Märtyrer«, sagte ihr zwanzigjähriger Enkel Ahmad mit derselben Lakonie, mit der er uns Schokolade anbot. Ob einer davon sein Vater war?

Als die Großmutter erfuhr, dass ich Deutsche bin, nahm sie meine Hand. Ahmads Vater hatte in Deutschland bei Siemens gearbeitet. Als ich sagte, dass auch mein Vater, mein Großvater, meine beiden Onkel Siemensianer gewesen seien, mein Bruder immer noch für den Konzern arbeite, rückte sie auf der Couch noch näher. Als ob ich gerade verkündet hätte, dass ich ihr verloren gegangenes Enkelkind sei. Wer hätte gedacht, dass ich ausgerechnet Siemens gegenüber einmal so etwas wie Verbundenheit empfinden würde.

Ahmad übersetzte, was er selbst lustig fand, und Nela spielte mit ihrem Telefon, von Kicherkrämpfen geschüttelt, wenn sie Fetzen aus dem Monolog ihrer Schwiegermutter auffing. Die Protagonisten ihrer Gedankensprünge und Synapsen-Rückkopplungen waren all die Deutschen, die der alten Frau in ihrem Leben in diesem kleinen Dorf begegnet waren. Und das waren eine Menge.

»Vor fünfundzwanzig Jahren kam einer mit dem Fahrrad aus Deutschland geradelt, und in Awarta war die Unterhose durch. Da hab ich ihm eine neue geschenkt.«

»Rosemarie war mit Mahmud verheiratet. Sie war süß, aber keine starke Frau. Sie hat nur ein Kind zur Welt gebracht.«

»Ein Jahr später kam ein großes Paket, wir haben uns alle gewundert, was da wohl drin ist: Es war die Unterhose.«

»Und dieses Kind hat nie geheiratet.«

»Claudia war stark. Sie war mit Ibrahim verlobt. Aber sie konnte nicht kochen.«

»Eine starke Frau hat mindestens fünf Kinder.«

»Sie hat uns ins Restaurant nach Nablus eingeladen!«

»Ahh, Rosemarie! Sie konvertierte sogar zum Islam, und ihr Vater war doch katholischer Priester!«

»Schade, dass sie so eine schwache Frau war.«

»Er war sehr wütend.«

Als sie kurz in Gedanken versank, machte ich ein Kompliment über ihr Kleid. Reine Schmeichelei, aber ich wollte mehr hören. Auch wenn es Ahmad schon leid war, all die Namen und Beziehungsstränge auseinanderzuklauben. Mich faszinierte meine neue Großmutter.

»Oh, Claudia haben wir auch so ein Kleid gemacht, nur kürzer. Ich bestelle dir auch eins.«

»Shukran«, sagte ich. »Ich komme darauf zurück, wenn ich auch eine starke Frau bin, dazu fehlen mir aber noch fünf Kinder.«

Ich wollte nur höflich ablehnen. Aber Ahmad verschluckte sich beim Übersetzen fast an seiner Wasserpfeife vor Lachen und hielt mir die Hand zum Einschlagen hin.

Die Amerikanerinnen und die Britin zogen sich zurück, ein bisschen beleidigt, dass die alte Frau so schnell das Interesse an ihnen verloren hatte.

»Wann gehst du zu Bett?«, wollte sie wissen. »Normalerweise sehr spät«, sagte ich.

»Ich auch.« Sie drückte meine Hand noch fester. »Wir sind beide starke Frauen!« Mit einem Gähnen, das ihre letzten zwei Backenzähne zeigte, verabschiedete sie sich.

Nachdem ich im Dunkeln über die Amerikanerinnen gestiegen war, richtete ich mich zwischen Funken schlagenden Kunstfaserdecken ein. Es war das gleiche Fabrikat, das ich schon dutzendfach in fremden Häusern um mich geschlungen hatte. Und irgendwie bereits ein Gefühl von Heimat.

Mit dem leisen Knistern in den Ohren schlief ich ein. Wie viele Märtyrer wird der morgige Tag bringen? Und wie viele Wanderstunden?

Anwar saß schon am Frühstückstisch – während Nela kochtopfweise Wasser vom Herd in den Bottich unter der Dusche schleppte. Der Boiler war kaputt.

»Was steht heute auf dem Programm?«, wollte Savraj wissen.

»Shmanet hawa«, sagte Anwar. »Frische Luft schnuppern. Das sagen Palästinenser, wenn sie in die Natur gehen. Eine gute Zeit haben, das Ziel hat keine Bedeutung.« So ganz stimmte das nicht, über achtzehn Kilometer sollte es in einem weiten Bogen Richtung Süden gehen. Nach Duma, zu Anwars Familie.

Er warf sich den Rucksack auf den Buckel: »Yalla! Auf geht's!«

Vor uns lagen Terrassenfelder, in die Landschaft geschichtet wie Strudelteig. Es gab nur bergauf oder bergab. Ein Feldweg führte uns durch grüne Weizenhalme aus der palästinensisch verwalteten Area A in den sandfarbenen Bereich unserer Straßenkarte: Area B. Die Übergangszone. Dahinter erwartete uns sehr viel Weiß – Gebiet, das unter israelischer Militärverwaltung steht.

Nicolas entdeckte einen blauen Farbklecks auf einem Felsen: »Unser Zeichen?« Nein, das sei irgendein israelischer Wanderweg. »Wir haben keine Markierung. Der Weg ist in meinem Kopf.« Einmal hätten die Guides den Pfad schon umlegen müssen, weil ein Siedler Wanderer mit dem Gewehr bedrohte. »Verschwindet, das ist mein Land«, soll er gerufen haben. Als die Wanderer ihn fragten, wie lang er hier denn schon lebe, soll er geantwortet haben: »Zwei Wochen.«

»Itamar«, sagte Anwar und deutete auf Wohnschachteln, die sich am Horizont hell auf einer Hügelkette reihten. »Die größte Siedlung hier. Sie nehmen uns nach und nach das Land, aber schlimmer ist für uns der Verlust der Olivenbäume. Sie gehören zur Familie. Wir ziehen sie auf wie Kinder. Das tut einfach zu weh.«

Nach Angaben der Siedler von Itamar stammen achtzig Prozent der in Israel verkauften Bioeier aus ihren Hühnerfarmen. Die Siedlung erhielt 2009 von der israelischen Regierung einen Sonderstatus als Nationale Vorrangzone (National Priority Area). Das bedeutet, die tausend Bewohner bekommen zusätzlich zu den üblichen Subventionen eine Extraprämie von tausend Schekel pro Kopf pro Jahr. Die Entscheidung war eine scharfe Kehrtwendung im Vergleich zur bisherigen Siedlerpolitik. Noch unter Ehud Olmert hatten nur Siedlungen im Negev und in Galiläa, auf Israels Seite der Grünen Linie, den Sonderstatus erhalten.

Was Anwar nicht erzählte, war, dass 2011 zwei junge Palästinenser aus Awarta eine fünfköpfige Familie aus Itamar in ihrem Bett umgebracht haben. Es war der Höhepunkt einer ganzen Reihe von gewalttätigen Attacken beider Seiten. Wobei die Siedler regelmäßig straffrei ausgingen. Die israelische Menschenrechtsorganisation B'Tselem kritisierte, dass israelische Behörden es versäumt hätten, gewalttätige Siedler anzuklagen. Außerdem hätte die Armee die einheimischen Palästinenser daran gehindert, ihr eigenes Land in der Nähe Itamars zu bestellen. Ein kleines Dorf wurde von seinen Bewohnern aufgegeben, weil es wiederholt von Siedlern des – selbst nach israelischem Recht illegalen – Außenpostens von Itamar angegriffen wurde.

Wenn Anwar uns nicht auf Übergriffe von Siedlern hinwies, bediente er sich aus der Natur wie von einem Salatbüfett. Ließ uns grüne Mandeln kosten. Zupfte Blütenköpfchen ab und zeigte, wie man daraus den Nektar saugt. Ein Distelgewächs brach er so geschickt aus dem Boden, dass der Stängel seinen saftigen Kern freigab. Er schmeckte wie eine Zuckerschote. Fürs Abendessen packte er Fenchel und ein paar Handvoll Salbeiblätter in den Rucksack. Den wilden Spargel fanden wir zuletzt, als wir uns neugierig zu einem schwarzen Kolben hinunterbeugten, der aus einem auberginefarbenen Blattkelch ragte: ein giftiger Aaronstab.

»Boison!«, sagte Anwar. An seinen fast schwäbischen Akzent hatten wir uns schon gewöhnt. »Slibbery!«, warnte er uns, sobald es bergab ging. Das P geht den Palästinensern so schwer über die Lippen wie mir ihre Kehllaute. Es existiert im Arabischen nicht, deswegen heißt ihr Land ja eigentlich auch Falestin.

Manchmal wurde Anwar auch ganz still, war ganz in sich gekehrt. Dann betete er. Dabei überkam ihn die Schwermut. Wenn er sich wieder zu den Wandernden wendete, sagte er mürrisch: »Redet miteinander, redet! Walk and talk, dafür machen wir das doch!«

Kim erzählte dann von den Künstlerinnen, die sie für ihr Schulprojekt interviewt. Savraj ärgerte sich, dass sie von Anwar immer als Inderin vorgestellt wurde, dabei ist sie doch in London geboren. Monika erinnerte sich an die Bildungsreise nach Norwegen, auf der sie als junge Frau Martin, ihren britischen Ehemann, kennengelernt hatte. Jedes Mal, wenn er seinen verschwitzten Sonnenhut abnahm, ordnete sie ihm liebevoll die Haare. Mit Nicolas plauderte man über die politischen Strukturen in Venezuela und Kolumbien – und seine Frau Julia war am liebsten ganz für sich. Sie befand sich gerade in einer Findungsphase, wie sie sagte.

Wenn man sich selbst langsam durch die Landschaft bewegt, hat man das Gefühl, alles andere steht still.

Der Schäfer zum Beispiel, der auf dem Dorffriedhof nicht nur seine Ziegen hütete, sondern auch eine Schildkröte. Dass er nicht seit Jahrzehnten über der Mauer lehnte und das Tier mit einem Grashalm neckte, bewies er dann aber schnell: Er sprach fließend Portugiesisch und parlierte mit Julia über die Zeit, als er in Brasilien auf dem Bau gearbeitet hatte.

Oder Scheich Abdullah im strahlend weißen Kaftan unter dem blühenden Aprikosenbaum. Es kam uns vor, als hätte er nur auf uns gewartet. Anwar begrüßte ihn mit Überschwang: »Mein bester Freund. Wir haben zusammen die Schulbank gedrückt!« Das religiöse Oberhaupt legte mitten auf der Straße eine missionarische Rede hin. »Der Islam ist die jüngste Weltreligion. Folglich die modernste. Das Leben ist hart und kurz. Wollt ihr denn nicht mit mir ins Paradies?«

Der Scheich hatte keine guten Karten, so fern schien uns das Paradies nämlich nicht, als wir bald darauf durch eine Kräuterwiese stapften. »Fast wie die Lüneburger Heide«, sagte Martin. Das dumpfe »Bumm! Bumm! Bumm!« einer Militärübung kommentierte der Brite trocken: »Sag ich doch.«

Einmal zogen Marla und Kim aus der Nachhut nach vorne: »Anwar, ein verrücktes Tier! Eine Mischung aus Hund, Känguru und Reh, da drüben!« Doch das Vieh war verschwunden. »Klingt für mich genau nach Hyäne«, sagte der Guide.

Als wir Duma erreichten, jammerte keiner mehr über zu wenig Bewegung. In Anwars Haus befreiten alle sofort die dampfenden Füße. Die Frauen scheuchte er in die Küche, um seine beiden Töchter und die Mutter zu besuchen.

Anwar hatte uns stolz erzählt, dass er der erste Mann im Dorf sei, der ein Mädchen auf die Uni geschickt habe. Im nächsten Jahr hätten es ihm bereits vierzehn Väter nachgemacht. Seine Älteste studierte nun in Nablus Onlinejournalismus. Der Artikel, an dem sie gerade schrieb, war eine gesellschaftskritische Fabel: »Meine Tante hat einer Ente Hühnereier untergejubelt, um zu sehen, ob die Küken schwimmen lernen«, erzählte die zierliche Zwanzigjährige, sie trug einen Jogginganzug, der Haarzopf lag lose über der Schulter – während Schwester und Mutter komplett in Hidschabs verpackt waren und in den Kochtöpfen rührten.

Wenn das Experiment gelänge, ließe sich in diesem Land vielleicht was ändern, so das Gleichnis der Jungjournalistin.

Leider mochten die Küken nicht vergessen, dass sie Hühner sind.

Ihre Mutter lächelte und schwieg.

Die Tochter redete leise und schnell auf Englisch. Verschwörerisch. Ab und an übersetzte sie Unverfängliches auf Arabisch für Mutter und Schwester.

Sie machte sich Sorgen. Bald sei sie fertig mit der Uni. Aber
was dann? Anwar, der Vater, sah sie als Journalistin. Aber sie wusste doch, was meist passierte. Was gerade mit ihren Freundinnen ge-
schah. »Sie heiraten alle, ich sehe sie kaum noch, denn jetzt müssen
sie sich um ihren Mann kümmern, und dann um die Kinder.«

Nach Sonnenuntergang wollte Anwar uns das Jordantal zeigen.
Wir spazierten zum Dorfausgang, wo die Familien Gemüse, Feigen und Gewürze anbauten. Und blickten in der Weite der Nacht
auf zwei Lichterketten.

Das erste Band leuchtete nur zehn Kilometer entfernt. Israelische Siedlungen. Ich hatte mal gelesen, dass man auch nachts
erkennt, welche Häuser von Palästinensern und welche von
Siedlern bewohnt seien. Das Licht der Siedler sei kälter. Ich war
mir nicht sicher, ob ich einen Unterschied ausmachen konnte.
Die größte Siedlung in der Schlange heißt Ma'ale Efrayim. Seit
Anwar als Kind ins Tal blickte, sah er ihr beim Wachsen zu. Wie
sie sich immer weiter hinunterwand ins Jordantal. Wie die israelischen Siedler von Bananen auf Weintrauben und dann auf
Datteln umgesattelt hatten. Obst, das teuer exportiert wurde,
während die palästinensische Wirtschaft im Würgegriff der Besatzung nach Luft schnappte.

Was ihn am meisten plagte? Dass er das Gefühl hat, dabei geholfen zu haben. »Als Jungen haben wir alle auf den Plantagen dort
unten für sie gearbeitet. Wir mussten ja die Familie unterstützen.«

Die zweite Schliere glitzerte etwa dreißig Kilometer vor unserem Ausguck: die ersten Häuser von Jordanien.

Auf dem Rückweg ließ Anwar Kim einen Eimer Wasser aus einem Brunnen ziehen und in eine Vogeltränke füllen. »Zum Geden-
ken an meinen Onkel, er wurde beim Bau des Brunnens von einem
Soldaten erschossen.«

Tag drei, fünfzehn Kilometer. Noch am Vormittag erreichten wir
das Dorf Al-Maghayyir, das bedeutet Veränderung. Eine Wetter-

scheide, wie Anwar sagte. Tatsächlich hielt sich der Himmel von nun an bedeckt. Die sanften Hügel verwandelten sich in schroffe Felsen. Aber wir bemerkten noch eine weitere Veränderung. Waren wir bisher über Schildkröten gestolpert, schienen wir auch eine Grenze in der untersten Etage des Tierreichs überschritten zu haben: Auf dem heißen Asphalt kringelten sich unzählige Raupen. Und als wir die alte Quelle von Ein Samiya passierten, waren es Tausendfüßler, die sich handlang, fingerdick und schwarz glänzend über die Steinchen eines römischen Mosaiks wanden, durch die korallenartigen Strukturen einer Wüstenpflanze. Unter dem blanken Schädelknochen einer Kuh hindurch.

Die Olivenbäume waren hier noch Säuglinge verglichen mit ihren tausendjährigen Verwandten, unter denen sich vielleicht schon die Kreuzfahrer ausgeruht hatten. Um sie vor knabbernden Tieren zu schützen, haben die Bauern ihnen rostige Blechtonnen übergestülpt. Eine davon war völlig zerlöchert. Sie war in ihrem früheren Leben Trainingsziel für israelische Soldaten gewesen. »Meine Lieblingstonne«, sagte Anwar.

Nach einem Picknick in einer Baumschule der Palästinensischen Autonomiebehörde kletterten wir auf das Plateau von Ein Samiya; erst zögernd, dann wie im Rausch erledigten wir Anwars Steinmännchen. Treffer und Anfeuerungsrufe krachten seltsam unanständig in die Stille dieser natürlichen Kathedrale aus hellen Felsbögen, hoch über dem Land. Aber schließlich löste sich bei allen etwas.

»Yalla!«, ruft Anwar jetzt, und im Hüpfschritt steigen wir ab nach Kafr Malik. Dass die Distanzen nur aus der Höhe winzig wirken, haben wir schon wieder vergessen. Ohne Guide wären wir aufgeschmissen: Im Schlingerkurs kreuzen wir eine Schafherde, umwandern eine Müllkippe, grüßen Beduinenfrauen, die in offenen Zelten mit ihren Kindern vor dem Fernseher hocken – und schließlich führt uns Anwar durch einen Kalksteinbruch. »Das ist unser weißes Gold«, erklärt der Guide. Wer das feste Baumaterial unter seinem Feld finde, sei reich.

Scheinbar gibt es einige Steinreiche in der Gegend. Die Straße nach Kafr Malik führt uns an Rotten von Neubauten mit asiatisch geschwungenen Dächern vorbei. Eine israelische Siedlung? »Nein. Ferienhäuser reicher Palästinenser. Sie nennen das kambodschanischer Stil. Die meisten leben in den USA. Sie können die Belüftung übers Internet steuern!« Erstmals habe ich keinen Handyempfang mit meiner israelischen SIM-Karte. Ein untrügliches Zeichen, dass tatsächlich keine Siedlung in unmittelbarer Nähe ist.

In Kafr Malik übernachten wir Frauen und Anwar in einem hundert Jahre alten Haus. Die Pärchen ziehen zu den Nachbarn weiter. Meterdicke Steinmauern isolieren das Untergeschoss wie ein Kühlfach. Die Nischen in der Wohnzimmerwand zeigen noch, dass hier einmal die ganze Familie geschlafen und gelebt hat. Sie dienten tagsüber als Matratzenschrank. Aber auf dem antiken Fundament sitzt heute ein dunkel verspiegelter Aufbau, in dem sich ein weitläufiges zweites Wohnzimmer verbirgt, eingerichtet wie der Showroom eines modernen Möbelhauses.

Wir helfen unserer Gastgeberin, die Brotfladen für Hähnchen, *musakhan,* mit einer Mischung aus Öl, Zwiebeln und Sumach zu tränken: Sie backt sie in Schichten im elektronischen Nachfahren eines Lehmofens. Die Menge scheint völlig übertrieben. »Palästinensisches Sprichwort: Wenn der Nachbar dein Essen riecht und du bringst ihm nichts, gibt es böses Blut.« Es sei üblich, von jeder Mahlzeit an die bedürftigen Familien abzugeben.

Nachts verkriechen wir uns unter Dutzenden von Knisterdecken. Die Temperatur fällt um fünfzehn Grad und der Regen klatscht wütend an die Holztür.

Der Morgen beginnt so düster, wie sich der Himmel über uns gebärdet: Wir wollten eigentlich nur die anderen aus dem Nachbarhaus abholen, werden aber natürlich auf einen Mokka hereingebeten – und ich begehe einen Fauxpas. Die Wände von Flur und Wohnzimmer sind mit den Porträts eines jungen Mannes zugepflastert. Mal tanzt er in einem schillernden Aladdin-Kostüm, mal guckt er ernst in Schwarz-Weiß, sitzt in Tusche auf einem Brunnen, versteckt sich auf Klassenfotos in der letzten Reihe, aber vor allem hockt er fotorealistisch groß aufgezogen auf Bannern, in die auch noch die goldene Kuppel des Felsendoms, Koransuren und die palästinensische Flagge montiert wurden.

Man kann ihn nicht ignorieren – und obwohl ich doch schon vermute, wieso die Dame des Hauses, eine etwa Sechzigjährige mit schwerer Brille und Kopftuch, in diesem Schrein der Erinnerung lebt, frage ich: »Wer ist denn das?«

Stille. Martin und Monika, Nicolas und Julia gucken mich entsetzt an, wahrscheinlich hat ihnen die Gastgeberin die Frage gestern Abend schon beantwortet, in angemessenem Rahmen, nach dem Kennenlernen, in schon vertrauter Runde.

Die Frau beginnt zu weinen. Anwar flüstert: »Das wollte ich vermeiden. Das war ihr Sohn, ein berühmter Dabke-Tänzer, er wurde angeschossen und verblutete mitten auf dem Dorfplatz, weil die israelischen Soldaten niemanden helfen ließen.« Ich flüstere zurück: »War er denn ein Widerstandskämpfer?« »Nein, er war Student.«

In angeschlagener Stimmung verlassen wir Kafr Malik. Schon auf den ersten Metern kratzt uns der Hagel so unbarmherzig in den feuchten Gesichtern, dass Anwar uns in seinen Windschatten beordert. »God bunish us for the beer in the morning«, sagt Anwar mit seinem weichen P. Dabei kann er uns höchstens für den Wunsch danach bestrafen, denn noch schäumt das goldene Taybeh-Bräu in zehn Kilometern Ferne hinter einigen Hügeln.

Bald hat sich der feuchte Lehm unsere Hosenbeine hochgesaugt. Die geschenkten Tücher von Um Ahmad um die Köpfe gewickelt, sehen wir kaum etwas von der Landschaft, nur das Knirschen der zerschossenen Flaschen zwischen Sohlen und Ackerschrunde erinnert daran, dass auf der Kuppe mal wieder ein Militärstützpunkt sitzt.

Dafür treibt uns das Wetter in Marschtempo. Als die Sonne sich endlich zeigt und wir die Köpfe wieder heben, blicken wir schon auf die Taybeh vorgelagerte Ortschaft Deir Jarir, die sich gemütlich an den Hang schmiegt. An den Fassaden weisen Plaketten mit Sankt Georg, dem Drachentöter, die Christen aus, die hier mit Muslimen Tür an Tür wohnen. Ein Bauer verkauft mir ein Glas mit dunklem Honig, in dem noch die Waben schwimmen. Hundert Schekel, zwanzig Euro. Ich blicke Anwar fragend an. Er nickt. Kein Touristennepp: Auch die Imker leiden unter Landverlust.

Noch einmal einen Hügel hinab, eine Straße hinauf und wir stehen vor der Mikrobrauerei von Taybeh. Im Gegensatz zur schicken Weinkellerei weiter oben sieht die Brauerei so urig aus, wie ich mir das vorgestellt hatte. Auf der Wand zur Straße hin bleicht eine menschengroße handgemalte Bierflasche in der Witterung. Die Produktionsstätte wirkt auf mich wie eine Modelleisenbahnausstellung, alles in Miniaturformat.

Während Nicolas und Martin sich auf die Kostproben stürzen, will Anwar nicht mal die alkoholfreie Version probieren. Madhis Khoury, die Tochter des Brauherrn, allerdings sagt: »Wenn hier wirklich nur die Christen unser Bier trinken, stimmt mit den Verkaufszahlen was nicht.« Aber auch die Amerikanerinnen halten sich zurück. Kim flüstert: »Der Brauerei wird ›Normalisierung‹ vorgeworfen. Weil sie nach Israel exportiert.« Für viele Palästinenser kommt der Handel mit dem Besatzer einer Akzeptanz des Status quo gleich. Kim und Marla, die seit drei Monaten in der West Bank leben, aber noch nie in Israel waren, denken genauso.

Die Khoury-Familie tanzt auf einem schmalen Grat, als Christen gehören sie zu einer Minderheit von zwei Prozent im Westjordanland. Sie betonen bei jeder Gelegenheit, dass sie Palästinenser sind, und ihr Bier wird bis nach Japan exportiert. Meiner Meinung nach tun sie einiges für ein positives Image Palästinas.

Zum Abschluss streifen wir durch die Ruine der byzantinischen Al-Khidr-Kirche, auch sie ist dem heiligen Georg gewidmet. Anwar lässt Schmuckstücke durch seine Finger gleiten, die jemand mit Kerzen und einem zerfallenen Blumenstrauß zu einem Altar arrangiert hat. »Das ist doch echtes Gold! Und keiner nimmt's mit.« Die Marienfiguren aus Plastik lächeln irre. Im Zwielicht des abklingenden Unwetters erscheinen sie uns archaisch wie Voodoo-Puppen. Wie soll man das einem Anhänger des modernen Islam von Scheich Abdullah erklären?

Kapitel

20

Im schwitzigen
Bauchnabel der Welt

*»... essen, trinken und rauchen, die Besatzung und die
Gerichtshöfe und die Gefahren des Alltags in den besetzten
Gebieten weit hinter uns lassen, in den Bergen von Ramallah
und Jerusalem. Hier in dieser flachen Oase spielte sich alles in
einem anderen Tempo ab, und keine Soldaten belästigten uns oder
kamen, um uns die Laune zu verderben.«*

RAJA SHEHADEH

JERICHO, LUFTLINIE VON JERUSALEM: 25,35 KILOMETER

31.868681, 35.442925 – auf diesen Koordinaten
platziert die Wetteranzeige meines Telefons das Sofa, auf dem ich
sitze. Es ist aus Holzpaletten gezimmert. Fünfunddreißig Grad,
ein später Nachmittag Anfang April. Zweihundert Meter unter
dem Meeresspiegel. So weit die messbaren Fakten. Die tiefste
Stadt der Welt soll Jericho sein und vielleicht die älteste. Letzteres
ist Auslegungssache. Um die Nörgler mundtot zu machen und das
Alleinstellungsmerkmal endgültig festzuschreiben, hat der Bürgermeister am 10.10.2010 den 10 000. Geburtstag der Stadt ausge-
rufen.

31.868681, 35.442925 steht also auf der Anzeige, wo sonst Tel
Aviv oder Jerusalem zu lesen ist. Amerikanische Konzerne streichen Palästina gern von der Karte. Ich weiß nicht, ob es diesmal
Apple ist, das sich nicht traut, Jericho bei seinem schönen Namen
zu nennen, oder ob es an meiner israelischen SIM-Karte liegt.
Mondstadt. Die Duftende. Die Etymologen sind sich uneins, ich
finde, beides passt. Von geisterhafter Anmut und flüchtig wie ein
Geruch, der auf der Straße in die Nase steigt und verflogen ist, bevor man ihn orten kann. Irgendwie tut es gut, diese Zahlen zu sehen und die harten Latten im Rücken zu spüren. Ich sammle Beweise dafür, dass dieser Ort tatsächlich existiert und nicht nur
eine Luftspiegelung ist.

Ich sitze auf dem Balkon eines alten Herrenhauses im Westen
der Stadt, blicke auf Bananenfelder und Datteln. Der Horizont
trägt einen gemütlichen Milchbart. Hundekläffen, Kikeriki und
dazwischen der menschlichste aller unmenschlichen Rufe, der eines Eselfohlens. Heiser, hoch, kratzig. So weit stimmt das Bild der
ländlichen Oase, der ruhigsten Stadt Palästinas. Aber alle paar Minuten wird es durchbrochen: Wie eine Epiphanie aus dem Alpen-
land schweben dann drei kirschrot lackierte Gondeln über die
Köpfe der Palmen hinweg.

Nur ein paar Hundert Meter vor dem Balkon verläuft die längs-
te Seilbahn unter dem Meeresspiegel. Und die flachste. Sie endet
auf minus fünfzig Höhenmetern auf halbem Weg zum Gipfel des
Berges der Versuchung. Hier klebt wie ein Wespennest das grie-
chisch-orthodoxe Kloster Qarantal am steilen Fels. Benannt nach
den vierzig Tagen, die Jesus auf einem Stein gefastet haben soll –
den das Kloster tief in seiner Feste birgt – und während der er den
Angeboten des Teufels widerstand.

Natürlich hätte auch eine kürzere Strecke gereicht, um die
Gondeln die paar Meter nach oben zu tragen, aber dann würde die
israelische Seilbahn gewinnen, die einige Kilometer weiter mit einem viel dramatischeren Höhenunterschied die Küste des Toten

Meers mit der Feste Massada verbindet. Hatte ich schon erwähnt, dass Jericho Meister im Aufstellen von Superlativen ist?

Hang zur Übertreibung ist wahrscheinlich auch schuld daran, dass eine Gondel fehlt. Fast könnte man die Geschichte für einen weiteren PR-Coup des Bürgermeisters halten: Gerade mal drei Wochen ist es her, dass es hier beinahe zu einer Tragödie gekommen wäre. Aber eben nur beinahe. Der palästinensische Komiker Khalid Al-Masou war zu einem Interview eingeladen worden, das in der Gondel stattfinden sollte. Auf halber Strecke stoppte die Seilbahn. Der Journalist erhielt einen Anruf, dass der Strom unterbrochen sei und man sich eine Stunde gedulden müsse. Der Interviewer interviewte fleißig weiter. Er war eingeweiht, im Gegensatz zu Al-Masou. Dann stand plötzlich die Außenseite der Kabine in Flammen – und das Plastik begann von der Decke zu tropfen. Die beiden konnten die Tür eintreten und sich in die Aufhängung der Gondel retten. Das Video steht auf YouTube. Eigentlich hatte es in einer Fernsehshow gesendet werden sollen, deren Konzept es ist, Promis unter vermeintlicher Gefahr aus der Reserve zu locken. Versteckte Kamera auf Palästinensisch. Das Feuer war als harmloser Stunt geplant – scheinbar hatte niemand daran gedacht, dass eine Gondel aus Fiberglas keine Hitze verträgt.

Apropos Hitze. Ich luge vorsichtig über die Balkonbrüstung. Irgendwo da unten geistern Sala und Mohammed herum, Khalil und Abu Janty: ein Barmann, der Sprössling eines reichen Klans, ein Beduinenjunge, ein Taxifahrer. Ich bin auf der Flucht. Bisher hatte ich angenommen, ich passe nicht ins Beuteschema. Aber hier und jetzt habe ich das Gefühl, die halbe Stadt hielte nach mir Ausschau. Sprich die männliche Bevölkerung. Vielleicht liegt es am Tiefdruck, vielleicht an der Allgegenwart der Lockrufe des Teufels vom Berg. Vielleicht daran, dass ich die einzige Ausländerin ohne Busgruppenanhang und Heiligenschein bin.

Meine Ausbeute nach sechs Stunden Herumstromern: ein Orangensaft, eine Minzlimonade, drei Gläser süßer Tee, diverse

Zigaretten, Baklava, zwei Spritztouren. Ein Paar schwarze Pla-
teausandalen mit kunstledernem Blütenaufsatz! Sie liegen vor mir
in einer Plastiktüte.

Der zugehörige Prinz ist der glatzköpfige, sicher drei Zentner
schwere Abu Janty. Ich schlüpfe kurz in die Schuhe, um mich zu
vergewissern. Größe 37. Zu klein für mich. Er wird weiter nach seinem Aschenputtel suchen müssen.

Dabei hatte alles so entspannt angefangen: Ich wollte Ashraf besuchen, den feurigen Kommunisten, der an Heiligabend in Bethlehem sein Bier mit mir und dem schrägen Kanadier geteilt hatte.
Er verteilte damals Visitenkarten für ein Gästehaus in Jericho, und
ich hatte versprochen, ihn zu besuchen.

Weil Ashrafs Familie aus Ost-Jerusalem kommt, hat er einen
blauen Ausweis. Er arbeitet tagsüber in Ramallah in der IT-Bran-
che und hat mit seinem Bruder Kais, einem Hotelfachmann, vor
ein paar Monaten einen Traum verwirklicht: eine Herberge aufzumachen, in einem verlassenen Sommerhaus, das ihr Vater aufwen-
dig renoviert hat.

Das Projekt hatten sich die Brüder als Beschäftigungstherapie
für den Vater ausgedacht. Er handelt mit Olivenholzschnitzereien
der De-luxe-Klasse. Aber sobald es nach Krise riecht, brechen
ihm die Aufträge weg, reiche Touristen sind keine Abenteurer.
Ganz so schlecht scheint es ihm aber nicht zu gehen, denn das
Land mit dem alten Haus kaufte er für eine Million Dollar. »Das
Land hier ist teuer, weil es das fruchtbarste Palästinas ist«, hatte
Ashraf erklärt.

Hier stehen einige solcher Häuser mit großzügigem Garten.
Jericho war traditionell die Winterfrische der Jerusalemer Ober-
schicht. Die Brüder tauften das Gästehaus Auberg-Inn, weil die
tiefvioletten Früchte hier glänzend auf den Feldern liegen wie anderswo in Palästina nur die Steine und weil Kais die französische
Lebensart liebt.

Ich kannte Jericho zuvor nur aus der Ferne: Vor ein paar Monaten war ich durch das gerade erblühende Wadi Qelt gewandert, die
Picknickdestination der Palästinenser. Der Graben zieht sich von
Jerusalem nach Jericho und führt den Wanderer durch alle Schat-
tierungen von Grün, durch eine Schlucht mit einem Wasserlauf
und vorbei am Kloster Sankt Georg. In Erinnerung geblieben ist
mir die Stille, die Wucht der Felsen – und die Drohne, die uns einige Kilometer nachschwirrte, hoch über unseren Köpfen. Das
staubige Städtchen, das versunken in einer Staubwolke hinter dem
Ausgang der Schlucht lag, schien mir dagegen so interessant wie
ein schmutziger Bauchnabel.

Ashraf holte mich also im arabischen Teil Jerusalems ab, wo er
mich zum Schokoladengeschäft Izhiman beordert hatte, das sein
Freund Amro führt. Dieser hatte in Italien das Chocolatier-Hand-
werk erlernt und überreichte mir eine, allerdings aus Griechen-
land importierte, Praline. »Haben wir erst kürzlich entdeckt, dass
die Griechen wirklich gute Schokolade machen!«

Im Auto erzählte Ashraf vom neusten Zuwachs im Gästehaus.
»Du wirst ihn lieben, wir haben ihn aus dem Flüchtlingslager von
Jericho adoptiert.« Benjamin Qubrosi sein Name. Benjamin der
Zypriote ist ein Esel. Und gerade mal einen Monat alt. Als wir im
Gästehaus ankamen, stöckelte er ungelenk auf nagelneuen Hufen
zwischen Rosen, Orangenbäumen, Zucchini und Tomaten im
Garten herum – und machte sich gerade über die Minze her.

»Benjamin hat meine Einstellung zu Eseln grundlegend verändert«, witzelte Ashraf. Man sagt, die einzigen Menschen, die Esel
gehorsam machen können, sind die Beduinen. Deren Kinder reiten auf ihnen zur Schule, stellen sie ohne Leine draußen ab, und
dort warten sie brav. Benjamin war gerade mal so groß wie mein
Hund, hatte kräuseliges Fell, einen zarten Kinnbart und guckte
aus schwarz umränderten Augen mit zentimeterlangen Wimpern
verträumt in die Luft. Kais schimpfte mit seinem kleinen Bruder:
»Wir brauchen Pferdemilch. Du kannst kein Eselbaby anschlep-

pen und erwarten, dass es ohne Milch wächst!« Die Brüder hatten
sich vorgenommen, Benjamin zum glücklichsten Esel Palästinas
zu machen.

Kais trug ein verwaschenes Hawaiihemd, das charman-
te Grinsen eines Trickbetrügers und einen Schlapphut, sprach
mit der rot getigerten Hauskatze Französisch und gab sich alle
Mühe, möglichst viele Klischees auf einmal auf sich zu projizie-
ren, um dann alle zu brechen: Er liebt Pferde und beherrscht das
Springreiten, pflegt eine entspannte Fernbeziehung zu seiner
Frau und den zwei gemeinsamen Kindern in Frankreich, spielt
Klarinette, konnte bis vor ein paar Jahren nicht ohne fünfundzwanzig Gramm Hasch am Tag, liest Bertolt Brecht, mag Bal-
kanmusik, kocht jeden Tag eine andere Gemüsesuppe, verehrt
Arafat – »Er war ein Genius« – und hat beschlossen, die Gastpfle-
ge zu einer höheren Kunst zu erheben, hier in Jericho. »In Russ-
land lernen Kellner vier Jahre! Sie können Mäntel formvollendet
aufhängen und wissen auf den ersten Blick, ob ein Gast Unterhaltung oder Distanz wünscht.«

Während Kais uns mit dem intellektuellen Selbstbewusstsein
und dem Humor eines britischen Gutsherrn unterhielt, beschränkten sich die anderen darauf, mit Benjamin zu flirten, der
entweder auf dem Schoß von Ashraf lümmelte wie eine Hauskatze
– oder wie ein Kleinkind in den Pumps seiner Mutter über die
Fliesen der Veranda stakste.

Kais sagte, er finde, eine Heimgeburt sei so zufriedenstellend,
wie zu Hause Brot zu backen. Er müsse es wissen, seine zwei Kinder habe er mit eigenen Händen auf die Welt gebracht. »Wir nennen es German Style in Frankreich.« Er findet, Paris sei arrogant,
Marseille dagegen liebt er, eine kantige Arbeiterstadt. »Da geht es
jeden Abend schlimmer zu als zwischen israelischen Soldaten und
Palästinensern am Nakba-Tag. Die einzige Zeit, dass ich ein Messer getragen hab. Einmal musste ich auch zustechen, die Polizei
hat nur geguckt. Total korrupt.«

Irgendwann drehte sich die Unterhaltung um Filme. Ausgerechnet das »Schwein von Gaza« empfahl Kais. Ich hatte den Film
mit Ulrich Tukur als UN-Funktionär auch gesehen, mich dabei die
ganze Zeit gefragt, ob die europäische Produktion in Palästina einen Nerv träfe. »Todlustig«, fand auch Ashraf.
»Schade, dass das palästinensische Kino sich nichts traut. Es
müssen immer große Themen und Gefühle sein. Dabei könnte
man hier die lustigsten Gangsterkomödien drehen. Hier gibt es
noch diesen Schlag arabischer Old-School-Mafiosi. Im Anzug und
immer ein Messer dabei. Wenn der Gegner nicht blutet, schlitzen
sie sich selbst den Arm auf. Die verlieren sonst das Gesicht.«

Ich hegte den Verdacht, dass sich Kais ein wenig von Mackie
Messer inspirieren ließ. Die »Dreigroschenoper« säuselte schon
den ganzen Abend in einer französischen Aufnahme von 1931 aus
seinem Telefon.

Ich fühlte mich so wohlig-müde-warm wie nach einem langen
Saunagang und entnahm den Gesichtern der anderen, dass es ihnen genauso ging. »In Jericho ticken die Uhren anders. Hier ist
man tiefenentspannt«, kalauerte Kais.

Als dann auch noch der Mond langsam aus dem Rosengarten
stieg, brennend rot und fünfmal so groß, wie ich ihn in Erinnerung
hatte, und die roten und fliederfarbenen Blüten der Bougainvil-
leen in seinem Licht geheimnisvoll aufglommen, revidierte ich das
Bild vom schmutzigen Bauchnabel.

Der Garten sah am nächsten Morgen noch genauso verwunschen
aus, nur Kais wirkte etwas zerknittert. Während Ashraf und Amro
zurück nach Jerusalem gefahren waren, war spätnachts noch eine
Horde Freunde eingefallen und gemeinsam hatten sie eine Fla-
sche Whiskey plattgemacht. Trotzdem bereitete er mir *ful,* eine
Art Bohnensalsa, und zwei Spiegeleier zum Frühstück. Im Kon-
trast zu seiner verbeulten Jogginghose bewegte sich der Rest von
Kais wie ein Drei-Sterne-Kellner. »Sie nennen mich jiddische

Mamme«, sagte er mit verrauchter Stimme. »Sind die arabischen
Mütter nicht genauso überfürsorglich?«, fragte ich. »Ja, aber über
die spricht man in der westlichen Welt nicht.«

Der Stadtplan, den mir mein Gastgeber reichte, schien mir mindestens so verworren wie die Tatsache, dass auf der anderen Seite eine Touristenkarte von der weit entfernten, frisch zerbombten
und hermetisch abgeriegelten Stadt Gaza abgedruckt war. Die Karte musste aus der Zeit der Oslo-Verträge stammen. Einer der seltenen Beweise dafür, dass es mal Hoffnung gab. Jericho war 1994
die erste Stadt im Westjordanland, der Israel Autonomie und palästinensische Kontrolle zugestanden hatte, und auch 2005, nach der
Zweiten Intifada, der erste Regierungsbezirk, der offiziell wieder in
palästinensische Verantwortung übergeben wurde.

Ich ließ den Plan im Hostel und beschloss, mit der Erkundung
von Jericho einfach ganz oben anzufangen, folgte der Straße hinter dem Haus, zwitschernde Zitronenhaine unter mir lassend,
zum Kloster Qarantal hinauf.

Entgegen kamen mir bereits die ersten Pilger. Einer trug eine
Aktentasche, einer ein sehr mondän wirkendes, schwarz schwin-
gendes Habit; Frauen mit bäuerlichen Kopftüchern und blumen-
bestickten Blusen murmelten Russisches mit gesenktem Haupt.
Immer wieder musste ich ausweichen, denn sie sahen nur die hohen Stufen vor sich, die sie wohl oder übel ins Irdische zurückfüh-
ren würden. Sie gingen so langsam, als wollten sie diesen Moment
so lange wie möglich hinauszögern.

Die letzten Stufen sind überdacht, vielleicht, damit man sich
noch mal sammeln kann und nicht ganz so schweißüberströmt ins
Hciligstc tritt. Immerhin ist Jericho auch die heißeste Stadt Palästinas. Die echten Locals erkenne man an ihren dunkel gegerbten
Gesichtern, hatte Kais gesagt.

An der Pforte wachte ein Mann, dessen Aufgabe es war, die Nationalität der Besucher zu registrieren – und den unterarmlangen
schmiedeeisernen Pfortenschlüssel für Selfies zu reichen.

Drinnen wurde es noch stufiger. Das Kloster war ein Schneckenhaus mit der Optik einer mittelalterlichen Stadt, nur sauberer. Die größtenteils wohlbeleibten Pilger taten sich schwer, gleichzeitig zu steigen, zu atmen und ihr iPad im Videomodus zu schwenken. Nach einem Rückstau in der winzigen Grotte für die Bittsprüche, den ein dicker Mann aus Kairo verursachte, floh ich auf einen kleinen Balkon.

Von oben sieht Jericho nicht sehr spektakulär aus, ein verschlafenes Bauerndorf. Aber es ist einer der seltenen Punkte, wo man weit über flaches Land blicken kann, bis ins Jordantal. Als ich mich wieder umdrehte, entdeckte ich den eigentlichen Wächter von Qarantal, Bruder Gerasimus.

Er trug eine schlichte Kutte und eine schlumpfige Wollmütze, saß in der dunkelsten Nische des Vorraums zur Kapelle und schnitzte mit wütenden Grimassen graubraune Stäbe zurecht, die ich einen Moment für Spargelstangen hielt, aber es waren selbstgezogene Kerzen, die sofort umknickten, wenn die Pilger sie in den dafür vorgesehenen Sandkasten stellten und anzündeten.

Als ein reicher palästinensischer Geschäftsmann in den späten Neunzigerjahren eine österreichische Firma beauftragt hatte, die Seilbahn zu bauen, wurde er nicht gefragt. Das trägt er der Menschheit bis heute nach.

Aber angesichts der schwitzenden und keuchenden Masse mit den entrückten Gesichtern und den bebenden Lippen, fühlte ich mit ihm. Da will er die Einsamkeit auf sich nehmen, wohnt in diesem gemütlich ausgebauten Felspalast, der sich weit in den Berg höhlt, und dann fallen nicht nur lästige Pilger ein, sondern noch dazu die faulen Horden, die eigentlich nur mal Gondel fahren wollen.

Ich beschloss, ihn wenigstens um einen unwillkommenen Besucher zu erleichtern, und drängte mich zurück Richtung Ausgang. Dort türmte sich nun ein Haufen Schlappen, der zu einer Gruppe weiß gewandeter Afrikaner gehörte. Ich fragte eine der

Frauen, woher sie kämen, und sie malte mit ihrem Finger ein *n* und ein *i* auf die Handfläche. »Nigeria?«, riet ich, sie nickte unwirsch. Gerasimus wird sie mögen, dachte ich, sie schien ein Schweigegelübde abgelegt zu haben.

Ich ging die paar Meter zur Bahn und überschritt dabei die Grenze zwischen heiliger Ordnung und heillosem Durcheinander. Während auf der einen Seite des Berges die Christen ächzend bei jedem Schritt um Vergebung baten, tanzten die einheimischen Touristen – allen voran eine männliche Schulklasse aus Jenin – auf der anderen Seite im Ausflugslokal unter der Gondelplattform leichtfüßig zu arabischem Trance.

Auf dem Weg fing mich Mohammed ab, dessen Familie das Restaurant unter der Bahn samt Souvenirshop gehört. Sie nennen es das Temptation Center. Er bewunderte meinen Bizeps, der zugegebenermaßen etwas zu freizügig aus meinen kurzen Ärmeln lugte, drängte mir seine Telefonnummer auf, musste aber wieder runter zur Arbeit. Dann erwischte mich Sala, ich tat ihm den Gefallen, hinter dem Tresen seiner Bar Saft zu trinken, und wurde seine Facebook-Freundin. Dass mit diesem Beziehungsstatus eine Art Brautlauf einhergehen würde, sah ich nicht vorher. Der pummelige Bartender hakte mich unter und wollte mir sein Reich zeigen – also das Kloster. Meine Einwände, dass ich gerade von dort komme, ließ er nicht gelten. Sogar die russischen Büßerinnen blickten kurz auf, als er mich seinen Freunden vorführte, den Rosenkranzverkäufern unter dem Sonnendach. Erst der Türsteher am Klostertor machte dem Reigen ein Ende. »Du warst doch heute schon mal da.« Sala bettelte, aber das Tor blieb geschlossen. Ich war sehr froh, dass wir als unwürdige Gäste entlarvt wurden, und wand mich aus Salas Armen.

Auf dem Rückweg zur Bahn tat ich es den Pilgerinnen gleich und blickte stur zu Boden. Schnell runter vom Berg der Versuchung. Ein paar Achtklässler aus Jenin stürmten mit mir die Gondel. Sie versuchten, die Kabine wie eine Schiffsschaukel zum

Schwingen zu bringen. Ich wollte mich nicht als Gouvernante auf-
spielen, in Österreich mussten die Gondeln schließlich Gebirgs-
stürmen standhalten.

Erst als wir nach fünf Minuten über die Ausgrabungsstätte von
Tell es-Sultan schwebten, fiel mir ein, dass nach dem Brand auch
die Tragseile angeschmurgelt sein könnten. Aber bevor ich mir
wirklich Sorgen machen konnte, schunkelte die Kabine schon in
die Talstation hinein. Vom israelischen Touristenmekka Massada hatte sich Jericho nicht nur die Seilbahn abgeguckt, sondern
auch den schlauchförmig angelegten Souvenirladen, der in vielen
Schleifen zum Ausgang führte. Rosen von Jericho, weite Röcke,
Schlüsselanhänger, Kosmetikprodukte vom Toten Meer. (Aus israelischer Herstellung, die Palästinenser haben keine Abbaurechte.)

Ein Schild verwies mich zu Hisham's Palace, einer Ausgrabungsstätte, die Kais mir empfohlen hatte, um zu sehen, dass der
frühe Islam noch kein Bilderverbot kannte. Sie ist bekannt für
wunderschöne Bodenmosaike, Fresken und halbnackte! Statuetten. Ich wanderte also eine staubige Straße entlang, und alle paar
Meter hielt ein Taxifahrer neben mir. »Nein, danke, ich will laufen.« »Aber es ist zu heiß zum Laufen!« »Nein. Danke.« »Ich fahr
dich umsonst!« »Aber ich möchte zu Fuß gehen!« Meistens drehte
das Taxi dann kurz ab, um wenig später noch mal zurückzukehren.
Außer den gelben Taxis war die Straße leer, und auch die Häuser
schienen unbewohnt.

Als ich schon bereute, nicht ins Taxi gestiegen zu sein, kam ich
an einer Schafherde vorbei. Die Tiere hatten sich eng unter einem
kargen Bäumchen zusammengedrängt, von dessen dornigen Äs-
ten baumwollartige Flusen hingen. Mit obszön langen Ohren we-
delten die Schafe die Fliegen weg und drehten synchron und un-
endlich langsam ihre Köpfe, um mir nachzublicken. Unter einem
zweiten Baum saßen, ebenso lethargisch, ein paar junge Männer.
Sie winkten mich heran. Und schwenkten dabei eine rußver-
schmierte Teekanne.

Khalil war der Anführer der Bande und der Herr der Schafe, ein Zwanzigjähriger mit verhornten Füßen und schwarzen Augen. Er bot mir einen Pappkarton zum Sitzen an. Aus der Bodenperspektive sah das Land noch trostloser aus, wir hatten den einzigen Schattenplatz weit und breit. Der Esel musste in der Sonne ausharren. Ab und an warf er sich in den Staub und wälzte die Fliegen von seinem Rücken. »Er wäscht sich«, sagte Khalil. Die anderen Jungs, der kleinste etwa zehn Jahre alt, sahen mich erwartungsvoll an. »Was macht ihr hier denn so?«, fragte ich. Khalil war der Einzige, der Englisch sprach. »Wir sitzen hier, rauchen, trinken Tee und reden.« »Über was denn?« Er guckte verdutzt. »Über alles!« Er machte eine weite Handbewegung vom leeren Himmel zu den Zigarettenstummeln auf der Erde. Als ob die Wüste hinter der Stadt nicht genug Gesprächsstoff zu bieten hätte. »Dann gehen wir nach Hause, essen, schlafen und am nächsten Tag kommen wir wieder her.« »Ist das nicht langweilig auf die Dauer?«

»Nein, ich mag Schafe«, sagte er und holte die Kanne aus der Glut. Geschickt goss er den Tee in ein Glas und zurück, um ihn abzukühlen. »Ich mag nicht mehr lernen. Vielleicht später mal.« Schweigen. »Ich hab keine Frau. Vielleicht später mal.«

Schweigen. Die Jungs guckten melancholisch wie Marlboro-Männer in die staubige Luft und drehten Zigaretten, schoben die Glut zurecht.

Erst ein unerwarteter Windstoß brachte Schwung in die Gemüter, wirbelte Plastikflaschen, Tabak und Asche umher. Und als ob er eine strenge Ordnung durcheinandergebracht hätte, zuckten alle auf die Beine, um sie wiederherzustellen.

Khalil spielte von seinem verbeulten iPhone Musik ab und die Jungs stellten sich Schulter an Schulter auf, um mir eine Vorführung zu geben. »Beduinischer Hochzeitstanz«, erklärte Khalil. Die Bewegungen der jungen Männer schienen Reiter zu imitieren, die auf einem lahmen Gaul saßen. Und verbrauchten nur so viel Energie, um gerade noch als Tanz bezeichnet werden zu können. Dabei klatschten sie und machten Cowboygeräusche: »Hipp. Hipp. Brrrrrr.« Als ein Fahrradfahrer vorbeizog, ebenfalls wie in Zeitlupe, riefen und winkten sie. »Ein Freund von uns!« Er war einige Jahre älter, kam neugierig näher und stimmte gut gelaunt in den minimalistischen Tanz ein.

Nachdem ich das zweite Glas Zuckertee getrunken hatte, wollte ich mich wieder aufmachen. Der Hisham-Palast lag am Ende der Straße.

Aber Khalil fand, er müsse mich persönlich durch die Ausgrabungsstätte führen. »Es ist wunderschön«, sagte er. »Sehr besonders.« Als wir das Tickethäuschen erreichten, kam heraus, dass er noch nie drin war. Die fein gekleidete Verkäuferin guckte abschätzig, als ich für ihn mitzahlte.

Wir waren die einzigen Besucher und ich war enttäuscht. Weil kein Geld für ein Schutzdach da ist, ist der Großteil des bunten Mosaiks mit Tüchern und Sand bedeckt. Die Ausmaße des Palastes lassen sich nur noch an einem sternförmigen Fenster ablesen, das mit dem Stückchen Mauer drumherum erhalten ist. Nur das Mosaik im Badehaus ist durch ein Drahtgitter zu bewundern. So bunt und unversehrt sind die Steinchen, als hätte der Künstler sie gerade erst gelegt. Das Mosaik zeigt zwei Gazellen, die Blätter von einem Apfelbaum knabbern, während eine dritte Gazelle von einem Löwen gerissen wird. Khalil betrachtete das Bild so ausgiebig, dass ich begann, aus meinem Telefon Wikipedia zu zitieren: »Das soll der Baum des Lebens sein. Das war der Empfangsraum für die Badegäste ...«

Aber Khalil unterbricht mich: »Agnes, entschuldige, ich muss dir eine Frage stellen.«

»Sicher.«

»Magst du Sex?«

»Ähm. Generell?«

»Ja.«

»Klar, jeder mag Sex, oder?«

»Ich liebe Sex«, seufzte Khalil. Entschuldigend schob er nach: »Nicht jeden Tag, aber vielleicht einmal in der Woche.«

Damit schien das Thema auch schon abgehandelt. Vielleicht wollte er einfach mal die Chance nutzen, eine weibliche Meinung einzuholen. Schweigend gingen wir zum Ausgang.

Vor dem Tor telefonierte Khalil. Weniger später kam der Kleinste auf dem Esel angeritten. Zigarettenkurierdienst.

»Komm uns morgen früh besuchen, dann gibt's Schafmilch!«, rief mir Khalil nach, als ich mich Richtung Stadtzentrum aufmachte. Irgendwie fand ich es beruhigend zu wissen, dass der junge Beduine hier wahrscheinlich in dreißig Jahren noch unter dem Baum sitzen würde, mit den Nachkommen dieser Schafe. Vielleicht würde dann eine Frau zu Hause warten, sein Zelt dann ein Haus sein. Vielleicht der Hisham-Palast eine internationale Touristenattraktion, vielleicht zerstört in einer dritten Intifada.

Es sollte nicht lange dauern und mir war wieder ein Taxi auf den Fersen. Wortwörtlich. Im Schritttempo rollte es neben mir. Aus dem runtergekurbelten Fenster lugte ein kugelrunder Glatzkopf. »Hallo. Steig ein, ich fahr dich in die Stadt. Keine Sorge, umsonst.« Er sprach Deutsch. Immer wieder traf ich Palästinenser, die ein paar Jahre in Deutschland gearbeitet haben. »In Frankfurt hieß ich Thomas, hier heiß ich Abu Janty, nenn mich, wie du willst«, sagte der Taxifahrer. Dass auch Abu Janty nicht sein richtiger Name war, erfuhr ich, nachdem er mich überredet hatte, eine kleine Spritztour mitzumachen. Abu Janty ist der Held einer syrischen Fernsehserie. Ein Taxifahrer in Damaskus, den alle lieben, weil er hohe Moralvorstellungen hat und sich nicht für seinen Beruf schämt.

Mein neuer Freund allerdings orientierte sich nur grob an seinem TV-Idol. Er saß hinter dem Steuer, als ob sein Taxi ein amerikanischer Schlitten wäre und er selbst ein stadtbekannter Rapper, der virtuelle Bräute am Straßenrand in einer Wolke aus verbranntem Reifengummi und brennendem Begehren stehen ließe. Wenn ich die Augen zukniff, konnte ich mir sogar vorstellen, dass die knallig pinken Bougainvillea-Büsche am Straßenrand die Leuchtreklamen von Las Vegas wären.

Abu Janty hatte ein paar Jahre bei VW Autos zusammengeschraubt, weil sich dort gut Geld machen ließ, vor dem Euro, wie er sagte, und zwei Jahre in Jugoslawien gelebt, weil sein Bruder dort im Konsulat arbeitete. »Aber ich habe mich zurück nach Palästina gesehnt. Es ist ein wunderbares Land – wenn man sich aus der Politik raushält. Und in Jericho kennt jeder jeden.« Huldvoll winkte er aus dem Fenster, und tatsächlich grüßten vom Polizisten bis zum alten Mann mit dem Ziegenbock alle freundlich zurück.

Meine Ausflüchte ließ Abu Janty nicht gelten, in einem Affenzahn brauste er durchs Stadtzentrum am Spanischen Garten vorbei – »Wir nennen ihn *den Zoo*«, hatte mir Amro gestern erklärt und mit der Attitüde eines Großstädters gelästert: »Lustig zum Leutegucken, da kommen nur einheimische Touristen hin« – Richtung Amman, wie ein Schild auswies. Ich ergab mich in mein Schicksal und war auch zu sehr damit beschäftigt, Abu Jantys Hand aus meinen Haaren zurück ans Steuer zu befördern. Er schien mich für Benji, den niedlichen Esel, zu halten.

Wir hielten an einer Lebensmittelfabrik. Einer der Arbeiter mit Hygienehaube reichte Geld durchs Fenster und Abu Janty notierte die Summe sorgfältig in einer Kladde, die er hinter der Sonnenblende hervorholte. Darin stand bereits eine sehr lange Kolonne von Zahlen. Im Gegensatz zum syrischen Abu Janty schien meiner einige zwielichtige Geschäfte am Laufen zu haben. Oder verlieh er nur Geld? Statt meine vorsichtigen Fragen zu beantworten, sagte er: »Willst du den Grenzübergang sehen?«

Ohne meine Antwort abzuwarten, brauste er zur Kontrolle. Natürlich kannte er den palästinensischen Polizisten. Und ich fürchte, er stellte mich als seine neue Freundin vor. Der Polizist jedenfalls begutachtete mich ausgiebig und gratulierte ihm dann. So viel verstand ich.

Einen Moment fürchtete ich, er wollte mich nach Jordanien entführen, aber in einem weiten Bogen fuhren wir auf der breiten Straße, durch eine Landschaft, die nun tatsächlich ans Death Valley erinnerte, zurück nach Jericho. »Versprich mir, dass ich auf dich aufpassen darf!« Er küsste meine Hand. »Ich bin ein sehr glücklicher Mann heute!« Wuschelte durch meine Haare. »Welche Schuhgröße hast du? Ich möchte dir was schenken.« »Khalas, khalas, khalas«, sagte ich. Schluss. Aus. Basta. Das ist eins der nützlichsten arabischen Worte. Wie *yalla* und *schwai, schwai* fast in jedem Kontext zu gebrauchen. Aber es reichte mir wirklich.

Als er mich endlich an der Talstation der Bergbahn rausließ, kramte er noch eine Plastiktüte unter dem Sitz hervor. Er drückte sie mir so entschlossen in die Hand, dass ich beschloss, nicht mehr zu diskutieren und schnell zu verschwinden. Die Sandalen. Ob er immer ein Paar unter dem Sitz spazieren fuhr? Ob mich das Zwangsgeschenk zu irgendwas verpflichtete? Lieber nicht drüber nachdenken.

Der Touristentreffpunkt unter der Bergbahn schien mir wie eine Rettungsinsel. Leider hatte ich Mohammed vergessen. Strahlend lief er mir entgegen. »Agnes, du hältst dein Versprechen, du kommst mich besuchen!« »Ich will nur ein Wasser kaufen.« »Nein, nein, das Restaurant gehört meiner Familie, wir trinken was zusammen!«

Er führte mich am Ellbogen an einen Tisch, holte in Windeseile Süßkram und Limonade herbei und wartete in stummer Andacht, bis ich alles verzehrt hatte. »Heute Abend gehen wir aus, wir rauchen Wasserpfeife im Park!« »Nein danke, Mohammed, ich will alleine sein.« »Du brichst mir das Herz!« »Yalla bye, shukran!«, bedankte ich mich unarabisch knapp und eilte über den Parkplatz Richtung Gästehaus. Aber kaum stand ich auf der Straße, hielt ein BMW mit quietschenden Reifen vor mir, Mohammed am Steuer. »Ich muss sowieso in deine Richtung, ich nehme dich mit.«

Jericho ist zu klein und menschenleer, um sich zu verstecken, also stieg ich seufzend ins Auto.

Es war wie eine Fernsehwiederholung. Haarewuscheln. Handküsse. Schmeicheleien. »Ich bin ein sehr glücklicher Mann heute«, flötete Mohammed.

Als ich endlich das schwere Metalltor des Auberg-Inn hinter mir schloss und von Kais mit einem gelassenen Grinsen und einem Glas frisch gepresstem Orangensaft empfangen wurde, fühlte ich mich, als ob ich eben mit Halva eingerieben durch einen Bienenschwarm gelaufen sei.

»Du wirkst erschöpft«, sagte Kais.

Als ich ihm von meinen Erlebnissen erzählte, meinte er: »Ihr Deutschen seid so putzig. Ihr habt immer Angst, euch danebenzubenehmen, wollt es allen recht machen – und stellt euch damit selbst ein Bein.« Kais grinste böse, es war klar, er spielte auch auf die deutsche Politik an.

Kapitel

21

Die rosa Stute und das Meer

*»Jericho schläft unter ihrer uralten Palme. Ich finde
niemanden, der ihre Wiege schaukelt.«*

MAHMOUD DARWISH

JERICHO, LUFTLINIE VON JERUSALEM: 25,35 KILOMETER

Für den nächsten Tag habe ich einen Schlachtplan.
Zu Fuß würde ich in dieser Stadt nicht weit kommen, wenn überall Möchtegern-Prinzen auf Brautschau lauerten, ich brauchte ein Gefährt!

Mohammed wirft mich allerdings gut zwei Stunden zurück auf meinem Weg in die Unabhängigkeit. Er lauert mir vor dem Metalltor auf und schleppt mich am Arm ins Seilbahn-Restaurant, damit ich auch noch den Rest seiner Familie – männlicherseits – kennenlerne. Einigermaßen entspannt lasse ich mich begutachten, schließlich ist die große Freiheit nicht fern. Lächele freundlich über Komplimente zu meiner aufmüpfigen Augenbraue (»Wie bei mir«, begeistert sich Mohammeds Vater) und zu meinen gelben

Augen (?) und esse, in der passenden Farbe (sein Bruder weist mich auf die Parallele hin), eine geschenkte Banane. Lächele unfreundlicher, als Mohammed seinen Onkel auf meinen Bizeps hinweist, den dieser mit einem Augenrollen goutiert, und posiere mit seinem Cousin für ein Foto, das er in die Ahnengalerie im Restaurant hängen will.

»So, was möchtest du heute machen?«, fragt Mohammed schließlich mit hoffnungsfrohem Zwinkern.

»Ich hole mir ein Fahrrad und fahre irgendwohin«, sage ich. Das hügellose Jericho ist die einzige Stadt in Palästina, in der bisweilen Fahrrad gefahren wird und man sich sogar welche leihen kann.

»Leih mich! Ich kann dich überall hinfahren.« Sein Vater schaltet sich ein: »Es ist viel zu heiß zum Radfahren. Mohammed ist ein guter Junge.« Der Onkel sagt: »Ich kann auch mitkommen!«

»Shukran, khalas, yalla bye!« Diesmal habe ich scheinbar die richtige Tonart getroffen. Sie lassen mich ziehen.

Die Freiheit wartet im Rondell im Stadtzentrum. Und ist rosarot. Mit einem Sattel so breit wie ein palästinensisches Plüschsofa. Die anderen Mountainbikes im Laden sehen schnittiger und dezenter aus, aber der Bursche mit den kettenölverschmierten Fingern holt es so zielstrebig aus der Reihe, dass keine Widerrede bleibt. Mein letztes Zugeständnis an den Machismus, schwöre ich mir. Da ich nicht mal ein Pfand hinterlegen muss, folgere ich, dass er mir nicht zutraut, wirklich weit zu kommen. Ha!

Wie das so ist mit den Freiheiten. Jetzt habe ich zwar ein Rad, bin aber ratlos, wohin damit. Ich beschließe, die einzige große Straße zu nehmen, die ich noch nicht kenne. Sie führt nach Süden aus Jericho hinaus, Richtung Totes Meer.

Bei einem letzten Blick zurück sehe ich ein Banner an einer Fassade. Komisch, dass es mir jetzt erst auffällt. Es ist ein hauswandgroßes Foto einer Frau in der Uniform der Präsidentengarde, der Eliteeinheit der palästinensischen Polizei.

Überall in der West Bank sind Mauern mit Märtyrern und Politikern bepflastert und bemalt. Aber nur eine Frau hat es in diese Ehrengalerie geschafft: Leila Khaled, die 1969 als Mitglied der Popular Front for the Liberation of Palestine ein Flugzeug entführt hat. Ein Foto, das sie mit zum Hidschab gelegter Kefije und einer AK-47 zeigt, wurde zur Ikone des Widerstands.

Aber diese Dame sieht weit friedlicher aus. Letzten Sommer, habe ich in der israelischen Zeitung Haaretz gelesen, haben die ersten weiblichen Mitglieder der Präsidentengarde das erste Mal trainiert: in Jericho. Zweiundzwanzig Frauen waren dafür ausgewählt worden. Die Einheit nimmt nur die besten Universitätsabsolventen.

Unter Arafat stand die Garde unter dem Verdacht, militante Extremisten zu unterstützen. Als Abbas übernahm, steckten die USA und die EU viel Geld in deren Training und Ausstattung, um sie zu Anti-Terror-Kommandos auszubilden und für den Schutz ausländischer Politiker einzusetzen. Überlebensgroß wacht eine dieser Frauen nun über den verschlafenen Mittelpunkt Jerichos.

Ich verzeihe meinen Machos, Mohammed und Abu Janty und all den anderen, und beschließe, meine rosa Stute mit Würde zu reiten.

Die Straße nennt sich Jerusalem Road und es gibt sogar einen markierten Radweg. Später stelle ich fest, dass es der erste und einzige Fahrradweg Palästinas ist. Er wurde erst vor zwei Jahren präpariert, weil die eintausendzweihundert Meter zwischen der Hihgschool im Stadtzentrum und dem Aqbat-Jaber-Flüchtlingslager so viele Verkehrsopfer gefordert hatten.

Ich fliege über den Asphalt. Es fühlt sich an wie der erste frische Skihang des Winters. Zugegebenermaßen ein schräger Vergleich, immerhin hat es siebenunddreißig Grad, und von einer Neigung kann keine Rede sein. Ich finde, mein Rad sieht fast aus wie ein rosa Cadillac. Erst als mich ein Elektrofahrrad leise surrend überholt, spüre ich die Anstrengung. Auf die Holzkiste am Gepäckträger hat der faule Sack den Mercedes-Stern eines Lasters geschraubt. Es soll das einzige Fahrrad bleiben, das ich die nächsten zehn Kilometer sehe.

Der Radweg ist nicht gerade eine landschaftliche Offenbarung. Wegmarken: das modernste Gefängnis Palästinas, die Gesellschaft für Märtyrer (was auch immer man sich darunter vorzustellen hat), die tristen Fassaden des Flüchtlingslagers. Erst mit den letzten Häusern verwandelt sich der Highway in eine protzige Palmenallee, die auf den Checkpoint zuläuft.

Der Grund dafür, dass ausgerechnet der äußerste Rand Jerichos für ein paar Hundert Meter nach Las Vegas aussieht, steht in wüstenfarbener Zurückhaltung auf der anderen Straßenseite: ein Hochhaus im kantig-kühlen Chic der Neunzigerjahre, in dessen Schatten sich ein quadratischer Klotz im gleichen Design duckt. An der Front über blau verspiegelten Fenstern prangen schmutzig goldene Lettern: Oasis, das *i* eine stilisierte Palme, das letzte *s* halb herabgefallen. Auf der Straße halten zwei Esel mit zusammengebundenen Vorderläufen den Verkehr auf.

Hier wartet ein Dornröschen darauf, wachgeküsst zu werden.

Das Oasis war das erste große Gemeinschaftsprojekt von Israel, der Palästinensischen Autonomiebehörde und Jordanien, entstanden in der hoffnungsfrohen Stimmung nach den Vereinbarungen von Oslo. 1994 unterzeichneten Israel und Palästina im Rahmen des Gaza-Jericho-(oder: Kairoer)Abkommens eine wirtschaftliche Vereinbarung, in deren Folge es Jericho möglich werden sollte, als erste Stadt in der West Bank Banken zu eröffnen, Steuern einzutreiben und sich auf die Eigenständigkeit vorzubereiten. Die Entscheidung, den vermeintlichen Frieden ausgerechnet für den Bau einer Spielhölle zu nutzen, traf die Palästinensische Autonomiebehörde alleine.

Natürlich ging es dabei um massig Geld. Die zweiundneunzig Millionen US-Dollar, die der Bau des Kasinos und die Einrichtung

von zweitausendachthundert Quadratmetern Suchthölle mit
fünfunddreißig Tischen und zweihundertzwanzig einarmigen
Banditen gekostet hatten, sollten vor allem von israelischen Zo-
ckern vielfach wieder eingespielt werden. Das Luxushotel verschlang weitere sechzig Millionen.

Im Judentum wie im Islam ist Glücksspiel streng verboten.
Bisher hatten die Israelis dafür in den Sinai fahren müssen oder
hatten auf Booten im Roten Meer ihr Geld gegen Chips getauscht.
In der Szene gelten Israelis als Paradezocker, deswegen hatte sich
Arafat einen Mordsgewinn erhofft und ignorierte den Missmut
der Palästinenser und ihrer religiösen Sprecher.

Jericho schien perfekt. Es ist zentral gelegen, und schon immer
zogen die Landschaft, das Klima und die nahen Strände des Toten
Meeres auch Touristen an, die nicht auf Pilgerfahrt waren. Damit
sich die Israelis nicht zu sehr in Feindesland vorwagen mussten,
wurde das Kasino an den Stadtrand gelegt, nahe der Grenze zu is-
raelisch kontrolliertem Gebiet. Palästinenser ohne ausländischen
Pass hatten keinen Zugang zu der Einrichtung.

Und es funktionierte. Kurzzeitig. Eröffnet wurde das Kasino
mit angeschlossenem Hotel im September 1998. Schon nach einem Jahr sah das Oasis täglich zweitausendachthundert Besucher,
die zusammen bis zu einer Million Dollar am Tag verprassten.

Der Traum vom schnellen Geld wurde allerdings nur wenig
später wieder zerschossen. In den ersten Tagen der Zweiten Intifada nutzten die Aufständischen das Kasino als Barrikade, um auf
israelische Soldaten zu feuern – diese wiederum bombten ein ge-
waltiges Loch in die Fassade.

Kurz darauf wurde das Kasino geschlossen. Seitdem kommen
immer wieder neue Geschichten über Korruption und Geldwä-
sche ans Licht. Sowohl israelische als auch palästinensische Politiker sollen ihre Finger im Spiel haben. Einer der Besitzer, der österreichische Geschäftsmann Martin Schlaff, auch bekannt als
ehemaliges Stasi-Mitglied, soll den damaligen Ministerpräsiden-

ten Ariel Sharon mit drei Millionen Dollar bestochen haben, um
das Kasino wieder eröffnen zu können. Ermittlungen verknüpften
auch Ehud Olmert und Avigdor Liebermann mit Bestechungsgel-
dern.

Die Untersuchungen laufen immer noch, aber trotzdem bleibt
das Unternehmen Casino Austria International, das den Laden
theoretisch führt, optimistisch und schreibt auf seiner Homepage: »Vor seiner Schließung war das Kasino eines der erfolg-
reichsten weltweit (...). Es bleibt vollständig eingerichtet und
steht bereit, eröffnet zu werden, sobald es die politischen Umstände zulassen.«

Neugierig steige ich ab und kreuze zwischen hupenden Autos und
den orientierungslos hoppelnden Eseln die Straße. Auf dem Parkplatz zum neunstöckigen Fünf-Sterne-Hotel stehen tatsächlich
ein paar dicke Schlitten. Die günstigsten Zimmer kosten einhun-
dertzwanzig Dollar pro Nacht. Vielleicht hätte ich meinen ver-
schrammten rosa Cadillac in einem Busch verstecken sollen. Der
Sicherheitsmann, der sich mir in den Weg stellt, sobald ich durch
die Einfahrt rolle, nimmt mir nicht ab, dass ich ein zahlungsfähi-
ger Gast bin. Da hat er ja auch recht. »Ich wollte mir nur mal das
Kasino angucken«, sage ich. »Ich habe so viel davon gehört.«

»Geht nicht«, brummt er.

»Bitte, nur ein kurzer Blick.«

»Niemand darf hinein«, sagt der Mann und macht seinen Körper so steif, als ob er Arafats Grab bewachen würde.

Dann also wieder die Einsamkeit der Landstraße. Die Soldaten
am Checkpoint gucken etwas verwirrt, als ich mitten auf der Straße so schnell zwischen ihnen hindurchsause, dass ich nicht mal
ausmachen kann, ob sie zur israelischen Armee oder zur palästinensischen Präsidentengarde gehören. Palästinenser haben zwar
keinen eigenen Zugang zum Toten Meer, können aber gegen Eintritt manche der israelischen Strände besuchen.

Als ich auf die Zugangsstraße abbiegen will, die von Jerusalem kommt, die Route 1, muss ich mich durch eine hupende Blechlawine kämpfen, Strandurlauber aus Israel, wie die Nummernschilder zeigen. Wieder schäumt mir ein Freiheitsrausch durchs Hirn, auf dem Seitenstreifen rolle ich leicht bergab an den Autos vorbei. Aus offenen Autofenstern schreien mir die Sonnenhungrigen nach: »Malka!« Königin. »Meschuga!« Verrückte. Ich sause vorbei am Last Chance, auf Russisch steht es auch da, einem Touristenlokal, davor ein Kamel, das unter einer Flagge mit Davidstern auf Reiter wartet.

Und sehe wenige Kilometer entfernt die Salzlache unter mir liegen. So grau und tot, so unbewegt und durstig, dass ich gar nicht verstehen kann, was die Touristen an diesem heißen Tag dort hinzieht. Was ich dort will. Schlagartig spüre ich die Kraft der Sonne auf meinen nackten Armen und im Gesicht, glaube verbrannte Haut zu riechen – und mir wird klar, dass ich die zehn Kilometer auch wieder zurückradeln muss.

Ich schaffe es. Nach zwei Eis am Stiel und einem Liter Wasser von der Tankstelle, weit vor den Ufern des Toten Meeres. Vermutlich der einzige Ort Palästinas, an dem betende Muslime friedlich neben Siedlern mit Picknickkörben im trockenen Gras unter dem Schatten zweier Palmen sitzen. Eine bizarre Idylle neben der Schnellstraße.

Kais vom Auberg-Inn gefiel die rosa Stute so gut, dass er sich überlegte, sie dem Fahrradverleiher abzukaufen. Die Sandalen von Abu Janty habe ich ihm dagelassen, er will sie zu einem abstrakten Kunstwerk verarbeiten.

Kapitel

22

Windfänger, Höhlenmenschen und ein Sheriff ohne Colt

»Stehe auf, Nordwind, und komm, Südwind, und wehe durch meinen Garten, dass seine Würzen triefen! Mein Freund komme in seinen Garten und esse von seinen edlen Früchten.«

HOHELIED 4:16

SUSYA, LUFTLINIE VON JERUSALEM: 43,11 KILOMETER

Ein sanftes Flappflapp. Den einen flüstert es Hoffnung ein, auf ein besseres Leben. Die anderen verstehen es gerade aus diesem Grund als Kampfansage, als unerhörte Provokation. Es stammt von einer Windturbine. Auf den ersten Blick sieht sie aus wie ein Spielzeugflieger, bei dem die Tragflächen vergessen wurden: drei spitz zulaufende Rotorblätter aus Holz auf einem Metallstängel. Aufs Heckruder sind blaue Buchstaben gepinselt. Comet-ME. Kurz für: Community, Energy and Technology in the Middle East.

Das Land, auf dem sie steht, gehört der Hirtenfamilie des winzigen palästinensischen Dorfes Gawawis: Drei Frauen sitzen im Schlagschatten eines Kleinlasters, zupfen Wolle, talgig und von dem gespickt, was die Hügel hinter Hebron so hergeben, hauptsächlich Dornen. Unter der Ladefläche badet ein kleines Mädchen im Halbdunkel. Drumrum ein paar Zelte: ausgedienter Flecktarn und Plastikplanen, mit Autoreifen beschwert. Etwas abseits, in einem Pferch aus lose geschichteten Steinen, rangelt ein Dutzend langohriger Schafe um den Streifen entlang der Mauer. Schatten ist rar an einem Junitag – und in vielen Fällen ist er illegal.

Die Palästinenser nennen das Fleckchen Land Massafer Yatta. Yatta nach der nächsten Stadt, Massafer leitet sich vom arabischen Wort für Reisen ab oder vom Wort für das Nichts. Hier siedeln etwa achttausend Menschen. Tränken ihre Tiere und sich selbst mit dem Regen, den sie während des Winters gesammelt haben – wenn die Wadis ein paar Wochen überquellen, bevor der Staub das Wasser schluckt. Sie leben vom Verkauf von Butter und Käse. Vor Sonne und Wind fanden sie vor langer Zeit Zuflucht im felsigen Untergrund.

Auch der Familie aus Gawawis dient eine Höhle als Futterlager, die andere als Wohnzimmer. Weil der Fels im Sommer kühlt und im Winter schützt, aber vor allem, weil die Höhlen unter der Erde liegen.

Für alles, was auf die Erde draufgestellt wird, muss die Erlaubnis Israels eingeholt werden. Und in der Regel gibt es keine Genehmigung. Wer trotzdem baut, wird schnell bestraft: Israelische Beamte überfliegen die Gegend mit Helikoptern, gleichen sie mit alten Luftaufnahmen ab und verteilen Abrissbefehle.

Seit in Oslo der Frieden verhandelt wurde, behaupten sich die Hirten nicht mehr nur gegen die Natur. Ihnen wird der Grund unter den Füßen weggezogen.

Ihr Weideland wurde Mitte der Neunzigerjahre als Area C deklariert – und gehört damit zu den sechzig Prozent der West Bank, die unter israelischer Militär- und Zivilverwaltung stehen. Die Besatzungsmacht trägt seitdem auch die Verantwortung für einhundertfünfzigtausend Palästinenser – zumindest nach internationalem Recht: Es ist kein Geheimnis, dass Israel sie in die Städte zwingen will, um sich die dünn besiedelten Flächen der West Bank zu sichern.

In Sichtweite des Hirtenlagers steht ein Häuschen. Auch das Dach der Veranda ist nach israelischem Recht illegal. Doch die Mauern der alten Hirtenscheune wurden in den Siebzigern aufgestellt – sind somit unantastbar für die Bulldozer des Militärs und deshalb von besonderem Wert: Es ist der einzige Bau in Sichtweite ohne Abrissbefehl.

»Es ist ein Vertrauensbeweis, dass die Hirten den Jungs das Haus als Büro vermietet haben«, sagt Ezra. Mit seinen Leinenklamotten, dem Panamahut und dem weißfädigen Vollbart sieht er aus wie Hemingway auf einer seiner Afrikareisen. Ein wortkarger Haudegen, der Kette rauchend am Herd in der Küche des Häuschens steht. Fleischbrocken, mit Fliegen drauf, heruntergebröselte Zigarettenasche und reichlich Zwiebeln und Tomaten in einem halben Liter Öl anbrät. »Fremde gelten in dieser Gegend grundsätzlich als Bedrohung.« Er weiß das nur zu gut, schließlich ist er selbst einer. Wie ›die Jungs‹ ist Ezra israelischer Jude.

Ezra und Elad hatten mich in Jerusalem aufgesammelt. Seit drei Jahren fahren sie fast jeden Tag nach Gawawis in ihr Feldbüro, wie sie das Haus nennen. Ezra Nawi sieht zwar aus wie ein Hemingway-Verschnitt, gilt aber eher als Lucky Luke der West Bank. Nur ohne Revolver. Er gehört zu Ta'ayush (Nebeneinander leben), einer palästinensisch-israelischen Aktivistengruppe, und ist eine Institution im Süden des wilden Westens. Die Motorhaube seines weißen Jeeps ist verbeult von Siedlersteinen. Im Gegensatz zu seinen israelischen Mistreitern von Ta'ayush ist Nawi weder Akademiker noch aschkenasischer Jude. Er ist Klempner und Misrachi – und hat schon als Kind Arabisch gelernt, weil seine Mutter bei seiner Geburt erst vierzehn Jahre alt war und die Großmutter aus Kurdistan ihn aufzog.

Mit seinen guten Beziehungen zu den Einheimischen bereitet er den Boden für eine kleine Revolution – er hilft ›den Jungs‹, den Physikern Elad Orian, zweiundvierzig, und Noam Dotan, zweiundsechzig, das Licht anzuknipsen. Eintausendachthundert Menschen haben nun Steckdosen in Zelten und Höhlen. Angestöpselt sind an einem Ende Windturbinen und Solarzellen – am anderen: Kühlschränke, Waschmaschinen, Fernseher.

Beim Blick in die kamelfarbene Landschaft glaubt man nicht, dass Strom Mangelware ist. Eine kilometerlange Polonaise von Leitmasten zieht sich durch die Wüste, zu Hügelkuppen, auf die asphaltierte Straßen zuführen. Auf denen Häuserburgen trutzen, Zierbäume in vollem Saft stehen: Seit den Achtzigerjahren umzingeln israelische Siedlungen Massafer Yatta, die meisten ebenfalls illegal. In der Praxis merkt man davon nichts. Sie sind sogar an das israelische Busnetz angeschlossen. Dass sich die Siedlungen auf heiß umkämpftem Land befinden, verraten nur der Stacheldrahtzaun drumherum und die Wachsoldaten davor.

»Es ist lächerlich«, sagt Elad. Wenn er wütend ist, klingt es, als ob er die Wörter spucken würde. Und die Situation macht ihn wütend, weil sie jeder Logik entbehrt, besonders in den Augen von jemandem, der gern in Schaltkreisen denkt, für den ein Widerstand einen Sinn haben muss: »Da hängen Hochspannungsleitungen direkt über den Köpfen der Hirten. Aber davon bekommen sie nicht ein Elektron. Wasserrohre laufen zwischen ihren Olivenbäumen hindurch, aber sie trinken Regen.«

Während der Autofahrt sprachen die beiden Männer nicht viel. Kein Wunder, seit Tagen waren alle angespannt. Meine israelischen Freunde hatten mir geraten, meine Recherchen für den Moment ruhen zu lassen. Aber Elad sagte am Telefon knapp: »Nein, keine spürbare Gefahr.« Seit sieben Tagen galten drei Siedlerjungen als vermisst. Sie sollten im Gush-Etzion-Block entführt worden sein. Seit einer Woche krempelte das Militär auf der Suche

nach ihnen und den Kidnappern die West Bank um. Dass sich das
Ganze bald zu einem weiteren Gaza-Krieg hochschaukeln sollte,
wussten wir noch nicht.

Vor einem mannshohen roten Warnschild trat Ezra auf die
Bremse. Das Schild besagte, dass die Straße dahinter in die Area A
führt, Palästinensergebiet: »Der Zugang ist für israelische Staats-
bürger verboten. Lebensgefahr.«

»Wieso halten wir?« »Füße vertreten«, sagte Elad. Er stieg aus,
und kaum hatte er ausgiebig gegähnt, stürmten zwei Soldaten auf
uns zu. »Was macht ihr hier?« »Mich strecken«, sagte Elad und
dehnte sich. Lachend stieg er wieder ein – und wir fuhren weiter.
Ezra grinste nur müde.

Auf Höhe der israelischen Siedlung Susya bogen wir von der
frisch asphaltierten Schnellstraße auf eine holprige Schotterpiste
ab. Wieder hielten wir an. Diesmal, damit Elad einen Felsbrocken
vom Weg rollen konnte. »Siedler.« Ezra murmelte etwas auf Arabisch, es klang nicht sehr nett.

Wenn ich nun von der Veranda des Feldbüros Richtung Südosten
blicke, sehe ich steinige Wüste und auf jeder flachen Hügelkuppe
ein Windrad, darunter einen Kreis geflickter Zelte, Plastikplanen
und flüchtig aufgeschichteter Mäuerchen aus Steinbrocken, hinter denen sich ein Dutzend Schafe und Ziegen drängen. Das sind
die oberirdischen Besitztümer der Großfamilien. Die einfachen
Windturbinen wirken neben den Lumpenburgen, als kämen sie
aus der fernen Zukunft. Etwa auf der zweiten Hügelkette beginnt
die Firing Zone 918.

Offiziell darf hier niemand mehr wohnen. Die Hirtenfamilien
leben unter ständiger Gefahr, vertrieben zu werden oder, mit viel
Pech, in ein Trainingsfeuer zu geraten. Bis in die Neunzigerjahre
wurde das Gebiet weitläufig für Armeeübungen genutzt. Gemäß
dem Oslo-Abkommens zog sich das Militär später größtenteils in
den Süden Israels zurück. Die Firing Zone aber behielt ihren Status.

Nach einem osmanischen Gesetz von 1858 geht Land, das mindestens zehn Jahre von einem Bauern kultiviert wird, in dessen Besitz über. Land jedoch, das nicht beackert wird – beispielsweise, weil sein Besitzer keinen Zutritt hat, beispielsweise, weil der Acker zur Firing Zone erklärt wurde, kann zu Staatseigentum erklärt werden.

Elad kämpft nun also gegen die monströsen Mühlen der israelischen Regierung. Mit Leichtbauwindrädern. Er ist ein Don Quijote mit dem Hirn eines Praktikers. Aufgewachsen in einem Land, in dem auf große Worte meist große Enttäuschungen folgten. Vielleicht geht er deshalb mit den eigenen so effizient um, wie er den Bau von Stromsystemen plant.

Das Projekt lief zunächst sehr gut an. Die Dörfer zahlen für ihren Stromverbrauch auf ein eigenes Sparkonto ein, das die Instandhaltung der Anlagen gewährleistet. Vertraglich sind die Hirten Besitzer der Anlagen und bestimmen jemanden aus dem Dorf, der in der Wartung geschult wird.

»Wir sind vermutlich die einzige NGO in der Gegend, die kein Geld in die Gemeinschaften hineinpumpt, sondern von ihnen Geld bekommt«, sagt Elad. In der Hand hält er jetzt ein Fernrohr. Als er den Blick über das Land schweifen lässt, frage ich ihn, nach was er suche. »Terroristen natürlich«, sagt Elad. Und versucht, wie ein Cowboy zu gucken, den man gefragt hat, wieso er auf einem Pferd sitze. Es gelingt ihm nicht, war aber sowieso ein bitterer Scherz. Wenn Elad nach etwas Ausschau hält, sind es seine eigenen Landsleute.

Seitdem die NGO auf dem Radar der israelischen Regierung als Störfaktor blinkt, wurden die Physiker immer mal wieder festgenommen, ihre Autos konfisziert. Und viel schlimmer: Nicht mehr nur über Ställe, Zelte und Wasserzisternen wurden (und werden) *demolition orders* verhängt, sondern auch auf sechzehn der zwanzig von Deutschland, Frankreich oder Belgien finanzierten Turbinen und Solarzellen.

Ein klares Signal an die EU-Länder, wie er glaubt: Mischt euch nicht ein, investiert keine Hilfsgelder in der Area C. Beim Versuch, Genehmigungen zu erhalten, scheiterten die Physiker bisher an fadenscheinigen Ausreden. Zum Beispiel sollten sie die Windturbinen vom Ministerium für Luftfahrt prüfen lassen. »Dabei interessiert die kein Bau unter sechzig Metern Höhe.«

Deswegen versuchen sie den Streit um die Turbinen vor den Obersten Gerichtshof Israels zu bringen. Die Geldgeber aus der EU, vor allem die deutsche Regierung, sind ein Schutzschild. Noch wurde kein System niedergerissen. Die Siedler scheren sich weniger um Diplomatie, kürzlich warfen sie eine der Solaranlagen mit Steinen ein.

Ezra, der mit dampfenden Töpfen aus der Küche kommt, kann ein Lied von den Übergriffen der Siedler singen. Alle paar Minuten erhält er einen verzweifelten Anruf. Geiferten gestern Siedler auf Beduinen ein, weil sie sich gestört fühlten vom Qualm, der aus dem Lehmbackofen in den benachbarten Blechbaracken über den Zaun in ihre Vorgärten wehte, geht es heute es um ein paar geklaute Kirschen, die Grund genug sind, Polizei und Soldaten zu holen und vier Schulmädchen – ohne ihre Eltern – stundenlang auf der Wache zu verhören. »Unmöglich, dass das einem israelischen Siedlerkind passiert«, sagt er und klatscht Eintopf auf Teller.

Er ruft die Hirtenjungs an den Tisch, die schon den ganzen Vormittag auf der Veranda abhängen, ab und an eine Zigarette schnorren und den wertvollen Schatten als Gebetsraum nutzen. »So sollte es sein zwischen Nachbarn«, sagt Ezra. »So war es früher einmal.«

An das Früher, von dem Ezra spricht – als es noch keine Checkpoints gab, alles noch nicht ganz so verfahren war – erinnert sich der achtundzwanzigjährige Ahmad nicht. Er ist einer von fünf palästinensischen Technikern und Ingenieuren bei Comet-ME.

Nirgends gibt es so viele Hilfsorganisationen pro Kopf wie in Palästina. Aber es gibt wenige, in denen Israelis und Palästinenser auf Augenhöhe arbeiten.

Wobei das im Falle Ahmads nicht wörtlich zu nehmen ist. Sein Reich liegt unter der Erde. Mit dem Feldbüro haben die Physiker auch zwei Höhlen gemietet, sie mit Beton ausgekleidet und in einer Ecke ein Labor eingerichtet. Hier testet Ahmad Wasser auf Mikrobakterien. Der nächste Schritt, um das Leben der Hirten annehmlicher zu machen.

Nein, sagt Ahmad. Er habe nicht gewusst, wie die Hirten hier lebten, bevor Comet ihn einstellte. Dass sie hier lebten. »Das ist keine Gegend, in die wir Palästinenser freiwillig kommen. Wir fühlen uns hier nicht sicher.«

Ahmad fotografiert viel mit dem Handy. Er will seinen Kindern mal zeigen, dass er mit Israelis an einer guten Sache arbeitet. Dass das möglich ist. »Wir Palästinenser leben in unserer Blase aus Angst – und die Israelis in ihrer. Bei Comet treffen sich Leute, die sich trauen, ihre Blase zu verlassen.«

Die Physiker haben ihre Blase schon vor Jahren verlassen, lange vor Comet-ME. Damals trafen sich Elad und Noam bei einer Führung von Friedensaktivisten in Hebron. Sie sahen, wie die Leute unter Siedlern und Soldaten litten, stellten ein Projekt für Kinder auf die Beine. Es lief nicht so, in Hebron sind Aktivisten vor allem Beobachter, die durch Anwesenheit deeskalieren. Für jemanden, der lösungsorientiert denkt, muss das eine Qual sein.

Also zogen sie mit anderen Aktivisten in die Hügel im Süden, wo die Menschen besonders arm sind, die Siedler besonders radikal: Auch hier ging es vor allem um den Schutz vor den Siedlern, beim weiten Weg zum Wasserholen, beim Hüten der Schafe, bei der Olivenernte. Sie freundeten sich mit Hirten und Bauern an und sahen, woran es im Alltag am dringlichsten fehlte: Strom und Wasser. Und was es im Überfluss gab: Sonne und Wind.

Es schien eine einfache Gleichung. Die Hirten sollten die Kräfte der Natur nutzen, die ihnen bisher feindselig begegneten. Zwei Quellen, die sich ergänzen. Die Israel nicht unter Kontrolle hat.

Über einen Freund in der deutschen Botschaft von Ramallah kamen sie an das Budget für die erste Turbine und ein paar Solarzellen, zwanzigtausend Dollar. Ein paar Jahre tüftelten sie bei Noam im Garten, lebten vom Ersparten. Zogen die Turbinen in Nacht-und-Nebel-Aktionen hoch.

Als auch die anderen palästinensischen Ingenieure von ihrer Arbeit in der Werkstatt dazukommen, ist kaum noch Platz am langen Tisch. Das Gespräch dreht sich um den Ramadan, der bald beginnt. Fastenzeit für die Hälfte des Teams. »Ich hab eine Idee«, scherzt einer der Muslime, »ihr esst zu Mittag – und wir schlafen in der Höhle.«

»Ha, wir grillen ein Schwein in der Höhle«, sagt Elad, der Jude. Dabei schiebt er sich einen Löffel Eintopf, garniert mit zwei frisch gelandeten Fliegen, in den Mund.

Als ich nach dem Essen die Felsstufen im Garten hinabsteige, kann ich mir vorstellen, wieso die Hirten sich in Höhlenwohnungen eingerichtet haben. Sobald ich unter Tage bin, ist das Klima perfekt, durch die weite Eingangsöffnung strömt immer noch genug Licht und Luft in den Raum. Ezra, der mich begleitet hat, dämpft meine romantischen Anwandlungen: »Kein Mensch will in einer Höhle wohnen. Trotzdem besser als ein Zelt im Winterregen. Vor allem, wenn es Strom gibt. Jeder wünscht sich ein bequemeres Leben, oder?«

Wieder klingelt sein Telefon. »Sayn!«, zischt Ezra und zwei Sekunden später: »Kool khara!« Als ob er sogar beim Fluchen versuche, zwischen den beiden Kulturen zu vermitteln, in denen er sich bewegt. »Die machen Ernst.« Ein Mann aus einem Dorf hat angerufen, heute Morgen war der Bulldozer da. »Jetzt kannst du sehen, was wir bei Ta'ayush tun.«

Als wir im Jeep sitzen, drückt er mir seinen Tabak in die Hand. »Dreh mir bitte eine.« Ein paar Augenblicke später drückt er mir sein Telefon in die Hand und diktiert mir einen Text an seinen

Neffen: »Leider schaffe ich es nicht zu deinem Geburtstag. Fühle dich umarmt.« Dieser Mann bräuchte dringend einen Privatsekretär. Um ans Telefon zu gehen, lässt er noch auf der übelsten Schotterpiste das Lenkrad los.

Es ist kein Geheimnis, wie Ezra zu seiner Rolle als Lucky Luke gekommen ist. Als er Teenager war, lebte seine Familie Tür an Tür mit dem Vorsitzenden der Kommunistischen Partei, Reuven Kaminer.

Außerdem ist Ezra schwul. Als homosexueller Misrachi verstand er früh, was es bedeutet, Minderheiten anzugehören. Anfang der Achtzigerjahre hatte er eine Beziehung mit einem Palästinenser aus der West Bank. Er schleuste ihn illegal nach Israel ein, weil der sich aufgrund seiner Homosexualität vor einem Ehrenmord fürchtete. Sie lebten mehrere Jahre zusammen in Jerusalem. Als der illegale Status seines Freundes aufflog, begann ein mühseliger Kampf gegen das israelische Gesetz. Die Beziehung zerbrach schließlich, aber für Ezra war es ein Wendepunkt in seinem Leben: Seitdem setzt er sich für die Rechte der Palästinenser ein, ohne Rücksicht auf eigene Verluste. Er wurde einige Male festgenommen, einmal als er sich vor einen Bulldozer stellte, der ein Beduinenlager niederreißen sollte. Ezra ist sich sicher, dass sein Telefon überwacht wird.

»Die einzigen Israelis, die man hier kennt, sind Siedler und Soldaten. Mit mir entdecken die palästinensischen Bauern nun immerhin eine andere Seite Israels. Ich werde weitermachen, bis sie hier auf ihren Feldern wie früher arbeiten können.«

Auf jeder Anhöhe trutzen die immer gleichen Häuserfronten, die ich bereits aus anderen Regionen der West Bank kenne. Die Siedler scheinen nur einen Architekten zu haben. Wenn hinter der nächsten Kurve keine Feste wartet, werden wir dafür mit einer wenig kreativen Variante von Land Art konfrontiert. Jemand hat sich die Mühe gemacht, die kargen Hügelflanken mit einer klaren Botschaft zu verzieren: Davidsterne aus zusammengetragenen Felsbrocken.

Als wir das palästinensische Dorf erreichen, bin ich verwirrt. Mehrstöckige Häuser befinden sich im Bau, einige mit fantastischen Erkern und schwingenden Dachkanten, die mich an buddhistische Tempel erinnern. Ezra lacht. »Asiatischer Stil. Scheint gerade angesagt zu sein.« Aber wieso wird hier gebaut? Haben die Aktivisten mir nicht gerade erst erklärt, dass über fast jedem Haus ein Räumungsbefehl schwebt? »Sicher. Aber was sollen sie machen? Die Familien wachsen nun mal«, sagt Ezra.

Außerdem fällt mir auf, dass die Zugangsstraße nicht geteert ist. Sauber planiert zwar, aber doch ein Schotterweg. Das ist für die ärmeren Dörfer nicht ungewöhnlich, aber hier scheinen einige Leute mit Geld zu wohnen. Jedenfalls den architektonischen Eskapaden nach zu urteilen. »Du wirst gleich sehen, wieso«, sagt Ezra.

Wir fahren einmal durchs Dorf hindurch – und landen vor einem Wall aus Asphaltbrocken und Sand. »Das war einmal die Verbindung zur Schnellstraße«, seufzt Esra und holt seine Kamera hervor. Für die Facebook-Seite von Ta'ayush will er dokumentieren, was es heißt, wenn die israelische Verteidigungsmacht nach Kidnappern sucht. »Das ist eine typische Strafaktion. Passiert hier ständig.« Wir versuchen weiterzufahren, aber der Sand sinkt einfach unter dem Allradantrieb weg. Hunderte Meter aufgerissener Straße liegen wie eine offene Wunde vor uns. »Ekelhaft«, brummt Ezra, »was für ein Aufwand.« Es ist nicht klar, ob er die Arbeit des Bulldozers oder sein eigenes Tagewerk meint.

Auf dem Rückweg zum Büro will Ezra eine Hirtenfamilie besuchen. Er hat einen Packen Altkleider dabei. Es ist eine der Familien, deren Höhlen seit einiger Zeit mit einer Windturbine von Comet-ME vernetzt ist.

Als Ezras Jeep neben einem sauber geschrubbten, blauen Ford-Traktor hält, kommt uns ein kleines Mädchen im rosa Jogginganzug entgegen. »Ezra ...!«, quietscht sie und stolpert fast über eine Plane, auf der Tabakblätter zum Trocknen ausgelegt sind. Das

erste Mal sieht Ezra nicht wie ein schlecht gelaunter Hemingway
aus, sondern wie ein sanfter Großvater.

Er kitzelt sie durch und ihr Gekicher lockt drei Frauen unter
den Zeltplanen hervor. Es sind ganz klar Tochter, Mutter und
Großmutter. Ich frage mich, was es für das Gefühl der eigenen
Vergänglichkeit bedeutet, wenn man vom Frühstück bis zum
Abendbrot entweder seiner Vergangenheit oder seiner Zukunft
ins Gesicht blickt.

Es ist ein altes Armeezelt, in das sie uns hineinbitten. »Die
Männer sind auf den Feldern, sonst würden sie sich zurückhalten-
der geben«, sagt Ezra.

Erst am Eingang bemerke ich, dass der Tarnfleck und die mil-
chigen Plastikplanen eine Mauer aus unbehauenen Steinen verbergen. »Die Höhle nutzen sie nur noch im Winter zum Wohnen,
im Sommer treiben sie nachts die Schafe hinein«, erklärt Ezra.

Die Hirten haben ganze Arbeit geleistet mit ihrem Tarnzelt.
Als ich mich durch den Eingang bücke, komme ich mir vor wie
Alice auf ihrer Reise durch den Kaninchenbau.

Der Boden ist blitzblank und betoniert, in einer Ecke stapeln
sich Saumkante auf Saumkante Decken und Kissen. In der anderen liegen dünne Matratzen, darauf hocken zwei weitere Kinder.
Als sich meine Augen an das dämmrige Licht gewöhnt haben, bin
ich baff. Vier Steckdosen sitzen fein säuberlich in der Steinmauer,
aus jeder spannt sich ein Kabel: Wie in einem Elektromarkt sind
Fernseher, Kühlschrank, Gefriertruhe und ein Edelstahltönnchen
nebeneinander aufgereiht. Ezra sieht meinen fragenden Blick:
»Eine Butterschleuder, erspart Handarbeit.« Traditionell schlagen
sich zwei Frauen stundenlang die Hände blasig an einem Balg aus
Schafsleder, in dem die Milch gluckert.

Der ständig in Hetze befindliche Israeli hat plötzlich alle Zeit
der Welt, knuddelt die Kinder, trinkt Tee und bespricht mit den
Frauen Kochrezepte. Das Mädchen bringt mir eine winzige
Schlangengurke und ein kleines Messer. Das Miniaturgemüse

schmeckt wie die konzentrierte Essenz eines ganzen Gurkenfelds. »Das liegt daran, dass sie ihr Land nicht bewässern können. Wenn die Früchte nicht vor dem Regen verdorren, haben sie einen besonders intensiven Geschmack, weil er nicht herausgewaschen wird«, sagt Ezra.

Auf dem Rückweg falle ich in einen Redeschwall: »Der Strom bedeutet ja sicher eine Revolution für die Frauen in der Hirtengemeinschaft!« Ezra guckt wieder genauso grimmig wie vor unserer Stippvisite: »Aus meiner Perspektive sind sie Sklavinnen ihrer Männer. Auch wenn sie das selbst sicher anders sehen. Aber wer bin ich schon, darüber zu urteilen?« Er brummt und murmelt: »Freiheit durch Elektrizität? Den Fernseher schließen sie doch zuerst an.«

Ich lasse mich von seiner Muffelei nicht anstecken und ziehe Elads optimistische Prognose vor: Der Stromanschluss bringt Verbesserungen. Die Hirten können nun ihren Käse kühlen und verbessern damit die Produktion. Es wird nicht nur ferngesehen, sondern die Kinder können nun auch nach Sonnenuntergang Hausaufgaben machen, die Alten ihre Medizin im Kühlschrank lagern. »Wir haben die Erfahrung gemacht, dass die Jungen eher hier bei ihren Familien bleiben, als nach Yatta ins Ungewisse zu ziehen, wenn es Elektrizität und gewisse Standards gibt.« Das bedeutet auch, sie bleiben in der Area C, statt sich in die Area A abdrängen zu lassen.

Als ich mich ein paar Wochen später noch einmal von Elad nach Massafer Yatta mitnehmen lasse, ist er wie ausgewechselt. Statt der üblichen Lakonie sprudelt Begeisterung aus ihm heraus. Er will mich zu einer ersten Lagebesprechung mitnehmen. Es geht um ein neues Projekt, eine solarbetriebene Pumpe, die Wasser über weite Strecken transportieren kann.

Eines der Gesundheitsprobleme von Massafer Yatta hat seine Ursache darin, dass sich die Zisternen zentral im Dorf befinden, damit die Frauen nicht lange schleppen müssen. Aber das bedeu-

tet auch, dass die Tiere direkt aus der Quelle trinken und hinein-
kacken. Außerdem könnte eine entfernt, aber dafür geostrate-
gisch optimal angelegte Zisterne viel mehr Regenwasser auffangen.
Ein simples Filtersystem soll das Wasser außerdem von Keimen
reinigen.

Das Pilotmodell wird einer der größten Hirtenfamilien von
Massafer Yatta vielleicht schon über die nächste Trockenperiode
helfen.

Alle Männer der Großfamilie, vom Teenager bis zum Großvater, haben sich bereits auf der Hügelflanke versammelt, hier soll
die Zisterne gegraben werden. Kein piefiges Loch, sondern ein ze-
mentierter Wassertank. Hinter den Männern, die trotz Hitze
Wollpullover und Jeans tragen, schmiegt sich ein Eselfohlen an
seine Mutter, Hirtenjungen treiben ihre Schafe mit Hilfe von Ru-
ten aus schwarzem Gummirohr näher an die Versammlung heran.
Die Aufregung der Älteren lockt sie an. Schließlich kreist auch
noch ein Falke über unserer Runde. Karl May hätte es sich nicht
schöner ausdenken können.

Statt einer Friedenspfeife wird eine Blechtasse herumgereicht.
Höflich nehme ich einen Schluck. Das Wasser riecht metallisch,
schmeckt schal. »Regenplörre aus dem letzten Winter«, sagt Elad.
»Nicht trinken, wenn du einen empfindlichen Magen hast«, fügt er
zu spät hinzu.

Später erklärt er mir, dass genau das eins der Probleme des Pro-
jekts sei. Hier entscheiden die Männer, was gut für die Gemeinschaft ist. Aber es sind die eingeheirateten Frauen und die Kinder,
die das Brackwasser nicht gewöhnt sind und regelmäßig im Krankenhaus von Yatta landen. »Die Männer sind damit aufgewachsen
und halten Wasserhygiene für eine Mär.«

Elad schubbert mit einem Schuh über den felsigen Untergrund, wirbelt Staub auf, schaut plötzlich in die Ferne: »Das hat
Potenzial! Konkav wäre besser, aber das geht«, murmelt er weiter
vor sich hin und klettert über das Geröll: »Hier fangen wir das

Wasser aus dem Wadi auf, vielleicht müssen wir die Straße etwas erhöhen ...«

Die Männer nicken freundlich, setzen sich erst mal auf den Hosenboden und rauchen eine Zigarette, während ein kleiner Junge zu den Zelten läuft – und mit einem silbernen Tablett zurückgerannt kommt. Er reicht jedem ein Gläschen Tee, beobachtet gewissenhaft die Trinkenden und springt immer wieder auf, kurz bevor das Glas geleert ist, um es erneut zu füllen.

Ich muss an mein Gespräch mit Ezra denken. »Sicher frage ich mich oft, was ist besser: Hilfe oder keine Hilfe? Sie gewöhnen sich daran. Aber ohne die NGOs würde hier schon lange keiner mehr leben. Außer den Siedlern. Ich habe keine Lösung für diesen Konflikt«, sagte er. »Ich weiß nur, dass es falsch ist, was hier passiert. Mir geht es nicht um Ideologie, mir geht's um Anstand.«

Kapitel

23

Bassam hat ein Geheimnis

>»Die einzige Möglichkeit, mit einer unfreien Welt
>umzugehen, ist, so absolut frei zu werden, dass die eigene
>bloße Existenz ein Akt der Rebellion ist.«

ALBERT CAMUS

HEBRON, SEKTOR H2, LUFTLINIE VON JERUSALEM:
30,9 KILOMETER

Im Krankenhaus von Hebron werde ich untersucht. Allerdings nicht von einem Arzt, sondern von einem Verwaltungsangestellten. Wir sitzen in einem schmucklosen Hinterhinterzimmer, Bassams (Name geändert) Büro. Es ist Freitagmittag und er hat eigentlich schon frei. Trotzdem wollte er mich hier treffen. Bassam ist zweiunddreißig Jahre alt und hat nichts von einem Buchhalter. Ausgewaschene Jeans, schwarze Lederjacke und viel Gel im tiefschwarzen Haar. Er sieht auf eine düstere Art ziemlich gut aus, wie James Dean in der Version fürs arabische Kino.

Dass Bassam anders ist, merke ich schnell, nämlich als er mich fragt, ob ich Zucker in den Kaffee wolle, den er auf einem Cam-

pinggaskocher im Vorraum brüht. »Gern ohne.« »Gut, ich hab
auch keinen.« Das mag als Frage des Geschmacks abgetan werden,
in Palästina ist es ein Verstoß gegen die Weltanschauung. In einen
ordentlichen arabischen Mokka gehören pro Tässchen mindestens drei große Löffel.

Auf der Couchsurfing-Seite nennt er sich Bo. Es ist gewissermaßen sein Alter Ego. »Weißt du, ich habe jede Woche Gäste aus
dem Ausland, aber mit den Menschen hier in Hebron habe ich wenig zu tun. Ich will nicht, dass was durchsickert.« Bassam macht
eine dramatische Pause und trinkt den starken Kaffee in einem
Zug aus. Ist er schwul? Handelt er mit Drogen?

»Ich lebe *haram*«, sagt Bassam. Ich nicke verständnislos. Ich
weiß nur, dass haram das Gegenteil von *halal* ist. Und *halal* entspricht in etwa dem hebräischen Wort koscher.

»Ich trinke Alkohol. Ich bin Atheist«, erklärt Bassam. Im konservativen Hebron seien das die größtmöglichen Sünden. Was
die Leute denken, sei ihm egal. Aber seine Eltern dürften nichts
davon erfahren. Sie lebten mit seinen Schwestern in einem Dorf
außerhalb der Stadt. Auch das Couchsurfen sei schwierig. Einmal hatte der Vermieter Bassams Vater angerufen und erzählt,
dass bei dessen Sohn Ausländerinnen ein- und ausgingen. »Sie
verstehen das nicht, sie vermuten gleich wilde Affären, Alkohol
und Drogen. Aber in Hebron ist alles *haram*, das hat nichts mit
Religion zu tun, sondern mit engstirnigen Traditionen. Außerdem haben die Leute hier eine schlechte Angewohnheit. Sie reden zu viel.«

»Wieso lebst du dann nicht in Ramallah oder Bethlehem?«

»Das Leben ist hier viel günstiger und ich habe einen guten Job
– außerdem macht es mir Spaß, Geheimnisse zu haben.«

Auch ich habe ein Geheimnis, wenn ich im Westjordanland
unterwegs bin, meist lüfte ich es, aber erst will ich wissen, wie
mein Gegenüber tickt. Während Bassam sich öffnet, verpasse ich
den Moment zu erzählen, dass ich einen israelischen Freund habe

und schon eine ganze Weile in Tel Aviv lebe. Ich fühle mich ziemlich schlecht damit.

Stattdessen halte ich Smalltalk auf palästinensische Art. »Hast
du von dem Fake-Kidnapping gehört?«

»Machst du Witze? Die Israelis haben das Dorf meiner Eltern
zwei Tage lang umgekrempelt.«

Vor ein paar Tagen war mein Freund aufgeregt nach Hause gekommen. »Ein israelischer Soldat wird vermisst. Er soll gekid-
nappt worden sein. Scheiße, jetzt geht das wieder los!« Es war klar,
dass die israelische Armee nun alles daransetzen würde, um den
Entführten möglichst schnell zu finden. Kidnapping ist der Alp-
traum des israelischen Militärs, aber noch mehr der palästinensischen Bürger. Vor allem seit letztem Sommer. Als die drei Siedlerjungen entführt wurden und das Militär tagelang das gesamte
Westjordanland durchkämmte: Schikanen, Razzien und Festnah-
men.

Die Pointe: Während sich das Land mental auf den nächsten
Krieg einstellte, hatte der zweiundzwanzigjährige Soldat die Entführung nur vorgetäuscht. Um seine Ex-Freundin zu beeindru-
cken, hieß es erst. Später, dass es um Spielschulden gehe. Bassam
grinst schief. »Als Palästinenser ist es verrückt zu sehen, was die
Israelis für ihre Leute tun. Für uns sorgt keiner. Jetzt sprechen sie
nur davon, wie viel Geld sie der ganze Aufruhr gekostet hat.«

Im Schatten der Farce spielte sich im benachbarten Beit Ummar ein echtes Drama ab. Ein freigelassener Gefangener starb an
einer unzureichend behandelten Diabetes. Seine Beerdigung artete in eine wütende Auseinandersetzung mit Soldaten aus. Eine Kugel traf seinen Cousin tödlich. »Das waren Verwandte meines
Schwagers«, sagt Bassam.

Aber noch etwas treibt die Bürger von Hebron in diesen Tagen
um. Bassam öffnet auf seinem Computer die palästinensische
Nachrichtenseite Ma'an News und zeigt mir Fotos, die in der Abraham-Moschee in der Altstadt aufgenommen wurden. Die Mo-

schee teilt sich das Grab von Abraham und Sarah mit der Synagoge. Besser gesagt, eine Wand teilt das zweitgrößte Heiligtum der
Juden und das nach Mekka und dem Felsendom drittwichtigste
der Muslime. Jetzt, zu Pessach, ist den Muslimen der Zugang auch
zu ihrem Teil untersagt. Laut dem Artikel sollen die Siedler die
Tage dazu genutzt haben, ein mysteriöses Loch im muslimischen
Teil zu buddeln, es wieder zu verschließen und mit den Gebetstep-
pichen zu bedecken.

»Vielleicht haben sie nach antiken Beweisen gesucht, dass ihnen die Moschee gehört«, überlegt Bassam. »Oder sie graben einen Tunnel. Oder sie haben da was versteckt.« Er sieht wirklich ein
bisschen aus wie James Dean, wenn er so spöttisch grinst.

»Was machen wir denn jetzt?«, fragt er.

»Was machst du denn sonst an Freitagen?«

»Da ist hier alles zu, ziemlich langweilig, aber wir können durch
die Altstadt ziehen. Da geh ich nur an Freitagen hin, wenn kein
Markt ist, ich hasse die Verkäufer, die sind so aufdringlich.«

Tatsächlich ist es geisterhaft still in der alten Marktstraße.
Nicht mal die Katze, die sich mit grotesk verformtem Bauch von einem der mintfarben und rosa lackierten Metalltore zum nächsten
schleppt, macht ein Geräusch. Die Shalala Street führt in den alten
Kern von Hebron. Von H1 nach H2. Während die anderen palästinensischen Städte 1995 nach der Vereinbarung von Oslo unter palästinensische Verwaltung gestellt wurden, trennte man Hebron in
zwei Sektoren. In H1 leben etwa einhundertzwanzigtausend Palästinenser, in H2 stehen etwa dreißigtausend Palästinenser unter israelischer Kontrolle. Schuld daran sind achthundert radikale Siedler.

Das Pflaster ist von einer fleckigen Schicht überzogen. Vor
welcher Tür hier wochentags Fleisch, Gemüse oder Gebäck verkauft wird, verraten heute nur die Gerüche. Und duster ist es, ein
Flickwerk aus Planen spannt sich zwischen den mehrstöckigen
Häusern. Darüber ein Gerüst, auf dem ein Drahtgitter liegt. Tiefer in der Altstadt wird das Licht durch Netze gefiltert, in denen

Kleiderbügel hängen, Flaschen, Flipflops, auch ein Ziegelstein.
»Oben wohnen Siedler, sie schmeißen ihren Abfall runter«, sagt
Bassam.

Praktisch ist Hebron nicht nur vertikal geteilt, sondern auch horizontal. Hebron ist die einzige Stadt in der West Bank, in der Siedler nicht nur drumherum, sondern mittendrin leben. Auf den Hügeln über der Stadt siedeln etwa siebentausend Zionisten, und in
weiten Teilen der Altstadt haben sich Hunderte in den Wohnungen über den Geschäften eingenistet. Nach Hebron zieht kein
Siedler wegen Steuervergünstigungen, billiger Mieten oder der
Natur. Wer hier siedelt, gibt ein klares Statement ab: Araber raus!
    Die Siedlerbewegung hat hier ihren Ursprung. Nach dem
Sechstagekrieg 1967 wurde Hebron von israelischen Truppen besetzt. Im Frühjahr 1968 erschien in israelischen Zeitungen eine
Annonce: »Gesucht: Familien oder Singles, um die alte Stadt Hebron wieder zu besiedeln. Für mehr Informationen kontaktieren
Sie Rabbi M. Levinger.«
    Kurz darauf, es war Pessach, buchte eine Gruppe, die sich als
Schweizer Touristen ausgab, das Park Hotel in Hebron. Die palästinensischen Besitzer waren erfreut über den dicken Umschlag
mit Bargeld, den Rabbi Levinger über die Theke schob. Denn
nach dem Sechstagekrieg blieben die jordanischen Adelsfamilien
aus, die regelmäßig in die hoch gelegene Stadt gekommen waren,
um die kühle, trockene Luft zu genießen.
    Doch es waren achtundachtzig Juden aus ganz Israel, die nun in
der Altstadt von Hebron ihr Pessach-Fest feierten. Zwei Tage später verkündete der Rabbi, dass die Gruppe bleiben würde. Verteidigungsminister Moshe Dayan traute sich nicht, die Pioniere, wie sie
sich nannten, aus dem Hotel zu holen, schlug aber vor, sie sollten in
die Kaserne umziehen, auf den Hügel im Osten der alten Stadt. Die
Gruppe willigte schließlich ein: »Wir bekamen Eretz Israel auf einem Silbertablett serviert«, erinnert sich Levingers Frau Miriam auf

der Homepage der Siedler von Hebron. Nach einem Jahr erklärte
die Regierung die Siedlung Kiryat Arba für rechtens.

1979 wagten die Siedler einen neuen Vorstoß in das Herz von
Hebron, das ihnen als Wohngebiet verwehrt war. Mitten in der
Nacht schlich sich eine Gruppe von zehn Frauen, unter ihnen Miriam Levinger, und vierzig Kindern aus Kiryat Arba durch die
Gassen der schlafenden Altstadt zu einem leerstehenden Gebäude. Es war 1893 als Hospital und Sozialzentrum errichtet und später von der Hadassah-Organisation als Krankenhaus für die Juden
und Araber von Hebron genutzt worden. Die Frauen und Kinder
kletterten durch ein Fenster auf der Rückseite hinein – und blieben. Die Minisiedlung nannten sie Beit Hadassah.

Der damalige Premierminister Menachem Begin wollte sie
nicht gewaltsam hinauswerfen, ließ das Gebäude von Polizisten
und Soldaten umstellen, versuchte die Gruppe auszuhungern. Daraufhin erhielt er Besuch von Rabbi Levinger, der ihn an den Jom-
Kippur-Krieg erinnerte: Als die israelische Armee damals die
Dritte Ägyptische Armee auf dem Sinai belagerte, wurden Essen
und Wasser zu den eingekreisten Feinden durchgelassen. Begin
gab nach, Frauen und Kinder blieben. Ein Jahr lang zogen die
Männer von Kiryat Arba jeden Sabbat in die Stadt, um vor dem
Haus zu singen und zu beten. Im Jahr 1980 wurden die jüdischen
Männer dabei von Palästinensern angegriffen, die sechs von ihnen
töteten; daraufhin erlaubte die israelische Regierung die Rückkehr der Juden in die Altstadt von Hebron. Sie bezogen die reno-
vierten und erweiterten Gebäude.

Es war immer dasselbe Muster, die Siedler schufen mit ihrer
plötzlichen Anwesenheit Tatsachen, die Palästinenser reagierten,
die Armee schritt ein – und schließlich segnete die Regierung die
neuen Siedlungen irgendwie ab.

Über die Jahre wurden Checkpoints errichtet, Straßen gesperrt, eintausendfünfhundert Geschäfte versiegelt. »Aus Sicher-
heitsgründen«, zitiert Bassam. Zum Schutz von achthundert Sied-

lern wachen zweitausendfünfhundert Soldaten über die Stadt, manche sagen, es seien doppelt so viele.

Wenn das Dach aus Müll einen Blick freigibt, sehe ich einen Wachturm, eine Brücke, welche die Wohnungen der Siedler verbindet, eine plattgedrückte Kindernase hinter der Fensterscheibe, eine zerrupfte israelische Flagge. Wir gehen quasi durch ihren Burggraben. Aber es scheint keine schöne Welt zu sein, die sie sich da über unseren Köpfen erschaffen haben – mit der Bibel als Grundbuch in der Hand.

Die Straße gabelt sich – theoretisch: Ein hoher Gitterzaun versperrt den Palästinensern den Weg zur Shuhada Street, wie sie einst hieß, als sie die Lebensader der Altstadt war: Straße der Märtyrer. Nun heißt sie King David Street und verbindet die Siedlungen innerhalb und außerhalb der Altstadt mit der Synagogen-Hälfte über Abrahams Grab.

Dahinter eine Blockade aus Betonstelen, auf die jemand mit roter Farbe in Hebräisch einen unvollständigen Satz gesprüht hat, als ob ihm mittendrin nicht nur die Farbe, sondern auch die Luft weggeblieben wäre: »Rak al«. Nur für …

»Du kannst von der anderen Seite aus reingehen, wenn du morgen ohne mich unterwegs bist. Es gibt palästinensische Familien, die über das Dach klettern müssen, um ihr Haus durch den Hintereingang zu betreten, weil die Straße zur Haustür für sie verboten ist«, sagt Bassam.

Schweigend gehen wir weiter. Schulter an Schulter mit hochgeklappten Kragen, der Wind macht sich gemein mit den lebensfeindlichen Strukturen. Er flüstert uns ein, dass hier Worte keinen Platz haben. Dabei dachte ich, ich sei inzwischen abgehärtet, was Waffen, Stacheldraht und hohe Mauern angeht.

Vielleicht starren wir deswegen fasziniert durch das halb geöffnete Metalltor der ehemaligen Osama-Ben-Munqez-Schule – in Siedlerhand seit 1982 und inzwischen eine Talmudhochschule mit

zweihundertfünfzig Studenten – neben dem ehemaligen Busbahnhof, heute eine Militärbasis. Durch den Spalt sehen wir israelische Soldaten, die auf einer Treppe davor kauern. »Guck, sie spielen mit einer Katze«, sagt Bassam.

Die verhängten Gassen haben sich zu einem Platz geöffnet. Die
Steinbänke und Palmen vor der bewehrten Siedlung laden allerdings nicht gerade zum Sitzen ein, aber scheinbar wurde hier der
Versuch unternommen, die offensichtliche Anwesenheit der Israelis zu harmonisieren: Der gedrungene Wachturm ist mit Steinflie-
sen im gleichen Rosaton wie die Talmudschule gekachelt. Ich muss
an die Fotos auf der Website der Siedler denken, es sind Werbebil-
der, sie sollen Gesinnungsgenossen einladen, nicht abschrecken.

Wir überqueren den Platz und tauchen wieder unter das
Schutzdach der engen Marktgasse. Sie führt zu einem alten Tun-
nelgang. Darin befindet sich die Schleuse: ein fest installierter
Checkpoint mit Drehkreuz. Auch hier ist heute nichts los. Auf
dem Torbogen ist eine dieser handbemalten Porzellanfliesen angebracht, die ich schon aus Ramallah und Nablus kenne: »Jerusalem 30,9 Kilometer«. Ein Versuch, das Inselreich wenigstens im
Geiste zusammenzuhalten. Hier vor dem Checkpoint, der den Palästinensern das Herzstück ihrer Stadt verwehrt, rührt es mich
noch mehr.

»An anderen Tagen ist der Übergang krasser«, sagt Bassam.
Wenn man aus dem lauten Souk in diese unnatürliche Stille trete.
Wir befinden uns jetzt in dem Teil von Hebron, den die Menschen
hier auch unter der Woche Geisterstadt nennen. Die breiten Straßen waren einmal das hektische Zentrum Hebrons. Jetzt erinnert
das Viertel an einen Gefängnishof. Zweiergrüppchen von Soldaten. Ein paar Menschlein laufen dazwischen herum wie Inhaftier-
te beim Hofgang.

Auch die gewaltige Feste mit den hohen, schmucklosen Mauern
hat etwas von einer Haftanstalt. Das ist sie also. Die Abraham-

(Ibrahim-)Moschee oder die Machpela, je nachdem durch welchen Eingang man das sakrale Gebäude betritt, in dessen Kata-
komben die Gräber der Stammväter (und -mütter) liegen sollen.

Die hohen Mauern hatte König Herodes hochgezogen, die
Ecken weisen in die vier Himmelsrichtungen. Die gotische Kirche, welche die Kreuzfahrer in dem Komplex errichteten, wurde
im 14. Jahrhundert von den Mamluken zur Moschee erklärt, zur
Abraham-Moschee. Vor dem muslimischen Eingang zum Heiligtum klebt ein Häuschen an der Mauer, das aussieht wie ein Ticket-
schalter, nur dass Soldaten hinter kugelsicherem Glas sitzen. Die
Soldaten schützen weniger das Heiligtum als die Menschen vor
den Menschen.

Bis zum Ersten Weltkrieg sollen Araber und eine jüdische
Minderheit, die 1492 aus Spanien vertrieben worden war, in Hebron ganz gut miteinander ausgekommen sein. Erst Mitte des
19. Jahrhunderts kam es immer wieder zu Spannungen. Mehr Juden zogen aus Europa in die Stadt, und nach Beginn der Britischen
Mandatszeit brodelte es überall im Land zwischen Zionisten und
arabischen Nationalisten.

In Jerusalem stritt man um die Klagemauer, und beide Parteien
stachelten ihre Anhänger auf, was in blutige Krawalle ausartete. Die
britische Polizei hatte die Lage unterschätzt und schritt zu spät ein.
In zahlreichen Dörfern und Städten wurde das Gerücht verbreitet,
in Jerusalem seien Zionisten über betende Muslime hergefallen und
hätten heilige islamische Stätten unter ihre Kontrolle gebracht. Die
Propaganda erreichte auch Hebron.

Im Sommer 1929 stürmte ein mit Beilen und Messern bewaff-
neter Mob jüdische Häuser und Geschäfte. Es endete in einem
grausamen Massaker, bei dem siebenundsechzig Juden ermordet
wurden, viele verletzt und verstümmelt, Frauen vergewaltigt. Vier-
hundertfünfunddreißig Juden überlebten, weil muslimische Nachbarn sie versteckten, und wurden von den Briten evakuiert. Mit
diesem Massaker rechtfertigen die heutigen Siedler ihr Auftreten.

Die Palästinenser wiederum erinnern sich schmerzlich an das Jahr 1994, als der orthodoxe Arzt Baruch Goldstein, US-stämmiger Siedler aus Kiryat Arba, in seiner Reservistenuniform der israelischen Armee in die Moschee eindrang und mehrere Gewehrsalven in die Rücken betender Männer abfeuerte. Er tötete neunundzwanzig Menschen, bis ihn die Überlebenden schließlich erschlugen.

Dass Goldstein in Hebron kein ideologischer Außenseiter ist, bezeugt sein Grab, das ich später an der Einfahrt zu Kiryat Arba sehen soll. »Hier liegt der Heilige, Dr. Baruch Kappel Goldstein, gesegnet sei die Erinnerung an einen rechtschaffenen und heiligen Mann, möge der Herr sein Blut rächen, das Blut dessen, der seine Seele den Juden hingab, der jüdischen Religion und dem jüdischen Land. Seine Hände sind unschuldig und sein Herz ist rein. Er wurde umgebracht als Märtyrer Gottes am 16. Tag von Adar, Purim, im Jahr 5754 (1994).«

Auf die Tat folgten Unruhen, bei denen fünfundzwanzig weitere Palästinenser von der Armee getötet wurden und fünf Soldaten umkamen. Die Palästinenser wurden unter Hausarrest gestellt, während die Siedler sich frei bewegen durften. Rabin entschuldigte sich bei Arafat für das Verbrechen, nahm einige radikale Siedler fest und verlangte, dass Armeewaffen abzugeben seien, ging aber nicht auf die Forderung der PLO ein, die Siedler systematisch zu entwaffnen und internationale Soldaten zum Schutz der Palästinenser nach Hebron zu lassen. Stattdessen wurde die Shuhada Street für die Araber gesperrt.

Geoffrey Aronson, Leiter der Foundation for Middle East Peace, glaubt, dass das Goldstein-Massaker die Hamas darin bestärkte, der libanesischen Hisbollah nachzueifern und junge Männer zu Selbstmordattentätern auszubilden. Davor hätte die Hamas ausschließlich militärische Ziele angegriffen.

Hinter der Moschee beginnt das Sperrgebiet. Palästinenser dürfen nur passieren, wenn sie nachweisen können, dass sie in der Nachbarschaft von Tel Rumeida leben.

Es fühlt sich sehr seltsam an, in einer menschenleeren Straße auf zwei Soldaten zuzulaufen, die ihr Gewehr mit beiden Händen halten, immer in Habachtstellung. Wie wenn einen die Polizei im Auto aufhält und man fieberhaft überlegt, was man falsch gemacht hat, aber versucht, so zu wirken, als ob man nie etwas falsch machte. In die Gesichter blicken oder zwischen ihnen hindurch? Ich flüsterte:»Was sagen wir?«»Mal gucken«, sagt Bassam. Er wirkt gar nicht angespannt. Ich versehe plötzlich, das ist sein Nervenkitzel. Er erkundet dieses künstliche System, als wäre er ein Avatar in einem Computerspiel, das mit immer wieder neuen Leveln überrascht. Als wären die Soldaten programmierte Wächter.

Und heute bin ich in seinem Team.

»Manchmal lassen sie mich durch«, sagt er, ohne den Kopf zu mir zu drehen.

Als wir vor den beiden stehen, erkenne ich, wie jung sie sind. Der eine hat noch mehr Babyspeck im Gesicht als Barthaare. »Shalom«, sagt Bassam. Die Jungs gucken sich unsicher an. Dann fragt mich der eine nach Feuer. Ich krame in meiner Tasche und finde ein Feuerzeug, das ausgerechnet mit der Stadtkulisse von Tel Aviv bedruckt ist.

Als er seine Zigaretten rausholt, frage ich, ob ich eine haben könne. Keine Ahnung, wieso. Ich weiß, dass Bassam eine Schachtel hat. Vielleicht will ich wie er die Grenzen testen, wissen, ob es möglich ist, in dieser Szenerie eine normale Unterhaltung zu führen. Zögernd gibt er mir eine.

Bassam steckt ihm schnell eine von seinen zu. Es scheint ihm unangenehm zu sein, dass ich den Soldaten angeschnorrt habe. Der Soldat wiederum zögert, greift dann aber danach. Wie bedeutungsschwer eine alltägliche Geste sein kann.

Bassam deutet auf das Feuerzeug. »Wärst du jetzt lieber dort oder hier?« »Nichts von beidem«, sagt der Soldat. »Am liebsten wäre ich daheim, in Ashkelon.« Ashkelon an der Küste, nur dreizehn Kilometer vom Gaza-Streifen. Eine der wenigen Städte, die im Sommer in sicherer Reichweite der Hamas-Raketen lag.

»Wieso?«, frage ich.

»Es ist so furchtbar langweilig hier.«

Da stehen wir also und rauchen. Fehlt nur noch ein Siedler und wir wären komplett. Aber die sind nicht zur Interaktion gezwungen. Sie können sich frei in der Altstadt bewegen. Ein Pärchen spaziert mit einem zerrenden Boxer an der Leine auf der anderen Straßenseite vorbei. Die Siedler erkennt man an den langen Bauernröcken der Frauen, ihren Kopftüchern – und den Häkel-Kippot auf den Hinterköpfen der Männer. Die fundamentalistischen Siedler nennen sich sogar selbst die Häkelkippot. Komisch, dass Nationalismus immer mit einer Rückbesinnung aufs Handgemachte einhergeht. Mehr noch aber unterscheidet sie ihr Auftreten: die zur Schau getragene Selbstverständlichkeit.

Ich muss daran denken, dass auch Gilat, meine alternative Couchsurf-Gastgeberin aus Nokdim mit der Schiebermütze auf dem Kopf, in einer der Siedlungen von Hebron aufgewachsen ist. Sie hatte gesagt, sie mochte das Leben dort nicht, weil alle gleichgeschaltet seien. Ihre kleine Rebellion lebt sie nun in einer anderen Siedlung aus, hinter einem anderen Zaun. Die einen werden ausgesperrt, die anderen sperren sich freiwillig ein.

Bassam tritt seine Kippe aus. »Dürfen wir durch?« Die Soldaten winken mit ihren Gewehrkolben. »Chag sameach«, sagt Bassam. »Fröhliches Fest!« Stimmt, es ist ja immer noch Pessach.

Als wir außer Hörweite sind, muss er lachen. »Du kannst die armen Kerle doch nicht anschnorren, die verdienen doch nichts. Eine Packung Zigaretten kostet dreißig Schekel.«

Ein paar Schritte weiter: »Man kann sie nicht wirklich verurteilen, oder? Sie machen das ja nicht freiwillig.«

Die Begegnungen mit den Soldaten geben uns den Weg vor. Entlang einer Ladenzeile mit versiegelten Metalltüren bewegen wir uns wie die letzten Überlebenden eines Endzeitdramas in

Richtung der Anhöhe über der Altstadt. Unter einem riesigen Chanukkaleuchter sitzen dort die Häuser der Siedler von Kiryat Arba im Osten und von Tel Rumeida im Westen. Eine der Metalltüren steht offen. Bassam zieht mich hinein: ein kleiner quadratischer Raum, dessen Boden mit Müll und Geröll bedeckt ist. In der Zwischenwand klafft ein Loch im alten Mauerwerk. »Es heißt, die Siedler haben nachts, nachdem das Militär die Läden geschlossen hat, geschaut, ob noch was zu holen ist«, sagt er.

Auf der Straße spielen ein paar arabische Kinder. Sie kicken einen Fußball an die Hauswand gegenüber. Tock, tock, tock. Immer auf die gleiche Höhe knapp unter ein Fenster. Es war abzusehen: Das Klirren des springenden Glases erschreckt mich trotzdem. Die Jungen reagieren überhaupt nicht. Tock, tock, tock. Keiner sagt was, keiner zetert. Ein makabres Kinderparadies. Die einzigen Erwachsenen sind Bassam und ich und zwei Soldaten am nächsten Checkpoint. Ein kleiner Dicker mit blondem Haar und einem giftgrünen Eis in der Hand bettelt uns an. Bassam gibt ihm ein paar Schekel für noch mehr Süßigkeiten. »Er sagt, sein Vater hat ihm kein Geld gegeben. Komisch, ich sehe immer mehr blonde Kinder hier, irgendjemand scheint da fremdzugehen.« Ein flauer Witz. Er lacht selbst nicht drüber.

Mich ignorieren sie diesmal.

»Bist du Muslim?«, fragen sie Bassam.

»Nein.«

»Christ?«

»Nein.«

»Was bist du dann?«

»Atheist.«

»Hier kannst du nicht durch.«

»Dürfen wir da rüber?« Bassam zeigt in die andere Richtung, hinter die Moschee.

»Okay«, sagt der Soldat.

»Manchmal funktioniert es, sie sind völlig verwirrt, wenn sie einen nicht einordnen können«, sagt Bassam. Die Soldaten rufen ihm etwas auf Arabisch hinterher. »Sie wollen wissen, ob du meine Frau bist oder meine Freundin.«

Wir kommen an der Polizeistation vorbei und Bassam erzählt, dass er hier einmal zehn Stunden verhört worden sei. Ein Couchsurfer war schuld. Der hatte den Pass in der Wohnung gelassen und zu viele Fotos gemacht, beziehungsweise die falschen. Er rief Bassam an, der ihm den Ausweis vorbeibringen sollte – und dann saßen sie beide in Arrest.

Hinter der Moschee betritt auch Bassam Neuland. »Hierher habe ich es noch nie geschafft.« Wir entscheiden uns für eine enge Gasse, die sich zwischen halb zerfallenen Häusern entlangwindet. Die gebrochenen Mauern geben osmanische Kuppeldecken frei. In den Ruinen sprießt Gras.

Alle zehn Meter patrouilliert ein Soldat. Steht frierend, die Schultern bis zum Helm hochgezogen, allein herum. »Komisch«, wundert sich Bassam, »ist doch so ruhig heute.«

Viele haben eine dunkle Hautfarbe, äthiopische Juden vermutlich. Bassam glaubt, dass die israelische Armee die Afrikaner gern an den Hot Spots stationiert, an den unbeliebten Einsatzorten. In Israel haben sie einen schweren Stand, sie wurden seit Mitte der Achtzigerjahre eingeflogen, um das israelische Volk zusammenzuführen, aber weder wirklich akzeptiert noch integriert. Noch heute arbeiten viele als Putzkräfte oder Küchenhilfen. In Hebron repräsentieren sie die Besatzungsmacht.

Ich wundere mich, wie viel Bassam über das Leben auf der anderen Seite weiß. Meine israelischen Freunde hören sich meine Erlebnisse aus der West Bank neugierig an, als erzählte ich von einer Expedition in unentdecktes Dschungelland. »Klar war ich mal in Tel Aviv«, sagt Bassam. »Wenn man sehr geduldig ist, kriegt man eine Reisegenehmigung.«

In einem Gassenknick sitzen zwei junge Männer mit alten Ge-

sichtern auf den Stufen eines Eckhauses. Das braune Pferd, das sie
ans Tor gebunden haben, sieht wesentlich gesünder aus als die beiden. Aus dem Fenster der Ruine über ihnen guckt ein Schimmel.
Ein Tablett mit hohen Teegläsern steht vor ihnen auf der Straße.

Bassam wechselt ein paar Worte. »Ich hab uns eingeladen. Setz
dich.« Keine fünf Meter entfernt, direkt gegenüber, wacht ein weiterer Soldat. Mit dem warmen Glas in den Händen schaue ich ihn
an. Er bibbert, versucht aber Haltung zu bewahren, das Gesicht
ausdruckslos wie ein Beefeater.

Bassam unterhält sich mit den Männern und übersetzt: »Sie
haben heute frei, sie arbeiten in Kiryat Arba, bauen Häuser für die
Siedler.«

»Und wofür habt ihr die Pferde?«

»Nur so zum Spaß.«

Die beiden sehen aus der Nähe noch schlechter aus, haben
kaum noch Zähne im Mund.

Sie erzählen uns, dass die Soldaten die Siedler erwarten, die
bald zur Synagoge runterwandern. »Die Soldaten machen, was sie
sagen.« Die Siedler nützten das aus, beschimpften und beleidigten
sie jedes Mal auf dem Weg. »Wir waren beide schon mal im Gefängnis, weil wir uns haben provozieren lassen «, sagt der Ältere.

Wir trinken unseren Tee aus und ich bin plötzlich furchtbar erschöpft. »Genug Sightseeing«, findet auch Bassam.

Ich muss an den seltsamen Satz denken, den er mittags im Krankenhaus gesagt hatte. An den Kontext kann ich mich nicht mehr
erinnern, ich glaube, er hat ihn mir einfach so hingeworfen, vielleicht wollte er, dass ich nachhakte: »Ich wünschte, ich hätte ein
schwieriges Leben. Menschen, die unter harten Bedingungen aufwachsen, holen viel mehr aus sich raus.«

Als ob ihn das alles nicht beträfe.

294

Al Khalil
(Hebron)

← Bo's Club

Al Shuhada St.

Checkpoints

der Nachbar Sperr

alter jüdischer Friedhof

Tel Rumeida

Hashem

H1

H2

Verwaltungs-
grenze
seit
1998

Fabrik

Kiryat
Arba

Altstadt

Checkpoints

Abeds
shop

auer Markt

Synagoge

Moschee

der alte
Markt

Abrahams
Grab

Palästinenser

Seen

Schleuse

versiegelte Läden

Geisterstadt

Kapitel

24

Bo's Club

*» Wahrscheinlich, weil uns ein Fremder sieht, wie wir sind, und
nicht, wie er glauben will, dass wir sind.«*

CARLOS RUIZ ZAFÓN

HEBRON, SEKTOR H1, LUFTLINIE VON JERUSALEM:
30,9 KILOMETER

In dem Moment, als Bassam die Wohnungstür hinter sich zuzieht, wird er zu Bo. Er hängt den James Dean mit seiner schweren Lederjacke über einen Stuhl wie ein Ritter, der nach einem harten Turniertag seinen Harnisch aufbockt, und dreht den Schlüssel einmal im Schloss.

Seine Wohnung liegt in der Nähe der Universität, hinter der rosafarbenen Moschee in H1, dem palästinensisch verwalteten Teil Hebrons, in der obersten Etage eines mehrstöckigen Hauses. Sie ist unpersönlich eingerichtet, pieksauber.

Bo ist ein stiller Rebell: eine klinisch wirkende Küchenzeile, ein kleines Schlafzimmer. Ein Extraraum, der mit sechs Sofas vollgestopft ist. Aber das ist es nicht, wieso sich Bo in diesem Appartement so wohlfühlt, wieso er es am liebsten kaufen will. Es ist die Wand im Wohnzimmer.

»Bo's Club« hat jemand in kindlicher Wolkenschrift groß in die Mitte geschrieben. Ein Poesiealbum in Bleistift auf Raufaser. Zweihundertfünfzig Couchsurfer haben sich hier in den letzten drei Jahren verewigt, mit Sprüchen und Zeichnungen oder einfach ihrem Namen. »You are amazing«, steht da. »Trink nicht so viel Bavaria 0,0. Tut dir nicht gut.« Eine Anspielung auf das einzige Bier, das in Hebron zu kaufen ist. Holländisch und alkoholfrei.

Bo kann jeden Eintrag zuordnen: Südafrika, Kroatien, China, USA, er tippt auf die Namen. Er hat sich die ganze Welt in sein Wohnzimmer geholt. Es sind auch drei Israelis darunter. Sie sind die Einzigen, die mit Edding in seinen Erinnerungsatlas geschrieben haben. In einer Ecke hat er sein eigenes Motto vertikal die Wand herunterlaufen lassen. Es bildet einen krassen Gegensatz zu den Wohlfühlsprüchen der Gäste: »The best way to stop feeling disappointed is to lower your expectations.«

Während er duscht, stöbere ich in seinem Facebook-Profil. (Legal. Wir haben uns inzwischen befreundet.) Er scheint tatsächlich kaum palästinensische Freunde zu haben. Allmählich meine ich, ihn zu enträtseln. Seine Wohnung ist sein Leuchtturm, von dem er beobachtet, was auf dieser seltsamen Insel um ihn herum passiert. Hier fischt er Gedankentreibgut, erzählt freiwillig Gestrandeten vom Inselleben und setzt an einsamen Tagen eine Flaschenpost ab. »Ist da draußen noch jemand, der so denkt wie ich?« Ausgerechnet die Fremden sind es, die nur ein paar Nächte auf seiner Couch verbracht haben, vor denen er keine Geheimnisse hat, denen er Einblick in seine Gedanken gibt.

Als er zurückkommt, sieht er sehr jung aus. Er hat sich den Panzer aus Gel und angespannten Muskeln aus den Haaren und dem Gesicht gewaschen, wirkt plötzlich ganz anders, entspannt. »Das ist der einzige Ort in Hebron, in dem nichts *haram* ist.« Als ich sage: »Dann lass uns ein Bier trinken!«, fügt er seufzend hinzu: »Normalerweise.«

Seit drei Wochen wohnen seine Schwester, sein Schwager und seine zwei Nichten bei ihm. Die junge Familie wechselt ihr Lager zwischen den Wohnungen der Verwandten. Tagsüber machen sie Ausflüge. Heute sind sie in Jericho in einem Erlebnisbad. Der Schwager hat gerade seinen Doktor an einer englischen Uni gemacht und ist auf Heimaturlaub, bis es zurück nach Großbritannien geht, um dort zu arbeiten.

»Es ist eine komische Situation für mich. Ich bin es nicht gewohnt, mit ihnen zusammen zu sein. Sie warten alle darauf, dass ich endlich heirate. Aber ich finde keine Frau, die denkt wie ich.«

»Und deine Freunde?« »Da sind ein paar Kumpel. Nicht wirklich Freunde. Sie fragen mich manchmal, ob sie mit ihren Mätressen herkommen können, wenn ich bei der Arbeit bin. Das sind doch alles Scheinheilige.«

Ich muss an eine Nacht in Bethlehem denken, vor ein paar Monaten. Ich wollte am nächsten Tag frühmorgens mit einer Lauftruppe trainieren und wurde bei Adham untergebracht. Den ich nicht kannte, der aber ein Gästezimmer hatte. Es war ein schrecklich verkaterter Lauf, denn Adham hatte mich in dieser Nacht mit Whiskey Sour abgefüllt. Wie Bo lebte er allein, ungewöhnlich für einen Mann von Anfang dreißig. Zwischen zwei Leben. Nicht mehr bei den Eltern und noch nicht in der eigenen Familie. Im traditionellen Palästina gilt man erst als erwachsen, wenn man verheiratet ist.

Wir hatten uns kaum begrüßt, da wollte er über offene Beziehungen reden. Nach dem zweiten Longdrink erzählte er, dass er verlobt sei. »Gratuliere.« »Nein, ich weiß nicht. Ich weiß nicht, ob ich überhaupt heiraten will.« Ich sei die Erste, der er das erzähle. Seine Verlobte sei Palästinenserin, lebe in Jordanien, sei süß und hübsch. »Aber sie hat noch nichts von der Welt gesehen, ich kann

mich kaum mit ihr unterhalten.« »Aber wieso seid ihr dann verlobt?« »Wie soll ich sie sonst richtig kennenlernen? Die Familie
und die Nachbarn beobachten hier alles. Wir können nicht einfach miteinander ausgehen.«

Ich war überrascht, Adham war Christ. Gut situiert. Sehr
smart. Und er war ein Mann. Und er lebte im – wie ich gedacht
hatte – relativ liberalen Bethlehem. Adham war genauso zerrissen
wie Bassam zwischen dem Leben, das er leben wollte, und den
Vorstellungen seiner Familie, denen er nur zeitweise entwischen
konnte. Und dann kommt noch die verzwickte Loyalität zur palästinensischen Identität dazu. Kein Wunder, dass die Jungs eine
Sinnkrise schieben.

Bo hackt tanzend auf einem gefrorenen Huhn herum, auf seinem
Rechner läuft norwegischer Elektro, Röyksopp, während ich nach
verwertbaren Zutaten für den Salat suche. In diesem Moment
knallt es. Schüsse. Nicht nah, aber auch nicht allzu fern. »Was war
das?« Bo wirkt auch erschrocken.

»Vielleicht hat es was mit Al-Jamal zu tun«, sagt er. Vor ein paar
Tagen sei ein palästinensischer Polizist – »ein Guter« – wegen einer Bagatelle eine Nacht im palästinensischen Gefängnis gelandet. Feuer sei ausgebrochen und der Polizist in seiner Zelle gestorben. »Al-Jamal gehörte zu einer der wichtigsten Familien von
Hebron. Das sind ein paar Tausend in Hebron. Wir leben hier in
einer Stammesgesellschaft.«

Der Klan habe Druck auf die Polizei und Abbas ausgeübt, ihn
mit militärischen Würden zu bestatten, und einen Schuldigen gefordert.

Allerdings konnte nicht geklärt werden, ob es überhaupt einen
Schuldigen gab oder wie das Feuer entstanden war. »Außerdem ist
der Bruder von Al-Jamal ein Führer der militanten Fatah«, sagt Bo.

Er zeigt mir ein Video auf Facebook. Schwarz vermummte
Männer der Al-Aqsa-Brigaden schießen mit wuchtigen Maschi-

nengewehren in die Luft und brüllen auf Arabisch. »Das war bei
der Beerdigung.«

»Woher haben sie die Waffen?«

»Aus Israel geschmuggelt.«

»Was schreien sie?«

»Wir schwören bei Allah und dem Blut unserer Märtyrer, dass
unsere Waffen jeden finden werden, der im Zusammenhang steht
mit Captain Al-Jamals Tod.«

»Steht Hebron denn unter der Fatah?«

»Nein, siebzig Prozent sind für die Hamas, würde ich sagen.«
Bo hackt weiter das Huhn entzwei. »Wenn die Besatzung nicht
wäre, hätten wir hier vermutlich einen Bürgerkrieg.«

Es klopft an der Tür. Zwei weitere Couchsurferinnen haben sich
für die Nacht angemeldet: Doris aus Holland und Susanne aus
Deutschland, beide in einem Austauschprogramm an der Uni Nablus. Sie forschen zur Verbesserung der Wasserqualität in den
Dörfern. Die Mädels sind völlig aufgeputscht. Die Schüsse haben
sie nicht gehört, aber sie kommen gerade aus der Siedlung Tel Rumeida. Dort haben sie eine palästinensische Familie besucht, die
sich weigert, ihr Haus zu verlassen. Den Tipp hatten sie von einer
Studentin in Nablus. »Wahnsinn, was uns Hashem erzählt hat, wie
sie dort leben – und dabei sind sie so herzlich.« Sie können sich gar
nicht beruhigen.

»Hattest du denn schon mal Kontakt mit Siedlern?«, fragen sie
Bo.

»Nicht wirklich, wir sind wie Öl und Wasser, je mehr man
schüttelt, desto mehr trennt sich's. Es gibt keinerlei Interaktion.«

Er klappt wieder seinen Laptop auf und zeigt uns ein Video,
das er mit seinem Handy aufgenommen hat. Der samstägliche
Zug der Siedler durch die Altstadt. Eine Art Familienausflug mit
einem Trupp Soldaten im Schlepp. Sie ziehen durch ein Spalier aus
Palästinensern, Freiwilligen und Mitarbeitern der Christian

Peacemakers und der TIPH, der Temporary International Presence in Hebron, Zivilisten, die in Hebron Präsenz zeigen, ein Gefühl von Sicherheit erzeugen sollen und Verletzungen der Menschenrechte dokumentieren.

Durch die Kameralinse von Bo beobachten wir, wie die Beobachter die Siedler filmen, die Siedler die Beobachter filmen. Ein Siedler zischt: »Ja, hier, so sehen jüdische Kinder aus«, und schiebt seine zwei Jungs ins Bild. Ein großer Soldat macht reihum Fotos von den Gesichtern der Anwesenden. Ein amerikanischer Tourist lächelt. »Blödian«, sagt Bo. »Die packen das Foto ins System und er kriegt Ärger an der Grenze. Ich hab mein Gesicht hinter der Kamera versteckt.« Es folgt die tragische Komik einer Zirkusszene, bei der zwei Clowns ohne Worte agieren. Wir sehen, wie der Soldat sein Smartphone plötzlich schwenkt und nach oben reißt, um Bo abzulichten, wie Bo seine Kamera wie einen Schild mitbewegt. Es hat was von dem Spiel ›Wer muss zuerst blinzeln‹. Der Soldat lacht. Er zieht ein Bonbon aus seiner kugelsicheren Weste und reicht es Bo. Der nimmt's. Vielleicht gehört das zum Spiel.

»Ich hab gewonnen«, sagt jedenfalls Bo.

Wir haben das Huhn verspeist, die Mädels haben sich ins Couchzimmer zurückgezogen, um »den krassen Tag zu verarbeiten«. Und Bo erzählt mir von seiner Berlinreise im letzten Jahr. »Ich liebe Berlin, da kann jeder leben, wie er will. Es ist eine gute Art von Anonymität.« Er schlägt mir vor, einen Monat bei ihm einzuziehen, Deutsch- gegen Arabischunterricht. Bevor ich antworten kann, ihm endlich erklären kann, dass ich nicht nur herumreise, sondern in Israel einen Freund, eine Wohnung und einen Hund habe, klopft es wieder an der Tür.

Und dann erlebe ich den anderen Bassam, einen stillen, zurückhaltenden, der sein Reich freigibt für eine aufgekratzte Urlaubsschwester und ihre kleinen Töchter, die ihren Mann und Vater endlich mal für sich haben, nach Jahren Auslandsstudium. Es war zu kalt zum Baden, sie waren stattdessen Shoppen und der Schwager führt Souvenirs für seine Freunde in England vor. Einer hat sich eine wuchtige Jacke der palästinensischen Polizei gewünscht. Der Schwager stolziert mit ihr durch die Wohnung. »Sehe ich gefährlich aus?« »Du siehst lächerlich aus«, sagt Bos Schwester Faisah. Sie schlafen seit drei Wochen zu viert in Bos kleinem Schlafzimmer, während er sich zu den Couchsurf-Gästen quetscht, die mit seiner Familie Küche und Bad teilen. Ich kann mir nicht vorstellen, dass das die Menschen sein sollen, vor denen er den echten Bo verstecken muss.

Ich bleibe drei Tage bei Bo. Tagsüber arbeitet er im Krankenhaus, ich ziehe durch die Altstadt. Sie zieht mich an und stößt mich ab. Ein seltsames Menschenexperiment, das man sich nicht nur live anschauen kann, sondern an dem man teilnimmt, ob man will oder nicht. Er hatte mich gewarnt, ich solle nicht jede Geschichte glauben, die mir erzählt werde. »Hier versuchen viele, aus der Situation Profit zu schlagen.« Er meinte die Souvenirverkäufer, die versuchen, zumindest ein paar der wenigen Touristen abzugreifen. In einem Reiseführer habe ich gelesen, Hebrons Altstadt sei der beste Ort zum Einkaufen, weil es so wenig Kunden gebe, dass man alles auf einen Spottpreis runterhandeln könne. Dass es trotz aller Beschränkungen einige gepflegte Läden gibt, die mundgeblasene Glaswaren und handgearbeitete Stickereien aus Hebron verkaufen, ist dem Hebron Rehabilitation Committee zu verdanken, einer NGO, die Ladeninhaber mit Stipendien unterstützt, um ein bisschen Normalität in den verwaisten Souk zu zaubern. Alle Aktivität konzentriert sich im vorderen Teil der Altstadt, im palästinensischen. Der Markt dort ist so anstrengend und fast aggressiv, wie Bo es mir prophezeite.

Und so ist es zunächst ein Gefühl der Erleichterung, durch die Schleuse zu gehen und den Lärm hinter sich zu lassen. Aber nach ein paar Schritten schon vermisse ich den Trubel. Denn diese Stille hat nichts mit Ruhe zu tun. Ich komme mir vor wie beim Besuch eines irren Theaterstücks, bei dem die Schauspieler vor vielen Jahren den Text vergessen haben, aber die Bühne nicht verlassen wollen. Die letzten ansässigen Palästinenser, die ständig damit beschäftigt sind, ihre Gürtel wieder in die Schlaufen zu stecken. Nach dem Metalldetektor am Checkpoint ist vor dem Metalldetektor an der Moschee. Die Siedler, die durchs Bild stolzieren, als ob sie das alles gar nichts anginge. Die Soldaten, die sich nach Hause wünschen.

Nur einer hat seinen Text noch parat. Als herrschte vor seinem Geschäft in der Shuhada Street immer noch geschäftiges Markttreiben.

»Komm rüber«, ruft Abed. »Wir haben hier alles, Souvenirs, Ehemänner.«

Sein Laden ist der einzige in der langen Zeile, der noch nicht versiegelt wurde. Abeds Alleinstellungsmerkmal ist nicht das, was er verkauft, sondern dass er die Stellung hält. Ich trinke einen Tee auf einem Plastikstuhl auf der winzigen Veranda und blicke dabei auf das Gutnick Center, das israelische Besucherzentrum. Der einzige Versuch der Siedler, so etwas wie eine Infrastruktur für Touristen in ihrem Hebron aufzubauen. Auch hier kriegt man Getränke und Souvenirs. Jospeh Gutnick, besser bekannt als Diamond Joe, stammt nicht aus Israel, auch nicht wie die meisten Siedler in Hebron aus den USA, und er lebt auch nicht hier. Er ist ein stinkreicher australischer Unternehmer, der die Siedlungen unterstützt und sich politisch sehr weit rechts außen bewegen soll. Er soll Abed eine Million US-Dollar für seinen Laden geboten haben. Manche sagen, es seien hundert Millionen. Doch Abed bleibt *sumud,* wie er erklärt.

Der Begriff hat sich aus dem Widerstand zu einer der Stützen der palästinensischen Identität entwickelt, am besten mit dem Bild des Olivenbaums zu erklären, der fest verwurzelt in der Heimaterde ist. Abed ist sie teurer als die angebotenen Millionen.

Als ich die Moschee besuche, werde ich am Sicherheitsschalter am Eingang gefragt, ob ich Waffen bei mir trage. »Nein.« Ein Messer? Ich ziehe meinen Schlüssel hervor, an dem ein winziges Schweizer Taschenmesser baumelt. Eigentlich ist es eher die schicke Hülle für einen USB-Stick, der aber nicht mehr funktioniert. Das Messer ist halb so lang wie mein kleiner Finger und stumpf. Ich vermute, die wirksamste Waffe daran ist der Zahnstocher. Die Soldaten legen das Schlüsselbund in ein Fach hinter dem Sicherheitsglas.

In einem langen Gang führt eine Treppe zu einem Tor aus roten und weißen Steinen. Das Personal legt mir einen weiten jeansblauen Umhang mit Kapuze um. Barfuß tapse ich über den kalten Stein auf die Gebetsteppiche und frage mich, wo sich das Loch versteckt, das die Siedler gegraben haben sollen. Und wie die Zeitung das überhaupt herausbekommen hat. Das einst gotische Kirchenschiff ist bunt und licht in Pastell ausgemalt, die Moschee fast leer.

Nur in einer Ecke sitzt eine Mutter mit ihren Kindern und isst Chips. Ich kann sie gut verstehen. Es ist ein Raum zum Durchatmen.

Als ich mir mein Schlüsselbund mit dem Messerchen abhole, frage ich, ob ich die Synagoge betreten dürfe, auf Hebräisch. Die Soldatin ist überrascht: »Bist du Jüdin?«

»Nein.«

»Dann kannst du nicht rein, es ist Sabbat.«

Am zweiten Abend will Bo mit mir nach Bethlehem, ein bisschen feiern gehen. »Ich bin wieder frei, die Familie zieht heute zu meinen Eltern um!«, whatsappt er mir. Aus dem Couchzimmer. Die Tür ist geschlossen. »Bassam schläft«, hatte Faisah, die Schwester gesagt, als ich aus der Stadt zurückkam.

Allerdings dauert es, bis Schwester und Schwager alle Kinderklamotten und Geschenke zusammengepackt haben, Bos Nich-

ten wuseln zwischen unzähligen Tüten und Gepäckstücken durch
die Wohnung, und schließlich schneien noch zwei weitere Schwestern herein, um sie abzuholen.

»Wow, volles Haus«, sagt die Ältere. Beide legen sofort ihren
Hidschab und die Mäntel ab. Atemberaubender Lidstrich, Jeans
und Turnschuhe, das Haar perfekt geglättet. Sie sehen aus, als ob
sie nur eine kurze Pause zwischen einem Fotoshooting machen
würden. Die Ältere, Asifa, hält anklagend ihr Smartphone in die
Höhe. Das Display ist gesprungen. »Shit. Ich hasse die Besatzung.« »Ist das am Checkpoint passiert?«, frage ich. »Nein, meine
eigene Dummheit. Ich hab's bei der Arbeit fallen gelassen. Das ist
das Gute an der Besatzung. Man kann alles auf sie schieben!« Sie
grinst: »Oder auf den Westen. Ja, vielleicht ist diesmal der Westen
schuld.« Asifa übersetzt für internationale Hilfsorganisationen,
die Familien in Hebron besuchen.

Sie flüstert gekünstelt verschwörerisch, sodass es alle hören:
»Ich werde Bassam nach Geld fragen, damit ich es zur Reparatur
bringen kann. Dafür sind Brüder doch da. Oder?«

Jamila, die Jüngere, stürzt sich auf Bos Laptop. Sie stellt »Flawless« von Beyoncé auf Endlosschleife. Faisah lässt ihren Mann alleine packen. Er hat sich einen Kopfhörer aufgesetzt, wie Bassam
hat er sich zurückgezogen. »Ha, Frauenparty«, ruft Asifa. Und die
drei Schwestern tanzen um den Tisch herum, ziehen die kleinen
Nichten mit. Und brüllen den Text lauthals, in dem Beyoncé versucht, für ein paar Minuten aus dem platten Pophimmel hinabzu-
steigen in irdische Diskurse. Es geht um die Doppelmoral, mit der
die Gesellschaft Frauen bewertet. Der Text beinhaltet einen (winzigen) Teil der Rede »We should all be Feminists« der nigeriani-
schen Autorin Chimamanda Ngozi Adichie. Die Worte, denen ich
im Radio nie Beachtung geschenkt hätte, bekommen hier in Bo's
Club, in Bassams Wohnzimmer, eine neue Dimension.

»We teach girls to shrink themselves.«

»We say to girls: You can have ambition, but not too much.«

»Otherwise you will threaten the man.«

»We teach girls that they cannot be sexual beings in the way that boys are.«

»We flawless, ladies tell 'em.«

»Wir sind makellos«, sagt Asifa und boxt mir in die Rippen. »Ihr seid wirklich makellos, ihr drei«, sage ich. »Nein, darum geht's doch nicht. Wir sind makellos, weil wir Frauen sind.«

Nachdem wieder Ruhe eingekehrt ist und die Schwestern Zigarette rauchend auf den Aufbruch warten, steckt Bo seinen Kopf durch die Tür. »Wollen wir noch nach Bet...?«, frage ich. Bo macht dieses Geräusch zwischen Zunge und Gaumen, das ich von meinem Freund kenne. Er macht es, wenn etwas gerade nicht passt.

Ich verstehe es immer noch nicht. Bo hat Angst, dass diese stolzen kettenrauchenden Schönheiten ihn bei seinem Vater verpetzen, weil er ins brave Bethlehem fährt, um dort ein Bier zu trinken? Zu gern würde ich seine Eltern kennenlernen. Er hatte erzählt, dass er die ersten Jahre in Saudi-Arabien aufgewachsen sei. »Ein guter Ort für meinen Vater, um Geld zu machen, aber ein schreckliches Leben.« Er erinnert sich, wie er mit seiner Mutter einkaufen war und sie von Sittenwächtern nach Hause geschickt wurden, weil ihr Mantel die Knöchel nicht bedeckte.

Als die Familie endlich losgezogen ist, haben wir auf Bethlehem keine Lust mehr. »Du hast eine unheimlich liebenswerte Familie«, sage ich.

»Ich weiß. Aber irgendwie fühle ich mich unsicher unter ihnen.«

»Naja, du hast drei selbstbewusste Schwestern.«

»Vier«, stöhnt Bo. »Vielleicht bin ich deshalb so soft.«

Ich denke, wie gut er sich mit meinem Freund verstehen würde. Im Geiste mache ich schon seit Monaten eine Reiseliste für ihn. Frage meine Gastgeber, ob sie einen Israeli beherbergen würden, also meinen Freund. Manche sagten, das sei ihnen zu viel. Andere sagten: Unbedingt, der soll sich mal angucken, wie wir hier leben.

»Wie kommt man denn am besten als Israeli hierher?« Offiziell ist Israelis die Einreise in die Palästinensergebiete verboten, oder sie ist jedenfalls nicht erwünscht, ob es wirklich Konsequenzen nach sich zieht, weiß irgendwie keiner.

»Ganz einfach. Mit dem Siedlerbus nach H2. Kostet nur neun Schekel von Jerusalem und es gibt schutzsicheres Glas und WLAN dazu.«

Seit ein paar Wochen skype er mit einer Jüdin aus Tel Aviv. »Sie traut sich noch nicht, aber wir treffen uns vielleicht bald am Toten Meer. Seit sie mich kennt, hat sie ihr ganzes Weltbild über den Haufen geworfen.«

»Glaubst du denn, es wäre tatsächlich gefährlich?«

Auch mein Freund ringt mit sich. Einerseits möchte er gern der offene Israeli sein, andererseits hat er Angst. Dabei wurde er in Jordanien sowieso immer für einen Araber gehalten.

»Man sollte einen Anlaufort haben, Leute, die man kennt. Aber wenn man nicht gerade unter radikale Extremisten gerät, dürfte es kein Problem sein.«

Schweigend sitzen wir da, und während ich überlege, wie ich Bo erkläre, dass ich ihn angelogen habe, dass ich nicht zusammen mit einer Kollegin für ein paar Monate in Jerusalem wohne, sondern dauerhaft mit meinem Freund in Tel Aviv, kommt mir Bo zuvor. »Hattest du schon mal echte Todesangst?«

Ich krame in meiner Erinnerung. »Ich war mal in einer Lawine, beim Freeriden, da dachte ich für ein paar Sekunden, das war's jetzt. Es war wie ins Nichts zu stürzen.«

Bo schaut mich so mitfühlend an, dass ich ein schlechtes Gewissen bekomme. »Aber dann bin ich rausgeploppt aus dem Schnee. Ich hatte einen Airbag-Rucksack an, irgendwie hab ich wohl den Auslöser gezogen. Selbst schuld, ich hab mich da ja freiwillig reinbegeben.«

»Und du?« Es ist eine rhetorische Frage.

Er zeigt mir ein Foto auf seiner Facebook-Seite. Er liegt im

Krankenhaus und trägt blutige Verbände an den Armen und Mull im Gesicht. Letzten Sommer während des Gaza-Kriegs hat er seine Eltern auf dem Land besucht. Abends hatte er am Dorfausgang auf ein Taxi gewartet. Schließlich hielt ein Auto der israelischen Grenzpolizei mit vier jungen Soldaten. »Sie haben mich befragt, aber ich habe gemerkt, sie suchten einfach Ärger. Dann haben sie angefangen, mit ihren Gewehrkolben und Fäusten auf mich einzuschlagen. Aber ich konnte mich freimachen und im Dunkeln übers Feld davonlaufen.«

»Hast du sie angezeigt?«

»Ein paar israelische Freunde haben mir angeboten, mir dabei zu helfen, aber was bringt das? Manche Couchsurfer sagen, ich sollte einmal zurückschlagen, irgendwas machen, nur um die Wut loszuwerden.«

»Und?«

»Die sehen nicht das ganze Bild.«

Zurück in Tel Aviv schreibt er: »Würde dich gern wiedersehen, gute Gesellschaft, gutes Essen, gute Vibes.« Ich bin jetzt Mitglied von Bo's Club.

Kapitel

25

Globales Gesinnungsgespinst

>»Es war ein Kleidungsstück, mit dem sich ausschließlich die
>ländliche Bevölkerung identifizierte. Die städtischen oder gut
>   gebildeten Palästinenser zeigten sich entweder ohne
>Kopfbedeckung oder mit dem Tarbush [Fes]. Es ist als Moment
>nationaler Einheit zu verstehen, als Moment, in dem die
>Unterschicht der Oberschicht die nationale Einheit aufzwang.«
>
>TED SWEDENBURG

HEBRON, LUFTLINIE VON JERUSALEM: 28,38 KILOMETER

Arbed Hirbawi webt Identität. Das sagt er nicht
selbst, er spricht überhaupt nicht sehr viel, sondern das erzählen
ihm die Menschen, die ihn besuchen. »Was bedeutet denn das Muster?«, brülle ich. »Bin ich Gott?«, faucht der Siebenundsechzigjährige. Dann schiebt er mich zurück. »Pass auf, die sind gefährlich«, sagt
der kleine Mann mit dem muffeligen Gesichtsausdruck und den
schwarz verschmierten Fingern. Und ich glaube ihm sofort.

Man stelle sich ein Heer von zackig auf der Stelle marschierenden Soldaten mit eisenbeschlagenen Stiefeln vor. Auf Betonboden
in einem kleinen Fabrikgebäude zusammengedrängt. Schneller,

schneller. Schneller! Die metallische Marschmusik kommt von vier schwarz geölten Ungetümen mit scharrenden Ketten, klackenden Hebeln, knarrenden Zügen, die so rasant hin- und hersausen und auf und ab pumpen, dass mir schwindlig wird: Wer hier den Überblick behalten will, muss die Ruhe weghaben.

Die automatischen Webstühle sehen aus wie Leonardo Da Vincis Wundermaschinen. Heute Antiquitäten, vor fünfundfünfzig Jahren der letzte Schrei, als die Hirbawis sie aus Jordanien einführten. Die Technik stammt aus Japan, der Lärm scheint aus der Hölle zu kommen. Elf weitere Suzuki Loom stehen stumm in Reih und Glied. Ich kann mir kaum vorstellen, wie ein Mensch das aushält, wenn alle auf einmal laufen.

Es gibt einen bösen Witz: »Während der Zweiten Intifada schämte man sich, dass keine Attentäter aus Hebron kamen. Also kaufte man Ali (der Name steht in Witzen für den Schlaumeier) für zweihunderttausend Dollar einen Sprengstoffgürtel, er sollte sich in Tel Aviv in die Luft sprengen. Ein Restaurant flog in die Luft, aber Ali traf man am nächsten Tag in den Straßen von Hebron. ›Ich habe einen aus Jenin getroffen, der war ganz heiß darauf, mir den Gurt für zweihundertfünfzigtausend Dollar abzukaufen.‹«

Als ich mit Bassam durch die Randbezirke von H2 lief, sind wir immer wieder an Automechanikern vorbeigekommen, die ihre Telefonnummer groß auf Tafeln an der Straße kundtaten. Israelische Nummern.

Ich weiß, dass früher viele Israelis in palästinensischen Dörfern und Städten einkauften und Reparaturen machen ließen. Weil es viel billiger war. Aber heute, da Hebron das Zentrum des Konflikts ist, kommt mir das merkwürdig vor.

Bassam zuckte die Schultern. »Die Leute aus Hebron sind für ihren Geschäftssinn bekannt. Es gibt auch viele Reiche hier, die ihr Geld mit Importen aus China verdienen. In China denken sie, Hebron sei ein Staat. «

Ich habe gelesen, dass bis zu den Neunzigerjahren ein Drittel
der Einwohner ihr Geld in der Schuhindustrie verdienten, Schuhe
aus Hebron, das war ein Qualitätsurteil. Es soll über tausend
Schuhmacher in der Stadt gegeben haben. Jetzt kommen neunzig
Prozent der Schuhe aus China.

Genauso wie die meisten Palästinensertücher in den Souvenirshops. Dabei steht in Hebron die erste und einzige – und vermutlich auch die letzte – Kefije-Weberei Palästinas.

Nach einer Weile, als sich meine Ohren an den Krach gewöhnt haben, meine ich im Knattern der Mechanik, im Flitschen der Web-
schiffchen das Lied zu hören, dessen Rhythmus das Leben von Arbed, seinen Brüdern und ihrem Vater bestimmt. Die dicken
Flusen, ein gelbliches Gespinst aus Staub, Baumwollfasern und
Spinnweben, auf den Füßen der Maschinen erzählen allerdings
auch davon, dass es lange Zeit ausgesetzt haben muss.

In ihrer kleinen Fabrik, in einer namenlosen Straße am Rande
der Altstadt konnten die Hirbawis an der Lautstärke ihrer Maschinen lange Zeit hören, was da draußen in der Welt passierte.
Wie ein Tuch aus Baumwolle zur Botschaft wurde – und seine Botschaft mehrmals änderte. Wie es erst zu einer Frage der Gesin-
nung wurde und dann zur Frage des guten Geschmacks. Ausgerechnet als der berühmteste Export Palästinas die Welt erobert
hatte, wurde es plötzlich still bei den Hirbawis, die Maschinen
verstaubten.

Arbeds Vater – er sieht genauso verschrumpelt aus, nur ein
weißer Bart unterscheidet ihn von seinem Sohn, außerdem ist er
etwas gesprächiger – bewegt sich mit der Sicherheit eines Schlaf-
wandlers zwischen den eng beieinanderstehenden Apparaten,
schneidet mit einer armlangen Schere überhängende Fäden aus
dem wachsenden Gewirk.

Ursprünglich importierte er die Tücher aus Syrien. Dort hat das
schwarz-weiß gescheckte Tuch wahrscheinlich seinen Ursprung. Ob-

wohl man es seit jeher auf den Köpfen von Männern reifen Alters in
der arabischen Welt sieht. Bauern, die sich damit gegen Sonne und
Wind schützen. Die Kefije war jahrhundertelang einfach nur eine
Kopfbedeckung. Im Israel Museum in Jerusalem hatte ich Fotos der
frühen Zionisten gesehen, die das Tuch um den Kopf gewickelt trugen wie palästinensische Bauern. Vermutlich sahen sie darin die An-
tithese zum Bücherwurm aus dem osteuropäischen Schtetl verkörpert. Es gibt sogar ein Bild von David Ben-Gurion, Israels erstem
Ministerpräsidenten, das ihn zwischen Soldaten zeigt: in der Uniform der israelischen Armee und mit einer Kefije um den Hals.

Erst in den Dreißigerjahren, im Zuge der Revolte gegen das
Britische Mandat und der zionistischen Bewegungen, etablierte
sie sich zum Symbol des palästinensischen Widerstands. Das um
den Kopf geschlungene Tuch erschwerte es außerdem, die Anführer des bäuerlichen Aufstands auszumachen.

1961 kaufte Yasser Hirbawi zwei Webmaschinen. Wie viele Palästinenser seiner Generation hatte er das Gefühl, etwas würde
sich bewegen, als der junge Jassir (Yasser) Arafat von einem unabhängigen Palästina sprach. Außerdem witterte er ein Geschäft.

Arafat hatte die schwarz-weiße Kefije zu seinem Markenzei-
chen erkoren. Statt sie, wie die Bauern, von einem Reif gehalten,
über die Schultern flattern zu lassen oder sie, wie die Aufständischen, ums Gesicht zu wickeln, entwarf er eine spezielle Art, das
Tuch um seinen Kopf zu drapieren: nämlich so, dass ein Zipfel
über die rechte Schulter hing, in der Form eines Dreiecks, das an
die Umrisse des historischen Palästina erinnern sollte.

Auch Leila Khaled, Kämpferin des militanten Flügels der
PLO, für die einen Terroristin, für die anderen eine Ikone des Widerstands, nutzte die Symbolkraft der Kefije als Tracht des Volkes.
Auf den Fotos, die nach der Flugzeugentführung um die Welt gingen, trug sie das Tuch wie einen Hidschab. Viele glaubten, sie wolle damit auf ihre Gleichstellung als Frau im bewaffneten Kampf
der Palästinenser hinweisen.

Schließlich tauchte noch eine rot-weiße Version auf. Ursprünglich als Teil der jordanischen Tracht bekannt, wurde sie von palästinensischen Marxisten getragen, um sich in der breiter werdenden Bewegung politisch abzusetzen.

Bald standen in Hirbawis Fabrik fünfzehn Maschinen, die manchmal vierundzwanzig Stunden durchliefen, weil die Familie kaum nachkam, all die Aufträge zu bearbeiten. Die Kefijes aus Hebron wurden in die ganze West Bank und nach Gaza geliefert. Sogar aus den Nachbarländern wurden die Schals, aber bald auch Jacken, sogar Krawatten im gleichen Muster geordert.

Anfang der Neunzigerjahre verließen jährlich einhundertfünfzigtausend Tücher die Fabrik, gewebt jeweils in fünfundvierzig Minuten von den japanischen Maschinen, zugeschnitten und mit Troddeln gesäumt in einem Nebengebäude von Frauen in Handarbeit. Die Tücher gingen an maskierte Kämpfer, an Politiker – an Souvenirshops.

Denn seit den Siebzigerjahren trug man das Tuch längst auch außerhalb Palästinas, es war zum Outfit der Antifa geworden. In meiner Schulzeit gehörte es, um den Hals gewickelt, zur Kluft der Punks.

Ein paar Unterschriften änderten alles für die Hirbawis. Ausgerechnet mit den Friedensverträgen 1993, der Öffnung zum Welthandel ein Jahr später, verstummten die Maschinen. Die Globalisierung hatte Hebron erreicht. Die Schals wurden nun billiger aus Syrien und Jordanien importiert, aber vor allem aus China. Vor ein paar Jahren hat die Palästinensische Autonomiebehörde zwar eine Extrasteuer auf chinesische Importe gelegt, aber der schrumpfenden palästinensischen Wirtschaftskraft, der Abhängigkeit von Israel und den hohen Lohn- und Produktionskosten konnte das nicht viel entgegensetzen. Im Großhandel kostet ein chinesischer Schal sieben Schekel, ein Hirbawi-Schal das Doppelte.

Die Hirbawis schlitterten am Ruin entlang und auch die Nachfrage innerhalb des Landes schien abzunehmen. Die jüngere Männergeneration trug das Tuch kaum noch. Es sei denn, sie gehörten den militanten Gruppierungen von Hamas und Fatah an, die inzwischen entweder das rot-weiße oder das schwarz-weiße Tuch zur Unterscheidung nutzten.

Dann passierte vor sieben, acht Jahren etwas Seltsames. Der radikale Diskurslappen, wie deutsche Medien die Kefije längst nannten, wurde aufgedröselt und neu zusammengestrickt. Die Fashion-Industrie hatte ihn entdeckt. Balenciaga brachte eine Designer-Kefije heraus, und Ketten wie Topshop, American Apparel oder Urban Outfitters hatten plötzlich einen ›Antikriegsschal‹ im Sortiment. Hollywoodstars, Gangster-Rapper und Schulmädchen wurden mit Modellen gesichtet, die mehr oder weniger an das Original erinnerten. Ted Swedenburg, Ethnologe und Kefije-Forscher, unterschied daraufhin vier Sorten außerhalb der arabischen Länder: die Hipster-Kefije, die Solidaritäts-Kefije, die Designer-Kefije und die Harte-Jungs-Kefije. Die Einzigen, die nicht teilhatten an der Renaissance der palästinensischen Ikone, waren die Hirbawis.

Arbed macht seine Zigarettenpause hinter dem Schreibtisch, der im Ausstellungsraum aufgebaut ist. Drei Meter groß grinst uns Arafats Konterfei mit dem Klassiker an, dem schwarz-weißen Palästinensertuch. »Der echten Kefije«, sagt Arbed. Er hält eine altmodische Zigarettenspitze zwischen den immer noch öligen Fingern. Gerade hat er wieder eines der Monster justiert. »Hat Arafat denn bei euch eingekauft?«, frage ich. »Woher soll ich das wissen? Ich schätze mal, er war zu beschäftigt, um seine Einkäufe selbst zu erledigen.«

Arbed kennt jede Schraube an seinen Maschinen, aber es dauerte lange, bis die Familie auf die Idee kam, sich in die neue Welt aufzumachen, online zu gehen. Auf der Firmen-Homepage steht nun, dass das Schwarz-Weiß der klassischen palästinensischen Kefije den Kampf symbolisiere und das Mittelmuster, das vage an

Stacheldraht erinnere, die israelische Besatzung, während die länglichen, an den Seiten entlanglaufenden Rauten Olivenblätter darstellten.

Aber die Tücher, die sich in Plastik eingeschweißt in hohen Regalen hinter Arbed stapeln, haben andere Muster. Ich wühle mich durch alle möglichen Farbkombinationen. Auf der Hülle steht: »Original. Holy Land«. Es gibt auch bunte, aus Baumwolle gewebte Taschen und Kleider.

Inzwischen ist eine palästinensische Jungs-Schulklasse zur Besichtigung eingetroffen. Für die Tücher interessieren sie sich allerdings nicht. Der Lehrer kommt schüchtern auf mich zu. »Entschuldigung, Emad hier würde gern ein Foto mit Ihnen machen.« Wahrscheinlich sehe ich einfach zu blöd aus mit dem grün-gelb-lilanen Modell, mit dem ich versuche Arafats Kopfzier nachzubilden. Arafat, auch Abu Ammar genannt (nicht nach seinem Sohn, sondern nach Ammar ibn Yasir/Yasser, einem der engsten Gefolgsleute Mohammeds, bekannt für seine Loyalität und seine völlige Hingabe für die gute Sache), muss jeden Tag Minuten darauf verwendet haben.

Der Wandel vom Widerstandssymbol zum Renner der Sommersaison wurde auf den Kulturseiten von Zeitungen und in politischen Blogs viel diskutiert. Der Fashionboom hatte Medien auf die Idee gebracht, nach dem Original zu suchen. Und plötzlich, nach all den Jahren, tauchten immer wieder Journalisten auf, fasziniert von dieser Familie, die in einem grauen Gebäude, isoliert von der Welt, das meistkritisierte Modeaccessoire des Jahrzehnts in Umlauf gebracht hatte und selbst vom Hype völlig unberührt blieb.

Was dann folgte, war ein Globalisierungsmärchen. Noora Kassem, eine junge Aktivistin und Journalistin, die damals in Kuwait saß, stieß eine Internetkampagne zur Rettung der letzten Kefije-Weberei an. »Erst kauften wir ein paar Schals, verkauften sie in Kuwait und versuchten Leute dazu zu bringen, direkt bei den Hir-

bawis zu kaufen.« Schließlich eröffneten sie im Namen der Webe-
rei ein Facebook-Profil, damit Interessierte selbst in Hebron anfragen konnten. »Der Besitzer ist alt und ein bisschen resistent,
was technische Neuerungen angeht. Wir können ihm natürlich
nicht erzählen, wie sie ihren Laden zu führen haben, aber wir können mit PR, Kontakten und Netzwerk auf die Hirbawis aufmerksam machen.«

Arbed sagt, die Facebook-Seite bringe ihnen nun etwa tau-
sendfünfhundert zusätzliche Bestellungen im Monat ein. Er faltet
ein Tuch auf und tastet mit den Fingern über die raue Baumwolle.
»Die chinesischen Tücher haben nichts mit Qualität zu tun, die
verblassen nach ein paar Mal Waschen und sind aus Plastik.« Sie
verkauften nun noch etwa dreißig Prozent an Souvenirshops und
ältere Herren in Palästina, der Rest gehe nach Australien, in die
USA, nach Japan, Norwegen. »In Frankfurt haben wir auch einen
Abnehmer«, sagt Arbed.

Es scheint, die Modeindustrie hat den Hirbawis – über viele
Umwege – doch noch ein paar Jahre geschenkt, ein paar Jahre mit
ihren Webautomaten, Marke Suzuki Loom, einst der letzte Schrei.

Arbed hat selbst keine Kinder, aber sein Vater dreißig Enkel.
Einer von ihnen schnipselt nun wie Yasser die Fäden ab, bewegt
sich im Höllenlärm mit schlafwandlerischer Sicherheit. Bald wird
er jede Schraube kennen, wissen, wie das vertrackte System aus
massivem Eisen und zarten Baumwollfäden eine Kefije hervorbringt – und immer wieder neue Farben ineinanderfließen lassen.

Ich hatte nie ein Palästinensertuch, nicht mal mit sechzehn in
meiner Pseudo-Punk-Phase, mit blauen Haaren und bemalten
Jeans. Jetzt habe ich fünf. Einhundertfünfundzwanzig Schekel
wollte Arbed für alle haben, knapp dreißig Euro. In den Souvenirshops der Altstadt von Jerusalem findet man manchmal zwischen Billigimporten auch einen Hirbawi-Schal. Dort kostet ein
Tuch hundert Schekel, wenn man geschickt feilscht.

Zu Hause schenke ich eins in Hellblau und Grün meinem Freund.

»Darf ich das überhaupt tragen, das ist doch was Religiöses?«, fragt er.

Kapitel

26

Der Nachbar

*»Wenn Palästina nicht mehr nur ein Collier ist, getragen zum
Abendkleid, eine Verzierung oder ein goldener Koran, wenn wir
durch palästinensischen Staub eilen, ihn von unseren
Hemdkragen und Schuhen putzen, um unseren Alltagsgeschäften
nachzugehen – unserem normalen, langweilig vorbeiziehenden
Alltag –, wenn wir uns über die Hitze beklagen und die
Langeweile, dann sind wir wirklich nah dran.«*

MOURID BARGHOUTI

HEBRON, SEKTOR H2, LUFTLINIE VON JERUSALEM:
28,38 KILOMETER

Wer hätte gedacht, dass ich mal froh sein würde über den Anblick der Betonstelen, die den Palästinensern den Zugang zur Shuhada Street verwehren? Auf ihren abschüssigen Füßen rette ich mich über zwei Seen. Wieso stecken die Siedler das ganze Geld, das sie einsacken, von der Regierung und von ominösen Fonds aus dem Ausland, nicht in ordentliche Bürgersteige? Wenn es in Hebron regnet, steht nicht nur der Souk in der Altstadt knietief unter Wasser, sondern auch die Straße, die hinter den Patriarchen und Matriarchinnen mit einem Abzweig nach Tel

Rumeida hinaufführt. Irgendwann. Noch ist sie flach genug, um genug Wasser zu fassen, um alle Badewannen von H2 zu füllen.

Eng an die Mauer gepresst, krieche ich unter den Büschen durch, die sich an die Uferböschung krallen, und hoffe, dass mich kein Soldat sieht und vor allem kein Siedler. Ich trage eine Kefije um den Kopf gewickelt, die andere um den Hals. Regenschirme gab es nicht im Markt. Es sind die bunten Touristenmodelle von Arbed, aber der Himmel ist so grau, dass ich mir nicht sicher bin, ob der Unterschied aus der Ferne zu erkennen ist.

Aber nicht mal die Soldaten wagen sich heute auf die Straße, am Checkpoint zu den Siedlungen habe ich meinen Pass fast aufgedrängt. Zwei sehr blaue Augen warfen durch die Tropfen auf der Scheibe des Wachhäuschens einen verschwommenen Blick drauf und eine Faust klopfte ans Fenster. Bei Regen sind alle Katzen grau.

Immerhin kann ich aus der Perspektive, Nase an der Wand, die Schmierereien der Siedler nicht lesen. »Kill« und »Gas« stehlen sich trotzdem in meinen Blickwinkel. Als ich unter dem nächsten Gebüsch auftauche, blicke ich auf eine Art Wappen, die Symbolik ist ziemlich krude: ein vermummter Totenkopfreiter mit Samuraischwert, der sein Ross auf den Betrachter hetzt. Für knackige Slogans reicht mein Hebräisch: »Für die Welt nur eine Einheit, für mich die Welt.« Die Durchhalteparole der Soldateneinheit, die hier stationiert ist.

Schließlich muss ich den Fluss doch überqueren. Das Wasser quatscht in meinen Turnschuhen, als ich die steile Straße hinaufsteige. »Unter dem gelben Haus nach links«, hatte Hashem mir am Telefon erklärt. Haus ist vielleicht nicht das richtige Wort, es ist ein zweistöckiger Stapel aus Wohncontainern.

Beim Poster mit dem Siedler mit den ausgekratzten Augen soll ich die Böschung hinuntersteigen, in den Garten. Hashems Kampf mit seinem Nachbarn – man ahnt es schon, es ist der auf dem Plakat – ist die vielleicht bestdokumentierte Nachbarschaftsfehde der Welt. Auf jeden Fall gewann ich diesen Eindruck, als ich seinen

Namen googelte. Es gibt unzählige Blogeinträge von Konflikttou-
risten, die ebenso von ihrem Besuch bei Hashem Azzeh beeindruckt waren wie Susanne und Doris, die beiden Couchsurferinnen, mit denen ich eine Nacht Bos Zimmer teilte.

Glücklicherweise treffe ich Hashems fünfzehnjährige Tochter
Aghad, die mich durch ein Labyrinth aus Trampelpfaden zu ihrem
Elternhaus führt. Sie ist Besuch aus aller Welt gewöhnt.

Sie ist mit einem meterhohen Wall aufgewachsen, den es zu
überklettern galt, um das Haus zu verlassen. Nachdem die Azzehs
sich von den Siedlern nicht aufkaufen ließen, mauerten die uner-
wünschten Nachbarn sie ein. Aghad ist mit Freiwilligen der Christian Peace Makers aufgewachsen, die sie auf dem Schulweg beglei-
teten, einen Korridor um Kinder und Lehrer bildeten, wenn sie
mittags das Gebäude verließen, um sie vor den Steinen von Sied-
lerkindern zu schützen.

Hashem Azzeh hat den schlimmsten Nachbarn der Welt – und ich
werde nicht nach einer anderen Wahrheit suchen. Trotzdem will
ich wissen, was das für ein Mensch ist, der nur eine Olivenkern-
spuckweite von einem Mann entfernt wohnt, für den sich die
meisten Israelis schämen, von dem sich sogar rechte Hardliner
distanzieren. Der dem jüdischen Topmodel Bar Refaeli in einem
Brief schrieb, sie dürfe Leonardo DiCaprio nicht heiraten, da sie
damit der nächsten Generation schade. Assimilation sei schon immer der ärgste Feind der Juden gewesen. Der beim letzten Papst-
besuch dagegen protestierte, dass der Unheilige den Berg Zion betritt, der Gewalt gegen Homosexuelle in Israel befürwortet,
Sprecher einer Bewegung war, die von Israels Oberstem Gericht
als rassistisch eingestuft und verboten wurde. Der vierzig Polizei-
einträge gesammelt haben soll, bevor er dreißig war. Der aber
trotzdem genug Anhänger hat, dass er es im Dunstkreis von Ultra-
nationalisten immer wieder in Knesset-Nähe schafft: Baruch Marzel, der radikalste unter den radikalen Siedlern von Hebron.

Baruch Marzel, fünfundfünfzig. Hashem Azzeh, zweiundfünfzig. Hier stehen sich zwei gegenüber, die den Kampf um das Land
als Lebensaufgabe betreiben, in Vollzeit.

Wenn ich die beiden Vornamen nebeneinander sehe, fällt mir
auf, dass man ein Anagramm aus ihnen bilden kann. *Baruch Ha-
Shem*. Die Gebetsformel der Juden. *HaShem* ist eine Umschreibung
für den Unaussprechlichen. Gesegnet sei G-tt. Ausgerechnet.

In Tel Rumeida, auf der Anhöhe, von der man auf die Altstadt von
Hebron blickt, verorten die ansässigen Siedler das biblische Hebron. In den Achtzigerjahren stellten sie hier die ersten Caravans
auf, und 1998 wurde der Außenposten von der Regierung als Siedlung anerkannt. Eine archäologische Ausgrabungsstätte verein-
fachte die Landnahme.

Die steile Hauptstraße dürfen die letzten palästinensischen
Anwohner nur noch zu Fuß nutzen. Dass die Mauer vor Hashems
Haus schließlich wieder niedergerissen wurde, ist eine kuriose
Geschichte: Als sein Vater vor acht Jahren starb, trommelte Ha-
shem Presse und internationale Helfer zusammen, um ihm bei der
Beerdigung zu helfen. Sie trugen die Leiche die Straße hinunter.
Am Checkpoint wurden Träger samt Last gescannt. Nach Ha-
shems Aussage piepste der Leichnam, weil sein Vater noch die
Armbanduhr trug. Dann wurde es hässlich. Ein Soldat zerschlug
sie mit dem Gewehrkolben und dabei krachten auch Knochen.
Damit Hashem den Vorfall nicht an die Öffentlichkeit brachte,
beseitigten die Soldaten endlich die Mauer. Den direkten Zugang
zu seinem Haus versperrt allerdings immer noch das Haus von Baruch Marzel. Aber ich greife vor.

Hashems Familie kann ihr Haus nur noch durch die Hintertür betreten, der Haupteingang wurde versiegelt, deswegen der Umweg
durchs Gestrüpp vorbei an den einstöckigen Häuschen seiner palästinensischen Nachbarn. Von der Rückseite wirkt Hashems

Haus wie eine Gartenlaube, verdorrte Traubenranken schirmen
die schmale Veranda ab. Tritt man jedoch einen Schritt zurück,
sieht man dahinter (beziehungsweise darüber) die dotterfarbene
Fassade aus Fertigbaublöcken des Siedlerhauses. Ich versuche,
hinter den winzigen Fenstern etwas zu erkennen. Aber das Haus
steht stumm da, spricht allein durch seine Position am Hang:
»Hashem, du lebst im Unterhaus.«

Er sieht sehr müde aus, der Mann, der nicht aufgibt. Hager und
lang ist er, Haar, Gesicht und Schnurrbart beinahe im gleichen
Grauton. Er trägt einen feinen Wollpullover und darunter einen
Hemdkragen. Er führt mich ins Wohnzimmer, dort sitzt bereits
seine Frau, die Kleinste auf dem Schoß. Nisreen ist alles, was Hashem nicht ist. Füllig, weich, frisch. Ich nehme ihr nicht ab, dass
sie bereits über vierzig sein soll. Sie wirkt wie ein Mensch, der völlig in sich ruht. Die Vorhänge sind zugezogen und an der Wand
steht ein riesiger Flachbildschirm. Darüber verkündet ein Zettel:
»Gespendet von norwegischen Freunden.« An den Wänden hängen ein paar Bilder, von Nisreen in Pastellkreide gemalt. Sie erklärt in bröckeligem Englisch: »Erst habe ich in Öl auf große Lein-
wände gemalt.« Aber seitdem Besucher die Bilder kaufen, hat sie
sich den Geldbeuteln und dem Platz in den Rucksäcken angepasst. Auch in der Motivwahl: Meist zeigen ihre Arbeiten eine
Frauengestalt, gekleidet in die palästinensische Flagge, vor einer
Mauer, hinter ihrem Rücken hält sie einen gewaltigen Schlüssel.

Nisreen schiebt die Tochter von ihrem Schoß, die sich auf Hashems Knie setzt und mit seinem Telefon spielt, und bringt mir einen Heizstrahler, um die Füße zu trocknen. Die Frage, was mich
zu ihm geführt hat, stellt Hashem nicht, ich muss mich nicht erklären.

Wer über seine Schwelle tritt, geht einen Vertrag ein. Der
Gastgeber wird erzählen, wohlkomponiert und mit einer gewissen
Routine all die Ungeheuerlichkeiten darlegen, und der Besucher
wird zuhören – und innerlich verklumpen.

Seine Frau wird in die Küche gehen und einen Kuchen aus dem Rohr holen. Der Besucher wird erleichtert sein, dass ihr kleiner Sohn sich heulend auf dem Küchentisch windet, weil er warten muss, bis der Kuchen abkühlt. Weil es zeigt, dass die Kinder noch Kinder sind. Hashem wird sich kurz entschuldigen, um Zigaretten zu holen. Auf dem Weg wird er die einzige mögliche Unterhaltung mit seinem Nachbarn führen. Baruch: »Auch für Hunde kommt einmal der Tag.« Hashem: »Dein Tag wird zuerst kommen.«

Er geht mit seinem Leid nicht hausieren, nein, es ist andersherum. Die Leute kommen von selbst, denn wo könnte man einfacher verstehen als hier in dem kleinen alten Haus unter dem großen neuen Haus. Dem alten Haus, dessen Mauern mit Einschusslöchern vernarbt sind. Im verdunkelten Wohnzimmer dieser Familie, die so gastfreundlich empfängt, tagein, tagaus, Essen aufdrängt, doch selbst nichts hat außer den Geschichten, und so süße Kinder, und die Mutter so eine talentierte Malerin und Hashem so grundgut und voll Empathie, denn er weiß, was er einem da antut, und deswegen gibt er gleichzeitig Tipps, wie man die Verspannungen löst, die seine Geschichten in die Schultern flüstern. An welchen Punkten man drücken soll. Hashem ist gelernter Physiotherapeut.

Er weiß, dass ich seine Geschichte wiedererzählen werde, wie all die anderen vor und nach mir. Und dass das seine einzige Waffe ist im Kampf um sein Land. Dem schlimmsten Nachbarn der Welt all die betroffenen Ausländer vorzuführen, die durch seinen Garten wandern. Deswegen erzählt er zum tausendsten Mal:

Wie während der Zweiten Intifada eine Ausgangssperre über die Stadt verhängt wurde, die in Tel Rumeida drei Jahre andauerte. Eine Stunde im Monat zum Einkaufen. Später alle zwei Wochen. Wie niemand nichts tun konnte, außer zu Hause zu sitzen. Wie das Rote Kreuz mit Essenskisten unterstützte – bis 2012, als sich die Lage zu entspannen schien. Wie viele seiner palästinensischen Nachbarn aufgaben und fortzogen, weil sie ihren Job verloren hatten – und weil Siedler und Armee ihnen das Leben schwer machten, mit ständigen Hausdurchsuchungen. Wie von den dreihundertfünfzig Familien nur noch fünfzig übrig blieben.

Wie die Siedler die Wasserleitungen zu seinem Haus kappten und die Familie drei Jahre lang Flaschen aus dem Laden unten in der Stadt schleppen musste. Wie sie seine Obstbäume aus der Erde brachen, wie er zwei Jahre unter Hausarrest verbrachte – und dabei fast verrückt wurde. Wieso der Hausarrest? »Weil ich meine Geschichte erzählte.«

Wie er deswegen seinen Job bei der UN verlor. Dass sein Nachbar zwei Aufkleber an der Hauswand habe: »Ich habe bereits einen Araber getötet. Und du?« »Gott gab uns das Recht, Araber zu töten, und wir lieben es.«

Wie er endlich die Erlaubnis erhielt, die Oliven von den fünfzig Bäumen aus seinem Garten zu pflücken, aber dann hatten die Siedler sie in der Nacht zuvor schon abgerissen. Wie seine Nachbarn Nisreen zweimal schlugen und sie dabei, beide Male schwanger, ihr Kind verlor. Wie sein kleiner Sohn verhaftet wurde und er die Soldaten nach Beweisen fragte und sie sagten, dein Nachbar sagt, er habe gesehen, dass er Steine warf. Wie Siedlerfrauen seinem Neffen Steine in den Mund gestopft und ihm die Zähne zermalmt haben. Wie ihre Männer seine Weintrauben vergiften und wie die ganze Familie ihren Müll in den Garten wirft.

Dann wird seine Frau das Mittagessen hereinbringen. Denn nach den Videos, die er gleich sieht, wird der Besucher keinen Appetit mehr haben. Auch das weiß Hashem aus jahrelanger Erfahrung.

Und es ist ihm wichtig, dass man diese Videos sieht, sie wurden von der israelischen Menschenrechtsorganisation B'Tselem aufgenommen und beweisen seine Worte: hassverzerrte Gesichter, Konfrontationen im Garten, Siedlermädchen, die seine Tochter mit Fußtritten drangsalieren. Und die Soldaten gucken zu.

Seine Frau wird weinen, während er die Filme zeigt, nicht hingucken, aber das Zimmer nicht verlassen, Hashem selbst schaut auch nicht hin, sondern erklärt, was im Video zu sehen ist, beschreibt Szene für Szene, was auf dem Bildschirm passiert – und massiert sich dabei den Nacken.

Danach wird Nisreen einen feuchtglänzenden Schokoladenkuchen hinstellen und der Besucher wird sagen, dass ihm der Appetit vergangen sei. Und sie wird ihn einpacken für später. Hashem wird sagen, dass er in diesem Haus bleiben werde, bis er sterbe oder Palästina frei sei. Was Nisreen will und die Kinder, das kann sich der Besucher nur vorstellen.

Und am Schluss wird Nisreen ihre Mappe hervorholen, durch ihre Bilder blättern, Olivenhaine, die Abraham-Moschee, die Mauer, alles sehr bunt und sehr symbolhaft und mit viel Goldfarbe bestrichen. Sie wird sagen: »Dies ist ein sehr gutes Bild und das auch.«

Ich entscheide mich für das einzige Bild ohne Konflikt und ohne Gold. Und ohne Menschen, wie mir später auffällt. Es ist ein sehr friedliches Bild. Ein Steinhaus, nicht zu protzig und nicht zu schlicht, an einem Flussufer, umgeben von hohen grünen Bäumen, unter einem sehr türkisfarbenen Himmel, durch den ein paar Vögel flattern. Ich gebe ihr hundert Schekel. Ihr Sohn Younis, der gerade von der Schule gekommen ist, zeigt mir, wie ich das Bild zu Hause in die andere Richtung rollen muss, damit es wieder glatt wird.

326

27

Für eine Stunde und
vierundvierzig Minuten
Palästinenserin

*» Wenn du das Vertrauen in die menschliche Natur verlierst, geh
raus und schau bei einem Marathon zu.«*

KATHRINE SWITZER

BEIT SAHOUR, LUFTLINIE VON JERUSALEM: 7,97 KILOMETER

Ein Engelchen kniet vor mir auf dem Pflaster am
Krippenplatz vor der Geburtskirche. Dabei weihnachtet es schon
lange nicht mehr, es ist beinahe Ostern. Das Mädchen trägt eine
Uniform, die nur an einer Zehnjährigen niedlich aussieht, dafür
aber sehr. Ein wadenlanges, schlammfarbenes Hemdkleid, um die
nicht vorhandene Taille in Form gezurrt mit einem Koppelgürtel.
Unter den steifen Kragen hat sie einen tomatenroten Schlips ge-
knotet, um die Beine schlackern braune Wollstrumpfhosen. Unter
dem Barett guckt ein seidiger Zopf hervor. »Shukran«, sage ich in
echter Dankbarkeit – und lasse sie den Schnürsenkel meines rechten Schuhs entwirren. Denn in die Knie gehen, das fällt mir gerade sehr schwer.

Ich bin nicht die Einzige. Vor der Geburtskirche geht es zu wie in einem Feldlazarett. Humpelnde Gestalten, denen das Haar in der Stirn klebt, rasselnder Husten, »Wasser, Wasser!«, rufen sie mit vergehender Stimme. Mittendrin ein rollender Krisencontainer, »Disaster« steht darauf und klein: »Red Crescent«. Roter Halbmond, die palästinensische Entsprechung des Roten Kreuzes.

Das Drama spielt sich gegen zehn Uhr vormittags ab und wird sich noch tausendmal wiederholen, bis in den frühen Nachmittag. Wir sind keine Verletzten, wir sind Finisher. Zieleinlauf des Palästina-Marathons. Die Pfadfinderinnen sammeln die Chips für die Zeitmessung von den Füßen der Läufer, denen die Schenkel krampfen.

Aber zurück zum Anfang der Geschichte. Beziehungsweise meines Parts darin. Denn selbst als einer von über dreitausend Teilnehmern fühle ich mich durchaus als entscheidendes Rädchen. Das liegt vielleicht am Läuferhigh. Aber auch daran, dass hier gerade eine Kulturrevolution stattfindet.

Ich selbst habe mit dem Laufen Mitte der Neunzigerjahre begonnen. Die Zeit der Volksmarathonwelle in Deutschland. Als plötzlich jeder Manager oder Banker meinte, er müsse seinen Bauch abarbeiten, sich wieder mal fühlen in der Midlifecrisis. Von der war ich allerdings noch weit entfernt, mein Vater hatte mich motiviert, mit ihm durch den Forstenrieder Park zu joggen, erst fünf, dann zehn, dann zwanzig Kilometer – und schließlich starteten wir bei unserem ersten Marathon in München.

Vier Marathons später bin ich der Meinung, dass man sich durchaus zweiundvierzig Kilometer quälen kann – um es halt mal erlebt zu haben. Dass es aber spätestens ab Kilometer dreißig einfach nicht mehr gesund ist. Statt auf Zeit laufe ich jetzt nur noch nach Laune. Im Vergleich zu Klettern oder Skifahren ist es ein langweiliger Sport. Aber wenn man sich langweilt, entspannt man sich nun mal am besten. Deswegen habe ich meine Laufschuhe immer dabei: Mehr braucht es nicht, um überall auf der Welt joggen zu können. In afrikanischen Slums, in hässlichen amerikanischen Vorstädten, auf balinesischem Sand. Das Schlimmste, was passieren kann, ist, dass man sich verirrt oder dem Fahrradtaxi, das einen hartnäckig begleitet, alle paar Minuten zurufen muss:»Nein, danke, ich will wirklich lieber laufen!« Dachte ich zumindest.

Um zu begreifen, wie groß die kulturelle Kluft in der palästinensischen Gesellschaft ist, wie tief das Gefälle zwischen den Bewahrern von Traditionen und den Menschen, die sie in eine Konservendose packen – dafür habe ich etwa zwei Kilometer gebraucht: George, Mitte zwanzig, Initiator der Laufgruppe Right to Movement hatte mich im Sommer zu einem Happening eingeladen. Gemütliche Abendrunde in Ramallah, danach Barbecue. Ich hatte meine schlabbrigste Trainingshose aus dem Schrank gezogen und mich nach der Fahrt in einer Restauranttoilette umgezogen. Als ich gut vierzig Leute an einem Parkplatz am Stadtrand antraf, war ich überrascht: Die Palästinenserinnen trugen offenes Haar, knallenge Lauftights und neonfarbene Tops, nicht anders als die Diplomaten und Angestellten der westlichen Hilfskorps dazwischen. Zwar keine nackte Haut, aber dennoch ein ungewohntes Bild. Nur ein Mädchen war mit Hidschab unterwegs.

Nach eben besagten zwei Kilometern auf einer tristen Zugangsstraße trug der Wind Rufe aus der Nachhut ins Mittelfeld: »Die schmeißen Steine!« Ein paar Halbstarke hatten sich scheinbar belästigt gefühlt von so viel bewegter Weiblichkeit. George, der mit seinen stämmigen zwei Metern eher die Statur eines Basketballspielers als eines Läufers hat, rannte den Jungs hinterher und stellte sie zur Rede. »Ach so, ihr seid Palästinenser. Das tut uns leid, wir dachten, die Frauen wären Ausländerinnen!« Eine seltsame Entschuldigung.

Auf dem Rest der Strecke erklärte George keuchend, dass solche Vorfälle eine seiner Antriebsfedern seien. Deshalb habe er mit einer Freundin die Laufgruppe und schließlich den jährlichen Marathon organisiert: Nicht nur gehe es darum, ein Symbol für Bewegungsfreiheit zwischen israelischen Checkpoints und Sperrmauer zu setzen, sondern auch um die Erziehung der eigenen Gesellschaft, in der Frauen sich auf der Straße unauffällig zu verhalten haben. In Bethlehem entstand die erste Laufgruppe. »Es hat etwa ein Jahr gedauert, bis keine Anfeindungen mehr kamen.«

Beim Barbecue unterhielt ich mich mit Dana, die seit ein paar Monaten regelmäßig mit der Gruppe unterwegs ist. »Ein Kollege hatte mir davon erzählt. Ich dachte erst, wieso um Gottes willen sollte man freiwillig durch die Gegend rennen? Aber hier gibt es nicht so viele Möglichkeiten, Leute kennenzulernen. Jetzt bin ich süchtig danach. Und in der Gruppe fühle ich mich sicher.«

Natürlich schrieb ich mich zu Hause sofort für den Marathon ein. Und natürlich trainierte ich nicht wirklich. Erstens ging es ja hier wirklich mal um die Botschaft »Dabei sein ist alles.« Zweitens war ich faul. Einen Monat vorher beschloss ich, auf den Halbmarathon zu verkürzen. Meine bequeme Schlussfolgerung: Wenn ich mir zweiundvierzig Kilometer mit schlechtem Training zugetraut hatte, dann müsste ich mich für einundzwanzig Kilometer ja jetzt gar nicht mehr vorbereiten.

Wie um mich in meiner Selbstlüge zu bestätigen, begann der große Tag mit einem Riss im Zeit-Raum-Kontinuum.

Zur Abwechslung hatte ich mir mal ein Hotel gegönnt, ich wollte ausgeruht, wenn schon nicht trainiert antreten. So landete ich im neuesten Hotel Bethlehems, das Sonderkonditionen für die Teilnehmer anbot und deswegen voll ausgebucht war mit internationalen Läufern.

Das Hotel trägt den schönen Namen Ararat, nach dem Berg in der Türkei, beziehungsweise einem Phänomen namens Ararat-Anomalie. So wird eine geologische Formation nahe dem Gipfel bezeichnet, die im 20. Jahrhundert durch Luftaufnahmen bekannt wurde und Spekulationen nährte, dass es sich dabei um die versteinerten Überreste der Arche Noah handelt. Aber das nur nebenbei. Die Konfusion am Morgen des Marathons war nur um viele Ecken herum biblischer Natur.

Für die Palästinensischen Autonomiegebiete gibt es nicht viele Möglichkeiten, sich unabhängig von Israel zu zeigen. Deswegen wird alles genutzt, was man in der Hand hat. Der Kalender zum Beispiel. Während in Israel in der Nacht zu Freitag, 27. März 2015, auf Sommerzeit umgestellt wurde, schenkte sich die West Bank einen vollen Tag, an dem die Uhren anders tickten.

Just auf diesen Tag fiel der Marathon. Nur leider hörte mein Telefon auf die Order der Besatzungsmacht und weckte mich zu Jerusalemer Zeit, fünf Uhr. Für meinen Biorhythmus war es vier Uhr. Das wusste ich aber noch nicht, als ich wie eine Schlafwandlerin in meine Laufklamotten stieg und mit dem Aufzug in den Frühstückssaal fuhr. Das Hotel hatte sich auf die Besucher aus dem Westen eingestellt und rechnete deshalb ebenfalls in Jerusalemer Zeit.

Echte Marathoniken stehen natürlich zeitig auf, um noch ordentlich zu verdauen und den Kreislauf in Schwung zu bringen. Nicht eingestellt hatte sich das Hotel auf die Empfindlichkeiten eines Langstreckenläufermagens. Deswegen pickten die Dänen, Briten und Amerikaner recht unentschlossen Weißbrot und Marmelade aus dem herzhaften Büfett. Nur eine indonesische Touristengruppe schlug ordentlich zu. Keine Ahnung, wieso die schon so früh auf waren.

Sultan, der Reiseleiter, setzte sich zu mir an den Tisch. Er lebte am Toten Meer, sprach Deutsch und Russisch. »Aber jetzt zahlen die deutschen Krankenkassen keine Kuren für Hautkranke mehr, und auch die Russen werden weniger, dafür kommen nun die Asiaten.« Er schaufelte sich Kebab und Hummus in den Mund, während ich an meinem Toast knabberte und Unmengen dünnen Kaffee in mich reinkippte. Fettiges Essen, in Kombination mit meiner Aufregung und einem Smalltalk über Hautkrankheiten, das war gerade etwas viel für eine Nachteule wie mich. Mir war ganz flau. »Viel Glück für den Lauf, Schatz, achte auf dich, es wird heiß!«

Als ich unter einem seidig schimmernden Himmel zum Manger Square spazierte, schlummerte Bethlehem noch. Auf meinem Telefon war es sechs Uhr dreißig. Um sieben Uhr sollten wir auf jeden Fall parat stehen, um das Aufwärmprogramm und die Reden nicht zu verpassen, war mir am Tag zuvor erklärt worden, als ich meine Startnummer abholte. Aber ich sah keine Palästinenser. Arabische Gelassenheit, dachte ich. Und versuchte, ebenfalls gelassen zu sein.

Die anderen aus der Zeit gefallenen Ausländer wirkten in ihren neonfarbenen Laufkombis zwischen den Gemäuern der Kirchen und der Omar-Moschee wie eben erst gelandete Außerirdische, die sich mit Vorsicht und Neugier einer Zivilisation nähern, in der Religionen noch nicht gegen Körperkult ausgetauscht wurden.

Auch nachdem sich das Rätsel um die gewonnene Stunde endlich aufgeklärt hatte – eine dänische Mitorganisatorin des Marathons war doch schon zur Stelle –, wurde ich das selbstzufriedene Hase-und-Igel-Gefühl den ganzen Tag nicht mehr los: »Ich bin schon da!«

Genug Zeit, um sicherheitshalber dreimal die Toilette im Friedenszentrum zu besuchen. Die muslimischen Teilnehmerinnen machten sich dort für den Lauf fertig. Verwandelten ihren Hidschab in eine gut sitzende Sportversion und pinnten sich die Startnummer an. Die rote für die Zehn-Kilometer-Strecke. Außer ein paar Ausländerinnen trauten sich fast nur Männer die Langdistanzen zu.

Aber im Endeffekt würden die Kurzdistanzler sowieso dasselbe wie die Marathonläufer mit der grünen Nummer sehen. Es ist der traurige Charme dieses Laufs: George hatte mir erklärt, dass die Organisatoren nur zehn Kilometer zwischen den Checkpoints hätten klarmachen können. Das heißt, ich würde heute zweimal

Wachturm →

Checkpoint
↓

Beit Ja

Ad Duheisha
Flüchtlingsla

Al Khadr

Wendepunkt
1 × 21 Km
2 × 42 Km

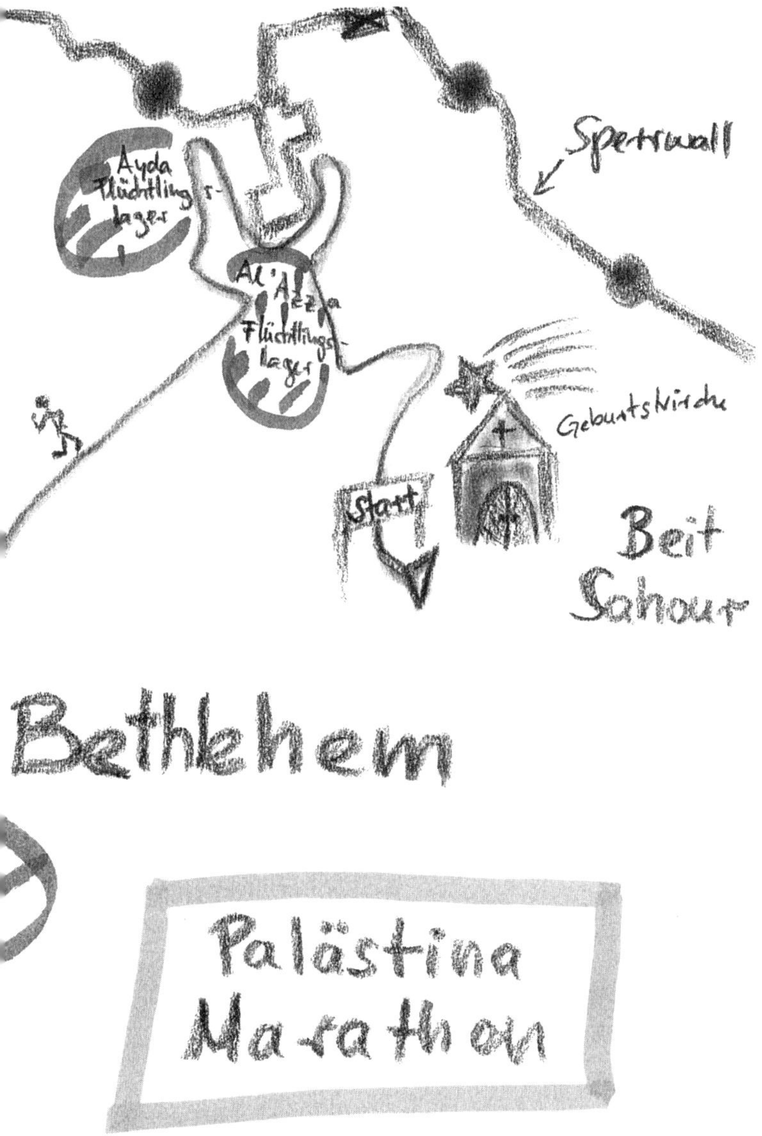

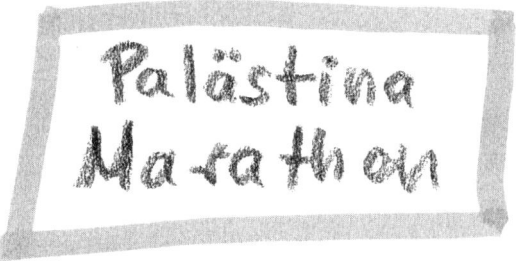

Spertwall

Ayda Flüchtlings-lager

Al 'Aeza Flüchtlings-lager

Geburtskirche

Start

Beit Sahour

Bethlehem

Palästina Marathon

dieselbe Strecke laufen, die Marathoniken sogar viermal. Psychisch ist das der Tod für einen Langstreckenläufer. Symbolträchtiger aber könnte die Wegführung für das Motto »Right to Movement« nicht verlaufen: von der Geburtskirche am Sperrwall entlang, durch die Flüchtlingslager Al'Azza und Ad Duheisha bis ins arabische Dorf Al Khadr. Hin und her wie Tiger im Käfig.

Die letzten Minuten vor dem Start hüpften auf der Bühne zwei Clowns zu einem Hit von Katie Perry. Nicht alle machten ihren wilden Aufwärmtanz nach, aber die anderen dafür mit Begeisterung. Sie brüllten – Bein hoch, Ausfallschritt – keuchend mit: »You make me feel, like I'm living a Teenage dream.« Arschwackeln. »Let's run away and don't ever look back!«

Luftballons und Friedenstauben taumelten in den Himmel.

Der Startschuss fiel. Ich war eingekeilt zwischen zwei Mädels mit offenen Haaren: »Where are you from?« »Germany!« »Welcome, we are from Palestine!« Es war das erste Mal, dass ich das Gefühl hatte, jemand sagte diesen Satz mit echter Freude. Darüber, dass Leute von weither kommen, um an einem palästinensischen Event teilzunehmen, das keinen Vergleich zu scheuen braucht.

Es war das dritte Mal, dass der Marathon in der West Bank ausgetragen wurde. Immerhin über ein Drittel der Teilnehmer waren weiblich, sie kamen aus neunundvierzig Ländern, aber die meisten waren aus der West Bank – und diesmal trat der schnellste Mann Palästinas an: Nader Al-Masri. Man könnte denken, das sei selbstverständlich für einen Lokalmatador. Aber im vergangenen Jahr war dem fünfunddreißigjährigen Olympioniken die Teilnahme von Israel verweigert worden. Denn er lebt in Gaza. Das Argument: Ziel des Rennens sei es, die Legitimation Israels in Frage zu stellen.

Die Profis waren in der Menge leicht auszumachen, sie wirkten unanständig nackt, waren die Einzigen, die aufreizend kurze Plastikhöschen und Hemdchen trugen, die Amateure hatten sich in einen Kompromiss aus Funktion und Sitte gehüllt. Männer trugen weite, knielange Basketballhosen, Frauen Leggings und darüber Shorts.

Die ersten paar Hundert Meter klumpte die Masse, gute Läufer versuchten, sich nach vorn zu arbeiten, und verursachten einen Stau. Erst als ich das Tor ins Flüchtlingslager passierte, entzerrte sich der Pulk. Auf dem Rundbogen liegt die Skulptur eines schmiedeeisernen Hausschlüssels, das Symbol der Vertriebenen von 1948. Für das Recht auf Rückkehr in ihre Heimat, in ihre Häuser in dem Land, das jetzt Israel heißt.

Der Unterschied zu anderen Laufveranstaltungen war aber nicht nur die Kulisse: der Sperrwall mit den Graffiti, der im Norden Bethlehems Schnörkel schlägt wie eine Darmschlinge, die Wachtürme, die Tristesse der engen Straßen im Flüchtlingscamp. Es war auch die unbeschreiblich gute Laune, die mit den Läufern durch die Straßen waberte, die auf die Zuschauer übersprang.

Ich überholte Will, den Kletterlehrer, er trug eine grüne Startnummer und musste mit seinen Kräften haushalten, hörte patschende und leichtfüßige Schritte neben mir auf dem Asphalt, asthmatisches Schnaufen und Geplauder, sah durchtrainierte Waden und pummelige.

Auf den ersten zehn Kilometern war ich in meinem Element, das ist meine Stranddistanz in Tel Aviv. Ich wurde übermütig und zwang meine Beine in immer längere Schritte. George hatte beim Training im Sommer gesagt, ich hätte gute Chancen auf einen vorderen Platz bei den Frauen. Die meisten Palästinenserinnen waren eher im Walking-Schritt unterwegs. Meine Konkurrenz hatte blonde Zöpfe, kam aus Schweden, Dänemark und Norwegen.

Es war ein erhebendes Gefühl, mitten auf der Jerusalem Hebron Road zu laufen, die normalerweise mit Taxis verstopft ist. Alle paar Kilometer reichten Freiwillige Becher mit Wasser und Orangenschnitze. Kinder winkten aus den Fenstern, die Mutigen waren runter auf die Straße gekommen und hielten uns ihre Hände zum Abklatschen hin. Ausländischer Schweiß schien besonders begehrt.

Kurz vor Al Khadr stand ein Fitnessgerät neben dem Kartoffel-
acker am Straßenrand. Es erinnerte mich an die Freiluftgyms am
Strand von Tel Aviv.

Auf der anderen Straßenseite kamen mir jetzt die Schnellen
entgegen, sie zeigten uns aufmunternd den Daumen. Einer brüllte: »Agnes, bleib dran. Nur vier Frauen vor dir!« Es war George,
dem das Wasser schon von der Stirn flog. Er trug schwer an seinem
Bärenkörper.

Am Wendepunkt wurde mir ein Bändchen über den Arm ge-
streift, und jetzt merkte ich, wie brutal die Streckenführung für
die Marathoniken sein musste. Es war wie in einem Film, den man
rückwärts spult, ungeduldig zum Start zurück. Alles hatte man
schon gesehen und man wusste, was noch auf einen wartete.
Pünktlich bei Kilometer zwölf funkten meine Muskeln durch,
dass ihnen das jetzt zu viel sei. Jeder Anstieg bremste meine Beine
aus, wie das abrupte Ende einer Rolltreppe. Aber da waren ja noch
die vier Frauen vor mir.

Irgendwo auf der langen Hauptstraße löste sich ein kleines
Mädchen aus den Zuschauern, rannte in Sandalen mit mir mit und
feuerte mich dabei auf Arabisch an. Es klang nach wüsten Verwün-
schungen, half aber enorm. Erst nach ein paar Hundert Metern
klatschte sie mit mir ab.

Pffhh, pffhh, ich konzentrierte mich aufs Ausatmen, sonst hätte ich Seitenstechen gekriegt. Türme zählen, irgendeiner musste
zur Geburtskirche gehören. Schritttempo, um Wasser zu trinken,
Astronautennahrung aus einer Tüte zutzeln, die mir jemand zu-
steckte. Eine Rothaarige überholen. Trotzdem lachen, man wollte
vor den Kameras am Wegesrand ja nicht verkniffen wirken. Unter
all den Teenagern, die jetzt plötzlich mit roten Startnummern den
Asphalt überschwemmten. Die Zehnkilometerläufer waren eine
halbe Stunde später gestartet und hatten hier ihren Wendepunkt.
Die Mädels gingen, ratschten und machten Selfies. Ich schämte
mich für meinen albernen Ehrgeiz.

Noch mehr, als ich der Prozession gewahr wurde, die sich auf der anderen Straßenseite dahinschleppte: Zwei junge Frauen buckelten ein Kreuz. Das Bild, das sie dabei abgaben, war auf diversen Kritikebenen lesbar: Sie waren Frauen, sie trugen den muslimischen Hidschab, das Christuskreuz war dekoriert mit drei verschiedenen Sorten von Tränengasgranaten. (Dass ich das aus dem Augenwinkel erfasste und ohne Erstaunen aufnahm, zeigt vermutlich schon eine gewisse palästinensische Abgestumpftheit.)

Und dann fand ich meinen Tempomacher, einen schlaksigen Palästinenser, der mir aufmunternd zulächelte und geschmeidig einen zügigen Schritt hielt. »You're good!« »You too!« »Yalla!«

Die Vierzig-Kilometer-Marke! In einfacher Runde also Endspurt. Aber das, was die beschwingten letzten Meter sein sollten, wurde zum zähen Kampf mit dem letzten steilen Hügel. Die Zuschauer riefen: »Go, beautiful!« Mich konnten sie nicht meinen: Während das Gros der palästinensischen Mädels kaum ins Schwitzen gekommen war, die Wimperntusche jedenfalls saß perfekt, musste ich einen tomatenroten Kopf haben, so heiß, wie sich der anfühlte. Ich hatte aufgehört, die Fenster nach winkenden Kindern abzusuchen, stattdessen konzentrierte ich mich auf die Pflastersteine. Das Tempo hielt ich nur nach Gehör, das Rascheln der Hose meines Laufpartners war das Metronom für meine Schritte.

Als ich unvermittelt auf der schwarzen Gummimatte stand, welche die Daten meines Chips speicherte, war ich so verdutzt, dass mich ein Helfer aus dem Weg schieben musste. Ich wollte meinem Laufpartner die Hand schütteln. Aber er stand nicht mehr, sondern lag mit losen Gliedern am Boden, zwei Sanitäter beugten sich über das blasse Gesicht. Erst jetzt bemerkte ich, dass er ausgelatschte Tennisschuhe trug. Ich fragte mich, ob er in seinem Leben schon mal gejoggt war – oder ob er sich spontan hatte mitreißen lassen.

Wie so viele heute. Wie die Zuschauer, die mit ihren Kindern an der Hand die letzten Meter rannten, um das Gefühl des Zieleinlaufs teilen zu können. Um Teil zu sein dieses eleganten und fröhlichen Protests für das Recht auf Bewegungsfreiheit. Ich ließ ihn allein mit den Sanitätern. Zwar war ich als Ausländerin außen vor in diesem Männerfrauenrollending, aber er kam mir so stolz vor, ich wollte nicht, dass er das Gesicht verliert.

Das Schöne an Volksläufen: Man lässt sich mitreißen und geht über Grenzen. Das Gemeine: Sobald man stehen bleibt, merkt der Körper plötzlich, dass er die letzten Kilometer Teil eines Tausendfüßlers war. Allein geht nix mehr. Die Treppenstufen hinunter zur Toilette im Peace Center hangle ich mich seitwärts am Geländer hinunter, weil die Beine sich nicht beugen wollen. Und dann, wie unfair, ist nur noch die letzte Kabine frei: die mit dem arabischen Stehklo.

Die nächsten Stunden sind ein kollektiver Freudentaumel. Die Einzigen, die heute arbeiten müssen, sind die Straßenkehrer, die Orangenschalen und Plastikbecher vom Boden klauben. Kein Stäubchen soll das Fernsehbild dieses perfekt organisierten Events trüben. Die Palästinensische Autonomiebehörde weiß, wie sie im Ausland Punkte sammeln kann.

Mit Finisher-Medaillen um den Hals und einem so dümmlich lieben Lächeln, wie es nur Haschisch, Sex und Sport auf Gesichter zaubern, fläzen sich die Läufer auf dem Krippenplatz in der Sonne, schunkeln zu einer Gitarrenband – und bewegen ihre Köpfe sehr langsam zur Ziellinie, als man den aufbrausenden Applaus der Zuschauer hört. Die ersten Marathonläufer sind eingetroffen. Das Glück ist perfekt, als man als Ersten Nader Al-Masri im roten Trikot sieht und dann drei Minuten später einen blonden Athleten. Der Sieg geht an Palästina!

Sogar die Männerstimme, die aus dem Lautsprecher des Minaretts die Freitagsverkündigung liest – wer ist in dieser Woche gestorben, geboren worden, wer hat geheiratet und was es sonst noch Wichtiges gibt –, klingt wie die eines aufgeputschten Olympiakommentators, der sich mit jedem Satz weiter in Ekstase peitscht.

Bei der Siegerehrung wird ein palästinensisches Freiheitslied gespielt, ein paar starke Typen stürmen die Bühne und lassen den zierlichen Al-Masri auf ihren Schultern hüpfen. Genau drei Stunden hat er gebraucht, das ist keine schnelle Zeit für einen Profi, aber bei Marathons hängt viel von der Strecke ab, und Al-Masri ist eigentlich auf die fünftausend Meter spezialisiert. In Gaza trainiert er zwischen Bombenkratern.

Als auch der Schwede, sein Rivale, in die Luft gelupft wird und den Palästinenser hoch über der Menge umarmt, frage ich mich, was er auf den letzten Metern gedacht hat. War er einfach schwächer, oder wäre er normalerweise an Al-Masri vorbeigezogen? Vielleicht hatte er sich von Anfang an vorgenommen, dem Palästinenser den Vortritt zu lassen. Dieser Marathon ist kein Egotrip, er ist eine Zeremonie der Bekundung seiner Sympathie mit Palästina.

Den Pokal für den Halbmarathon der Frauen holt sich eine Dänin vom Podest. Dass ich nur sechs Plätze hinter ihr liege, muss man dem Teilnehmerfeld zuschreiben – aber wäre ich nur acht Minuten schneller gewesen ...

Der Film in meinem Kopfkino reißt, als ich mir vorstelle, wie die Frau von der israelischen Einwanderungsbehörde meinen Namen googelt. Vielleicht ganz gut, dass ich nicht in die Zeitung komme. Auf der Ergebnisliste steht »Agnes Katharina Fazekas (PLE)«. Palestine. Eine Stunde und vierzig Minuten lang war ich also Palästinenserin.

Ich kann mich zwar nicht erinnern, bei der Anmeldung eine Nationalität angegeben zu haben. Aber drei weitere Namen vor mir in der Liste tragen das gleiche Kürzel, obwohl sie sehr skandinavisch klingen. Es gefällt mir, dass wir die Quote der einheimischen Läuferinnen ein bisschen angehoben haben. Im nächsten

Jahr will ich den vollen Marathon mitlaufen – und vielleicht gibt es bis dahin echte palästinensische Konkurrentinnen, die den Touristinnen das Tempo vorgeben.

Allmählich leert sich der Platz, die Pfadfinderinnen formieren sich, haben plötzlich Trommeln vor dem Bauch hängen und ziehen im Gänsemarsch davon, allen voran die erwachsene Gruppenleiterin in schwarzem Mantel und Hidschab. Die Pfadfinderbewegung von Palästina ist eine sehr ernsthafte. Ich bin mit einem der Vorstände auf Facebook befreundet und fast täglich postet er die Einsätze seiner uniformierten Truppen: im Winter Schneeräumen in Hebron, Demonstrationen für die Freilassung der palästinensischen Häftlinge in israelischen Gefängnissen – und immer wieder Fotos von Jugendlichen in Kluft beim Blutspenden. Ich wollte mal mit einem Fotografen vorbeikommen, der zufälligerweise Israeli ist, und hatte vorsichtig angefragt, ob das okay sei. Er schrieb zurück: Du bist willkommen, aber für die Sicherheit eines Israeli kann ich hier nicht garantieren.

Als die Straßen wieder frei sind, setze ich mich in ein Taxi zum Checkpoint nach Jerusalem. Der Fahrer heißt Bajes und ist Beduine, er lädt mich auf einen Kaffee in sein Zelt ein. Aber wir vertagen es – ich will heim und duschen. Als ich ihm erzähle, dass ein Palästinenser gewonnen habe, freut er sich sehr und träumt gleich weiter: Ein Beduine auf dem Treppchen! »Nächstes Jahr schicke ich meinen Sohn ins Rennen, wie lange läuft man denn da so?«

Selbst als ich mich mit steifen Beinen durch den Gitterschlauch schleppe, klebt mir das Grinsen noch im Gesicht. Als ich den Pass zücke, winkt mich die Soldatin einfach durch. Auf der anderen Seite bemerke ich, dass mir immer noch das rote Bändel mit der handtellergroßen Holzmedaille um den Hals hängt: »Right to Movement« steht darauf.

Quellennachweis

Wenn nicht anders angegeben, stammen die Übersetzungen ins Deutsche von der Autorin dieses Buches, Agnes Fazekas.

S. 5 Mahmoud Darwish: »Die Straße führt mich, wie ...« – www.
      jadaliyya.com/pages/index/2340/mahmoud_
      darwish_a-traveller
S. 10 Mahmoud Darwish: »Ich lernte alle Worte, ...« – Darwīsh,
      Mahmūd, Munīr ʿAkash, and Carolyn Forché: Unfortunately,
      It Was Paradise. Selected Poems. University of California
      Press, Berkeley 2003
S. 18 Kurt Tucholsky: »Der Staat schere sich fort, ...« – Kurt Tu-
      cholsky: Heimat (1929). In: Ausgewählte Werke, Band 1,
      S. 487–500, Hamburg 1965, S. 497
S. 20 Ralph Waldo Emerson: »Jeder Geist baut sich ...« – Ralph
      Waldo Emerson: Essays and Poems, Chapter VII, Spirit. Bar-
      nes & Noble, New York 2004, S. 49
S. 26 Chaim Levinson: »Wir müssen uns von Nichtjuden abgren-
      zen. ...« – Chaim Levinson: Lieberman's settlement bars Russi-
      an-Israeli families from buying homes. Haaretz, 22.7.2010, www.
      haaretz.com/print-edition/news/lieberman-s-settlement-bars-
      russian-israeli-families-from-buying-homes- 1.301170
S. 32 Ben Gurion: »In der Geschichte der israelischen Armee gab
      es keine Schlacht ...« – www.gush-etzion.org.il/history.asp
S. 42 Frederick Buechner: »Für ausländische Kreaturen wie uns,
      ...« – Frederick Buechner: The Magnificent Defeat. © Fre-
      derick Buechner 1966, HarperSanFrancisco, HarperCollins,
      New York 1985
S. 57 Mark Twain: »Die verborgene Quelle des Humors ...« –
      Mark Twain: Following the Equator. (1897) Reprint: Dover Pu-
      blications, New York 1989

S. 84 Mourid Barghouti: »(...) Du musst den ersten Schritt machen, Ramallah wird ...« – Mourid Barghouti: I Saw Ramallah. Aus dem Arabischen von Ahdaf Soueif. Anchor Books (Knopf Doubleday), New York 1997, S. 35

S. 94 Khalil Gibran: »Ein einziges Atom enthält alle Elemente der Erde. ...« – Khalil Gibran: Der Reigen. In: Sämtliche Werke, Band 3. Übersetzt und hrsg. von Ursula und S. Yussuf Assaf. Patmos, Düsseldorf 2003, S. 484

S. 104 Fadwa Tuqan: »Als den Palästinensern das Dach über dem Kopf zusammenstürzte, ...« – Fadwa Tuqan: A Mountaineous Journey. A Poet's Autobiography. Hrsg. von Salma Khadra Jayyusi, aus dem Arabischen von Olive E. Kenny und Naomi Shihab Nye. Graywolf Press, Saint Paul 1990. Zitiert nach: Lawrence Joffe, www.theguardian.com/news/2003/dec/15/gu ardianobituaries.israel, The Guardian, 15.12.2003

S. 105 Aviv Kochavi: »Der Feind interpretiert den Raum ...« – Eyal Weizman and Nadav Harel: Interview with Aviv Kochavi, 24. September 2004, at an Israeli military base near Tel Aviv [Hebrew]; video documentation by Nadav Harel and Zohar Kaniel. Zitiert nach: http://eipcp.net/transversal/0507/weiz-man/en

S. 106 Sahih Muslim, Buch 24, Nr. 2128 – aus: Sahih Muslim. Zusammengestellt von Muslim Ing Yl-Hadschdschadsch (um 825)

S. 115 Koran/Quran, 23:12-14 – zitiert nach I. A. Ibrahim: Ein kurzer illustrierter Wegweiser um den Islam zu verstehen. Ins Deutsche übersetzt von M. Mohammed Ghembaza und Co. Conveying Islamic Message Society, Alexandria, Ägypten, S. 10

S. 115/116 »Das arabische Wort *mudghah* ...« – zitiert nach I. A. Ibrahim: Ein kurzer illustrierter Wegweiser um den Islam zu verstehen. Ins Deutsche übersetzt von M. Mohammed Ghembaza und Co. Conveying Islamic Message Society, Alexandria, Ägypten, S. 12

S. 117   Fadwa Tuqan: »(...) Meine Schwester, unser Land hat ...« – Fadwa Tuqan: Hamza. Zitiert nach Kamal Boullata (Hrsg.). Women of the Fertile Crescent. An Anthology of Modern Poetry by Arab Women. Three Continents Press, Washington, D.C. 1978

S. 130   Mahmoud Darwish: »Ich sehe einen Vogel, ...« – Mahmoud Darwish: Absent Presence. Aus dem Arabischen von Mohammed Shaheen. Hesperus Press, London 2010

S. 139   Mark Twain: »Ich ertappte mich dabei, ...« – Mark Twain: The Innocents Abroad. Harper & Row, New York 1966, S. 399

S. 152   Yann Martel: »Ich weiß, die Menschen mögen keine Zoos ...« – Yann Martel: Schiffbruch mit Tiger. Life of Pi. Aus dem kanad. Englischen von Manfred Allié und Gabriele Kempf-Allié. Fischer Taschenbuch, Frankfurt/M. 2003, Kapitel 4

S. 163   Joseph Campbell: »Mythos ist viel wichtiger und wahrer ...« – Joseph Campbell: The Power of Myth. Anchor Books (Knopf Doubleday), New York 1991

S. 178   Sahih Muslim, Buch 40, Nr. 6784 – aus: Sahih Muslim. Zusammengestellt von Muslim Ing Yl-Hadschdschadsch (um 825)

S. 180   Naji Salim Al-Ali: »Seine Hände hat er auf dem Rücken ...« – Naji Salim Al-Ali: zitiert nach: www.handala.org/handala/index.html

S. 188   David Grossmann: »Vermutlich war ihnen nicht bewusst, ...« – David Grossmann: ›Das Rad des Todes dreht sich‹. Gibt es für die Palästinenser zwischen Widerstand und Selbstaufgabe einen ›dritten Weg‹? In: DIE ZEIT, 4.3.1988, Nr. 10, www.zeit.de/1988/10/das-rad-des-todes-dreht-sich

S. 201   George Mallory: »Wieso wollen Sie auf den Mount Everest ...« – George Mallory, zitiert nach Hazards of the Alps. In: New York Times, 29. August 1923

S. 216   Edward Said: »Die Stabilität der Geografie...« – Edward Said: After the Last Sky. Palestinian Lives. Columbia University Press, New York 1986, 1998, S. 19, 20, 21

S. 220 Sumaya Farhat-Naser: »Ich atmete tief durch, ...« – Suma-
ya Farhat-Naser: Im Schatten des Feigenbaums. Hrsg. von
Willi Herzig und Chudi Bürgi. Lenos Verlag, Basel 2013 (E-
Book, Kindle-Position 996)

S. 223 Mark Twain: »Von allen Ländern mit öder Landschaft ...« –
Mark Twain: The Innocents Abroad. Harper & Row, New
York 1966

S. 242 Raja Shehadeh: »... essen, trinken und rauchen, die Besat-
zung ...« – Raja Shehadeh: Strangers in the House. Coming of
Age in Occupied Palestine. Penguin Books, New York 2003,
S. 140

S. 259 Mahmoud Darwish: »(...) Jericho schläft unter ihrer ural-
ten Palme. ...« – Mahmoud Darwish: A Canaanite Rock in the
Dead Sea. TÜbersetzt von Fady Joudah, in: If I Were Another.
Farrar, Straus and Giroux, New York 2011

S. 264 » Vor seiner Schließung war das Kasino ...« – Casino Austria International: www.casinosaustriainternational.com/casi
nos/oasis-hotel-casino-resort

S. 266 Hohelied 4:16 – Die Bibel: Altes Testament, Hohelied
4:16, in der Fassung der Luther-Bibel von 1912

S. 281 Albert Camus: »Die einzige Möglichkeit, mit einer unfrei-
en Welt ...« – Albert Camus: zitiert nach Resistance, Rebellion, and Death (Essaysammlung aus dem Jahr 1960, Knopf,
New York 1960, © erneuert Knopf 1988), wiederaufgelegt
nach der Auflage von 1961: Vintage Books (Random House/
Knopf Doubleday), New York 1995

S. 298 Carlos Ruiz Zafón: »Wahrscheinlich, weil uns ein Fremder
sieht, ...« – Carlos Ruiz Zafón: Der Schatten des Windes. Aus
dem Spanischen von Peter Schwaar. Fischer Verlag
Frankfurt/M. 2013, S. 211

S. 307/308 Beyoncé/Adichie: »We teach girls to shrink ...« – Beyoncé: Flawless. Text: Chauncey A. Hollis, Beyoncé Knowles,
Terius Nash, Raymond Martin. © Sony/ATV Music Publi-

shing LLC bzw. Chimamanda Ngozi Adichie: We Should All
Be Feminist. Rede TEDxEuston, publiziert auf YouTube

S. 311 Ted Swedenburg: »Es war ein Kleidungsstück, mit dem ...«
– Ted Swedenburg: Keffiyeh. From Resistance Symbol to Re-
tail Item? Vortrag in The Palestine Center, Washington, D.C.,
8.4.2010. Zitiert nach: www.thejerusalemfund.org/ht/display/
ContentDetails/i/10733/displaytype/raw

S. 317/318 Noora Kassem: »Erst kauften wir ein paar Schals, ...« –
Howard Johnson: Social media offers last keffiyeh factory life-
line. BBC News, 8.8.2011, www.bbc.com/news/busi
ness-14447485

S. 318 Noora Kassem: »Der Besitzer ist alt und ein bisschen ...« –
Howard Johnson: Social media offers last keffiyeh factory lifeli-
ne. BBC News, 8.8.2011, www.bbc.com/news/business-14447485

S. 320 Mourid Barghouti: »Wenn Palästina nicht mehr nur ein
Collier ist, ...« – Mourid Barghouti: I Saw Ramallah. Aus dem
Arabischen von Ahdaf Soueif. Anchor Books (Knopf Double-
day), New York 1997, S. 23

Weitere Reiseabenteuer bei DuMont ...

PAPERBACK, 336 SEITEN
ISBN 978-3-7701-8263-3
PREIS 14,99 € [D]/15,50 € [A]
AUCH ALS E-BOOK ERHÄLTLICH

Schwarzer Tee und blaue Augen

*Meine Reise durch Anatolien
von Istanbul zum Berg Ararat*

von Gerald Drißner

Das Land zwischen dem Bosporus und der iranischen Grenze, in dem man Sesamkringel zum Frühstück isst und Joghurt in Kübeln kauft, ist uns vertraut und zugleich fremd. Gerald Drißner reist durch Anatolien, wo das Abend- ins Morgenland übergeht und trifft zwischen Istanbul und den kalten Bergregionen des Ostens, zwischen Mittelmeer und Schwarzmeerküste auf ein Gewirr aus Kulturen und Sprachen. Der Autor erlebt eine Gesellschaft, die tief gespalten ist und ihren Platz in der Welt sucht. Mit Augenmaß und Offenheit nimmt er unterwegs wahr, wie die derzeitige Regierung das Land religiöser macht und sich mit der säkularen Jugend anlegt. Wie Naturschutz auf Politik und Geld prallt und wie Kurden sich dagegen wehren, Türken zu werden. Auf seinen Reisen sucht er das Gespräch mit den einfachen Menschen. So lernt er beim Teetrinken, was der ›Tiefe Staat‹ ist, warum der Regierungschef Zigaretten hasst, was Schnurrbärte über Männer verraten und wie blaue Glasaugen vor Unglück schützen. Er besucht ein abgeschiedenes Tal, in dem die besten Schachspieler leben sollen, fährt bis zu dem Berg nahe der armenischen Grenze, an dem die Arche Noah gestrandet sein soll, und in ein Dorf, das sich heute – im wahrsten Sinne des Wortes – gegen seinen Untergang wehrt.

Paperback, 504 Seiten
ISBN 978-3-7701-8264-0
Preis 16,99 € [D]/17,50 € [A]
Auch als E-Book erhältlich

Wilde Küste

Durch Sumpf und Regenwald zwischen Orinoco und Amazonas

von John Gimlette

Übersetzt von Corinna Wieja

Zwischen Orinoco und Amazonas liegt im Nordosten Südamerikas ein Flecken Erde, den kaum jemand kennt. Guyana, Suriname und Französisch-Guiana werden bis heute von Dschungel und Wasser beherrscht. Die frühen Konquistadoren Südamerikas machten einen Bogen um dieses Gebiet, dessen Kolonialgeschichte schließlich Holländer, Briten und Franzosen prägten. John Gimlette begibt sich auf eine Reise entlang der neunhundert Kilometer langen Sumpfküste und durch ihr wildes Hinterland und sammelt dabei verwunderliche Geschichten und Hinweise auf eine erstaunliche Vergangenheit ein. Er stößt in unzugänglichen Regenwald vor, trifft auf die Verstecke entlaufener Sklaven und ehemalige Strafgefangenenlager, seltsame Forts und weltabgeschiedene Eingeborenensiedlungen – aber auch auf einen Weltraumbahnhof. Er begegnet Rebellen, Banditen und Hexenmeistern und sieht sich in Jonestown um, wo 1978 Hunderte Amerikaner dem Anführer ihrer Sekte in den Tod folgten. Wie über so viele andere Ereignisse hat der Dschungel auch darüber längst wieder das Tuch des Schweigens gelegt. Spannend und humorvoll geschrieben, öffnet das Buch die Tür zu einer wunderschönen, bizarren Küste, die zu den vergessenen Winkeln dieser Welt gehört.

PAPERBACK, 408 SEITEN
ISBN 978-3-7701-8274-9
PREIS 14,99 € [D]/15,50 € [A]
AUCH ALS E-BOOK ERHÄLTLICH

Blaue Dahlie, schwarzes Gold

Eine Reise durch Angola

von Daniel Metcalfe

Übersetzt von Werner Löcher-Lawrence

In London lernt Daniel Metcalfe den angolanischen Dichter Rui kennen, aus dem bizarre Geschichten über seine Heimat nur so heraussprudeln. Er karikiert die neue, märchenhaft reiche Elite, die den Reichtum des Landes auf ihre Bankkonten lenkt und die Skulpturen in ihren Villen Champagner pinkeln lässt. Die blumigen Namen der Bohrplattformen, von Orchidee bis Dahlie, können nicht verbergen: Das sprudelnde Öl nährt eine Welt anmaßender Exzesse. Neugierig geworden und trotz der Warnungen eines Reiseführers beschließt Metcalfe, als Rucksacktourist loszuziehen und jenseits der Baukräne von Luanda die alte Seele des Landes zu suchen: das Angola der gütigen Großväter, der guten Feste, des Kizomba-Tanzes und der kunstvollen Geistermasken. In Bussen und klapprigen Jeeps ist er unterwegs, er spricht mit Stammesältesten und Minenräumern, Straßenkindern und Ölarbeitern und erfährt eine Lebenswirklichkeit voller Extreme. Er findet die Narben der portugiesischen Kolonialgeschichte, des Sklavenhandels und des fast drei Jahrzehnte dauernden angolanischen Bürgerkriegs. Seine Reise führt ihn direkt in einen explosiven Cocktail aus Korruption und Vetternwirtschaft, sprudelndem Ölgeld und schnellem Aufstieg der Neureichen, Elend und postkolonialem Blues.

Unter Engeln und Wasserdieben

*Tausend Kilometer auf dem
Israel National Trail*

von Stefan Tomik

PAPERBACK, 312 SEITEN
ISBN 978-3-7701-8271-8
PREIS 14,99 € [D]/15,50 € [A]
AUCH ALS E-BOOK ERHÄLTLICH

DUMONTREISE.DE

Der Weg durch die Negev-Wüste zehrt an den Kräften. Dort hat Stefan Tomik vor seiner Wanderung Wasserdepots angelegt. Aber die Sorge, dass sie geplündert werden, reist immer mit. Der Trail führt ihn über Klippen und Grate, durch Canyons und Krater. Er trifft auf einen Mitwanderer, der eine Pistole trägt und ihn vor Beduinen warnt. Er hilft bei der Feldarbeit in einem Kibbuz, in dem alle dauernd schweigen. Er wohnt bei Hippies in einem Ashram, der mitten im Militärübungsplatz liegt, und bei Ingenieuren, die in der Wüste Solarzellen montieren und unbedingt deutsche Schimpfwörter lernen wollen. Eine Hitzewelle zwingt ihn zur Eile. Am Ende der Wüstenetappe kommt es dann tatsächlich zu einer Begegnung mit den Wasserdieben. Immer wieder nehmen Trail Angels Stefan Tomik bei sich auf. So erfährt er, warum ein Rabbi einen Kuhstall mit Videokameras überwacht und warum in einem Kibbuz Schweine gezüchtet werden, obwohl das im Heiligen Land streng verboten ist. Er verbringt den Schabbat in einer religiösen Gemeinde. Zehn Wochen lang ist Stefan Tomik zu Fuß auf dem tausend Kilometer langen Israel National Trail unterwegs, von Eilat im Süden bis zum Kibbuz Dan kurz vor der libanesischen Grenze. Seine Reisereportage öffnet den Blick auf ein kaum bekanntes Israel jenseits der Schlagzeilen.

DUMONTREISE.DE

DUMONT